R 1905
F4a

10101

À Monsieur le baron Cuvier de la part de l'auteur, comme un faible témoignage de sa reconnaissance.

Stuttgart 25 mars 1827. — Tousaint

DE LA NÉCESSITÉ DES SIGNES

POUR

LA FORMATION DES IDÉES

ET

DE DIVERS SUJETS

DE

PHILOSOPHIE MORALE

PAR

N. J. B. TOUSSAINT.

STOUTTGART ET TUBINGUE

A LA LIBRAIRIE DE J. G. COTTA.

1827.

Avant-propos.

J'offre au public un livre qu'on lira peu, qu'on entendra moins, qu'on ne discutera guère; car il s'éloigne beaucoup des opinions courantes.

Un homme d'un rare mérite me disait, il y a quelque temps, à l'égard de la première partie, qui a pour objet la formation des idées: „Votre travail est posthume, il eût dû paraître il y a vingt-cinq ans."

En effet, peu après cette époque, on vit expirer dans les écoles de France la philosophie qui s'appuie sur les faits primitifs. On lui a substitué une philosophie de mystère et de déclamation, exhumée des siècles passés, et qui ne satisfera jamais les esprits justes.

Les Français font assez-peu de cas de la

vérité purement spéculative; ils n'en font point du tout des rêves qu'on veut mettre à la place; ils en rient, et s'occupent d'autre chose.

Plus désintéressés dans leurs études, les Allemands recherchent tout ce qui peut éclairer l'homme. Mais, soit le génie de leur langue et le tour particulier de leur imagination, soit d'autres circonstances, ils prennent pour faits primitifs des faits rationnels auxquels justement il faut donner une base; et, comme ils attribuent immédiatement à l'ame ces faits, c'est en s'exaltant l'imagination sur la nature de l'ame et sur celle de Dieu qu'ils prétendent expliquer l'homme. Cette route peut conduire à des rêves sublimes; jamais à la vérité, cachée naïvement sous quelques feuilles à la surface de la terre, tandis qu'une philosophie délirante la cherche dans les nues.

Il est une autre nation à laquelle il fut réservé de faire les premiers pas dans la science de l'entendement humain; mais cet opuscule ne franchira peut-être jamais le détroit au-delà duquel il pourrait être mieux accueilli qu'ailleurs, attendu que les choses n'y sont point repoussées seulement pour être nouvelles.

Lorsque la roue des opinions ramenera celles d'un certain ordre, ce que j'ose publier aujourd'hui paraîtra moins étrange et moins indigne d'un intérêt quelconque; quant à présent, je ne dois compter sur aucun succès. Ceux qui cultivent ces matières ont leur opinion faite, ou s'en font une d'après les autorités en vogue : or, ces autorités vont dans une direction toute contraire à ce que j'avance, ou suivent un système mixte dont je m'éloigne presque autant ; et à l'égard des opinions reçues, je dois les trouver irrévocables, parce qu'ayant été établies sans consulter les faits primitifs, c'est jeter hors de leur sphère ceux qu'elles dominent que de les appeler sur ce terrain, et par conséquent les revolter dès le premier pas. La métaphysique abandonne bien une illusion pour une autre, mais ne renonce jamais aux illusions; ce serait renoncer à son principe de vie.

Le fond de ce petit écrit fut d'abord destiné à répondre à un homme aussi recommandable par son caractère politique que distingué par ses talents littéraires, Mr. le comte Lanjuinais. Il s'agissait d'une définition que j'avais donnée de *l'idée*, et que le noble pair avait repoussée sans la discuter, dans un article de la *Revue encyclopédique*. Malheureusement il ne m'entendit pas mieux la seconde fois que la première; ou bien, ce qui serait encore possible, il feignit de ne pas m'entendre, et il resta inébranlable derrière les retranchements des formules banales.

L'essai que je publie n'a donc plus pour but de répondre à M. le comte Lanjuinais, mais de développer, sur la génération des idées, la théorie que je m'en suis faite. Aussi-bien, il serait possible que M. le comte Lanjuinais m'entendît mieux, lorsque je n'aurai plus l'air de lui parler directement.

L'impatience des préjugés et l'accent de la persuasion auront pu répandre sur plusieurs pages de cet essai une teinte d'aigreur, et donner à d'autres une air de présomption. J'en demande pardon d'avance au lecteur; et je suis prêt à passer condamnation sur mes torts, comme à reconnaître les erreurs qu'il voudrait bien me signaler. Mais, si l'autorité fut d'un grand poids dans l'ancienne philosophie, qui traitait souvent des questions de nature à ne laisser aucune prise au bon sens; si elle doit encore être respectée dans les choses où la prudence prescrit le doute: cependant, partout où la raison peut s'affranchir, elle doit le faire; et c'est d'après ce principe que j'ai cherché des faits matériels pour servir de base à mes raisonnements, plutôt que d'obéir aux opinions de qui que ce soit. Ce seroit donc perdre son temps que de m'objecter des autorités, partout où les faits et le raisonnement peuvent être invoqués.

Si ce petit écrit portait un nom connu, peut-être bien des gens prendraient-ils la peine de le juger niais ou absurde. Pour en avoir une autre idée, il faudrait un effort de plus; ce serait d'y réfléchir en écartant et préjugés et prestiges: or je n'ai aucun droit de m'attendre à cela. Je le publie néanmoins, parce qu'on aime à faire des tentatives de ce genre, même lorsque les chances paraissent défavorables.

La seconde partie de ce livre, qui traite de divers sujets de philosophie morale, est assise sur des faits positifs, irrécusables. C'est, je crois, le seul moyen de donner à une doctrine morale une base solide; et si ce n'est pas ainsi qu'on est profond, c'est du moins par là qu'on évite d'être profondément obscur. Ici j'appelle faits, les phénomènes qu'offre immédiatement la constitution organique de l'homme, tels que la *sensibilité*, *l'intelligence*, la *perfectibilité*, la *sociabilité*. En partant de ces points réunis, il est presque impossible de s'égarer; parce qu'on est à la fois et sans cesse rappelé à la vraie destination de l'homme, et à tout ce qui doit y conduire.

Ceux pour qui ces faits ne comptent pas, soit parce que l'école serait parvenue à corrompre leur jugement par des sophismes, ou à troubler leur imagination par des extravagances, soit par d'autres causes qu'il est inutile d'énumérer; ceux-là ne trouveront, dans le second essai comme dans le premier, rien qui puisse s'adapter à leurs idées. Il leur faut des poètes avec lesquels ils s'élancent dans l'empirée, pour divaguer pompeusement sur des abstractions; ou des psychologistes qui leur fassent des théories sur la liberté de l'ame; ou enfin des rêveurs qui les poussent de façon ou d'autre dans l'abîme des hypothèses: or, je reste sur la terre humblement attaché au réel. Qu'ils continuent donc de se livrer à des spéculations, bonnes peut-être pour les anges; mais qu'ils renoncent à expliquer l'homme, qu'en dépit de tous les systèmes psychologiques et mystiques sa constitution bien analysée peut seule faire connaître.

J'ai conservé dans le second essai, comme dans le premier, les termes consacrés par les philosophes; et j'ai encore taché d'en mettre le sens d'accord avec les phénomènes organiques de la nature humaine. Il ne m'a pas semblé nécesssaire de créer des mots bizarres pour exprimer des choses toutes simples; et en vérité ce sont moins les termes qui manquent à la science, que la précaution d'y attacher des idées justes.

Ni la morale ni la législation n'ont leur source dans des principes abstraits, mais elles l'ont dans les faits dont ces principes sont émanés. C'est pour cette raison qu'au lieu de m'arrêter à des maximes générales ou à desidées telles que *raison, utilité, justice etc.*, j'ai voulu remonter jusqu'à l'origine même de ces maximes et de ces idées, que d'autres ont adoptées comme principes des lois morales.

Des hommes tres-distingués par leur savoir, par la profondeur et la justesse de leurs vues, ont senti l'inutilité ou même l'abus des sciences morales traitées par la métaphysique. Ils ont abandonné le champ des prétendus faits psychologiques à ceux qui veulent faire de la morale une théorie de l'ame sans liaison avec les besoins du corps, et ils se sont jetés tout entiers dans la considération des intérêts positifs de la vie sociale. Cela leur a valu le nom *d'industriels*; qualification plus dédaigneuse que juste, et qui prouve bien moins l'erreur de ceux qui la reçoivent, que la prévention ou l'ignorance de ceux qui la donnent.

Tous les intérêts légitimes de la vie sociale sortent des besoins naturels de l'homme: il eût donc été facile à ceux qui ont traité de ces intérêts d'en rattacher les conséquences les plus éloignées à la constitution humaine; et s'ils ne l'ont point fait, c'est sans doute parce qu'ils ont cru inutile de chercher une raison à des choses dont tout le monde sent immédiatement la vérité et l'utilité. Mais en bonne foi, où veut-on nous conduire avec la morale psychologique, qui sépare l'homme de l'homme en lui assignant des devoirs, en lui prescrivant des vertus, sans s'inquiéter des circonstances matérielles qui pèsent sur lui? Les moralistes psychologistes savent-ils eux-mêmes où ils vont? Quoi qu'il en soit, pour les combattre, il faut aborder les abstractions où ils se placent; il faut rectifier ces abstractions en montrant leur source dans les besoins d'une nature sociable; faire sentir que la morale n'est que l'expression de ces besoins; et que, hors des circonstances propres à les satisfaire, il n'y a plus, il ne peut plus y avoir de morale.

Si les moralistes psychologues eussent étudié l'homme dans les choses et non dans les mots, ils eussent été conduits tout naturellement aux résultats que les autres ont adoptés de prime abord; de même que si les autres se fussent donné la peine de rechercher une base naturelle aux lois sociales, ils l'eussent trouvée sans peine dans les besoins de l'homme. Les premiers se consument à chercher une base illusoire à la morale dans la métaphysique, sans s'occuper des intérêts positifs de l'homme ; ils n'atteignent aucun but. Les seconds touchent au but en traitant des intérêts positifs, sans s'inquiéter de donner une base à leurs doctrines ; mais s'ils ont négligé cet objet pûrement spéculatif, ils ne marquent pas moins la véritable route du bonheur, tandis que leurs antagonistes frappent l'air de préceptes inutiles. C'est par les choses qu'on mène les hommes au bien, et non par des mots. Vouloir qu'ils soient moraux et négliger leur bien-être, c'est vouloir l'impossible; témoin l'Espagne, témoin l'Italie, témoin la France elle-même durant les siècles de misère et de fanatisme.

J'entends d'avance ceux qui comprendront le moins mes idées, dire que ces essais sont erronés ou sans profondeur : que répondre à cela ? Allez à l'école du bon sens et des faits, et tâchez d'y allonger votre vue, pour reconnaître et suivre dans leurs développements immenses les faibles germes que l'Auteur des choses a mis en nous. Partout la nature fait des prodiges avec les plus faibles ressorts; pour rendre compte de quelques phénomènes de l'intelligence et de la volonté, faut-il donc en quelque sorte interpeller les puissances du ciel? Cela serait noble et grand, mais cela est-il raisonnable? La réponse est dans le perpétuel dissentiment des philosophes, dans l'obscurité, le vague, et souvent l'inconséquence de leurs doctrines; elle est dans l'absence de principes fixes d'accord avec les faits primitifs de la constitution de l'homme.

TABLE DES CHAPITRES DU PREMIER ESSAI.

                                                                    Page

Chap. I. Corps animé 3
Chap. II. Des trois facultés qui résultent de sensibilité animale dans l'homme : *intelligence*, *instinct*, et *parole* ou *voix articulée* . . . 14
Chap. III. Sensations et perceptions . . . 30
Chap. IV. Idées premières 45
Chap. V. Différence entre perception et idée . 84
Chap. VI. Idées complexes 94
Chap. VII. Idées analysées 111
Chap. VIII. Récapitulation et citations . . 158
Chap. IX. Corollaires. Idéologie et grammaire. Philosophie. Nécessité des organes extérieurs. Education intellectuelle. Romantique. Animaux. Pressentiment. Mémoire. Mémoire des animaux. Songes. Sentiment religieux 185

TABLE DES CHAPITRES DU SECOND ESSAI.

Chap. I. L'homme, comme tous les êtres, est assujetti à des lois appropriées à sa nature. Nature de l'homme reconnue par ses besoins et par ses facultés. Analyse des besoins et des facultés. Libre arbitre absolu. Fatalisme. Perfectibilité. Sociabilité 281
Chap. II. Amour de soi, mobile essentiel des actions humaines. Deux sortes d'intérêts dans l'homme, d'où les divergences apparentes de sa conduite par rapport à l'amour de soi . . 312
Chap. III. Conséquence du chapitre précédent. Rapprochement des opinions de quelques moralistes. Distinction des deux espèces d'obligations. Epoque où commence l'obligation naturelle . . 322
Chap. IV. Du droit et de ses divisions générales 333
Chap. V. Egalité naturelle. Liberté naturelle. Prétendu droit d'esclavage. Suicide. Droit d'aliéner sa liberté. Polygamie. Conscience morale . . 338
Chap. VI. Reflexions critiques 367

FAUTES ESSENTIELLES.

Pag. Lig.
49 10   de tous les actes — lisez de beaucoup d'actes.
62 17   ses facultés — l. ces facultés.
62 23,24 supprimez: des peines et des jouissances purement physiques.
64 23   impénétrables l. imperceptibles.
66 24   tout-à-coup — l. tout-d'un-coup.
85 Note 2 Laronciguière — l. Laromiguière.
90   1   en ce qu'on prétendrait — l. si l'on prétendait.
98 16   était — l. est.
100 1   quoiqu'elles soient — l. puisqu'elles sont.
100 ..   plus soutenue, plus étendue — l. plus ou moins soutenue, plus ou moins étendue.
106 5   Kirielle l. Kirielle.
117 18   quoiqu'il en soit — l. quoi qu'il soit.
121 10   matérial l. matériel.
129 6   absolue — l. positive.
138 1   les deux — l. les quatre.
144 13   désignais — l. désigne.
145 4   quoiqu'il — l. quoi qu'il.
174 21   dans des hypothèses qui cependant les excluent — l. même dans des hypothèses qui les excluent.
180 6   quelconque, je pense — l. quelconque: je pense.
197 11   réattire — l. attire.
219 24   Horazo — l. Horace.
241 10   s'entroduire — l. s'introduire.
265 20   de causes — l. des causes.
276 5   tentiment — l. sentiment.
276 8   je n'ais — l. je n'ai.
277 11   de ces procédés — l. de ses procédés.
318 10   ne fut — l. ne fût.
333 3-3 et intellectuelles — l. et ses facultés intellectuelles
335 12   citoyen — l. citoyen;
346 24   are — l. race.
353 13   Du suicide — Du suicide.
380 25   anguste — l. auguste.

DE LA NÉCESSITÉ DES SIGNES

POUR

LA FORMATION DES IDÉES.

DE LA NÉCESSITÉ DES SIGNES
POUR
LA FORMATION DES IDÉES.

CHAPITRE I.
Corps animé.

Remettre en question l'origine des connaissances humaines, ce serait nier toute science idéologique; l'expérience et les faits ont prouvé depuis long-temps qu'elle est dans la sensibilité, et que les organes du corps sont la condition indispensable sans laquelle aucun développement intellectuel n'est possible.

Le préjugé contraire, après avoir, à la faveur de l'ignorance, joui pendant plusieurs siècles de l'autorité d'un dogme, n'est plus guère aujourdhui, excepté peut-être dans l'école, qu'une opinion chancelante qui tombe devant cette seule question: que pourrait concevoir l'homme, privé des cinq sens au début de la vie? je dis au début de la vie, car il ne faut pas avoir ici la bonhommie de considérer l'homme développé; il est clair qu'alors il a des notions qui se soutiennent plus ou moins malgré la privation des sens, parce que l'entendement, résidant essentiellement dans le cerveau, peut, indépendamment des organes extérieurs et au moyen des signes, conserver jusqu'à un certain point ses connaissances acquises, et même en tirer de nouvelles de leur combinaison. Mais on n'a jamais pu donner aux sourds de naissance l'idée du son; aux aveugles-nés celles de la lumière, des couleurs, des formes, de la situation relative des objets; à ceux qui manquent d'odorat, l'idée des odeurs; il en serait de même à l'égard des saveurs pour l'individu privé du goût; de même aussi pour le paralytique à l'égard de toutes les qualités tactiles, et de la force, du mouvement, etc., etc.

Après ce dépouillement, possible ou non, des cinq sens extérieurs, qu'on essaye spéculativement d'introduire dans l'ame, je ne dis pas les idées que les psychologistes appellent physiques, (il est évident qu'on n'en viendrait point à bout) mais les idées qu'ils appellent métaphysiques, et qui leur semblent ne point dériver des sens. C'est un problème digne de leur sagacité. Il est vrai que, pour être résolu d'une manière satisfaisante, il ne veut pas qu'on procède immédiatement par l'entremise du doigt de Dieu; mais par des faits bien constatés et discutés avec méthode. En attendant ce grand résultat, on peut toujours demander quelles sont les idées de l'aveugle-né sur la nature, sur les astres, sur la grandeur de l'univers; du paralytique, sur la théorie des forces, sur la locomotion, sur les moyens mécaniques des arts; quel genre de pitié éprouverait le paralytique sourd-aveugle en face d'un être qu'on torture; quelles seraient les notions du bien, du mal, du vice, de la vertu chez celui qui ne sentirait, ne verrait, n'entendrait rien? Et cette grande idée de *Dieu*, tenant au spectacle de l'univers, renfermant toutes les idées morales, qui elles-mêmes embrassent toutes les circonstances de la vie de l'homme, cette idée éminemment sociale, et qui n'exista jamais dans un être absolument isolé, sous quelle forme descendra-t-elle dans une âme étrangère à tout?

On lit dans une rélation de voyage, qu'un Espagnol, abandonné dans une île déserte, y fut retrouvé au bout de quelques années par ses compatriotes, dans un état mental qui approchait de la stupidité. Sa mémoire s'était considérablement affaiblie, mille choses d'une date encore récente s'en étaient effacées, l'usage de la parole lui était devenu si difficile qu'il s'exprimait à peine sur les choses qui l'intéressaient le plus. Cependant, il avait conservé tous ses organes sains; il n'était point malade; il n'avait que vécu dans un isolement total. Mais, en perdant l'usage de la parole par le défaut de communication, il avait aussi perdu ses idées; et voilà ce qui lui donnait cet air hébété que ses compagnons remarquèrent avec étonnement, et qui disparut ensuite, lorsqu'il eut repris la vie sociale. On cite beaucoup d'autres faits semblables, soit de marins qu'un accident jeta sur une plage inhabitée, soit de prisonniers long-temps détenus.

Si l'homme dont la raison est exercée et pourvue d'un grand nombre de connaissances perd ces avantages par le seul défaut de communication avec ses semblables, que serait-ce, s'il était privé des organes eux-mêmes de cette communication avec toute la nature? et que deviendrait l'intelligence humaine, si l'on suppose cette privation antérieure à tout développement? En verité on recule de dégoût à la seule pensée de combattre tant d'ignorance et de bétise.

Les cinq sens extérieurs sont donc indispensables au développement de la faculté intellectuelle, et à l'acquisition de nos connaissances de toute espèce. On peut consulter sur cette matière les belles analyses de Condillac dans son *traité des sensations*, en observant toutefois, contre le plan de l'auteur, que la fonction d'un sens quelconque n'est jamais complète qu'autant qu'elle s'exécute conjointement avec les autres sens applicables au même sujet; que, d'un autre côté, les sensations qui viennent de l'exercice des cinq sens, et auxquelles Condillac s'en est tenu, n'embrassent point la totalité des produits immédiats de la faculté de sentir; qu'il y a une sensibilité intérieure indépendante du toucher, de la vue, de l'ouie, de l'odorat et du goût: c'est la sensibilité instinctive, attachée à un système d'organes diffèrent, quoiqu'essentiellement sympathique avec le premier. Condillac et ceux de son école ont fait une seconde omission plus importante, celle des signes comme générateurs des idées.

Malgré ses défauts, la philosophie fondée par Locke et développée par Condillac se répandit, et finit même par s'introduire dans l'école. Elle y resta jusqu'à l'époque où le gouvernement crut sentir le besoin d'un autre genre d'instruction qui accoutumât moins les esprits à cette méthode d'analyse et de critique sévère d'où résulte l'évaluation intrinsèque des événemens et des choses.

Quoi qu'il en soit, la philosophie qui fait sortir toutes nos idées des sensations dut revolter les mystiques. Heureusement pour eux, n'embrassant en quelque sorte qu'une moitié du principe, elle laissa des incertitudes, des lacunes; elle dépérit dans l'opinion. Sans doute, les idées procèdent des sensations; mais les sensations, sans les signes, n'eussent jamais donné naissance aux idées; et bâtir le système intellectuel sur les sensations seules, c'est vouloir faire ce qu'a tenté Condillac, élever un monument dont on a bien les matériaux, mais sans connaître le moyen de les réunir. En effet, l'usage qu'il fait des signes dans son *Essai sur l'origine des connaissances humaines,* et leur absence totale dans son *traité des sensations,* où il parle cependant de la manière dont se forment certaines idées qu'il appelle *générales,* prouvent également qu'il ne les a point crus nécessaires à la génération des idées. Aussi, laisse-t-il toujours, malgré l'admirable sagacité de ses analyses, une sorte de voile étendu sur les mystères de l'entendement, dont les signes pouvaient seuls lui donner la clef. Mais, pour cela, il fallait reconnaître les signes comme moyens nécessaires dans la formation des idées, et il n'a point été jusque-là. Depuis, les philosophes de son école*),

---

*) L'un d'eux, Mr. Mongin, ancien professeur de Grammaire générale à l'école centrale de la Meurthe, aujourd'hui professeur de Rhétorique au Collège de Metz, a publié à Nancy en 1803, un livre intitulé *Philosophie élémentaire, ou méthode analytique appliquée aux sciences et aux langues.* A l'exemple de Condillac, Mr. Mongin se contente de montrer la parole comme un instrument necessaire aux progrés de la pensée, et de faire sortir les idées des seules sensations. M. M. de Tracy et Delaromiguière, dont les ouvrages sont d'ailleurs si recommandables et si utiles aux esprits formés, n'en disent pas d'avantage à ce sujet. Mais le livre de Mr. Mongin est le plus classique que nous ayons; il est fait pour la jeunesse. Il ne présente pas, comme ceux du même genre destinés aux écoles, un indigeste ramas de disputes oiseuses, ou des observations détachées et sans suite. Outre les lumières qu'il donne sur le sujet même, c'est d'un bout à l'autre une méthode de fait, pour étudier et s'instruire, tracée sur la marche naturelle des opérations et des progrès de la faculté de penser; et l'un des plus grands services qu'on puisse rendre à un jeune homme qui cherche

comme je viens de le dire, n'ont guère fait que suivre, à cet égard, la route qu'il avait tracée.

Il n'y a pas à tergiverser en matière de science, il faut aborder franchement les questions et les faits. Je me sers souvent du mot *âme:* j'entends par là le principe qui nous donne la vie, la sensibilité. Je ne

---

à régulariser sa tête, c'est de lui en recommander la lecture, ou plutôt la méditation. C'est le livre de philosophie le plus sagement écrit, le plus profitable à mettre dans les mains de la jeunesse, parcequ'il traite d'un sujet qui tient à tout, et que l'auteur y donne partout des directions aussi simples que lumineuses; que partout on y trouve reunies la concision, la clarté, la propriété du style, la méthode, l'habilité à écarter les accessoires inutiles, à préciser les termes, à poser nettement les questions, à remonter aux plus simples éléments; que partout enfin, on y voit la verité mise à nu, et le mécanisme de la pensée à découvert. Le livre de Mr. Mongin ne sera jamais celui de la tourbe étudiante, égarée par la scholastique; il ne peut être goûté que d'un petit nombre de sujets doués à la fois de l'instinct du vrai, et du feu sacré de l'étude. Mais le jeune homme qui l'aura pénétré possedera un principe de lumière dont, pendant toute sa vie, il sentira l'heureuse influence; résultat bien différent de cette philosophie de collège qui, après avoir fatigué l'esprit de discussions obscures ou puériles, s'évanouit comme un vain songe, et laisse un vide que plus tard il est bien difficile et peut-être même impossible de remplir.

sais quelle est sa place ; je doute même qu'il en ait une particulière dans le corps, où je le crois universellement répandu, bien que le *cerveau* soit le centre de la sensibilité. Lorsque je dis que l'âme sent, je veux dire que le centre animé sent, et rien autre chose ; car je ne conçois pas plus que l'âme sente indépendamment du corps, que celui-ci indépendamment de l'âme ; et je n'ai pas besoin de le concevoir pour l'objet qui m'occupe. J'emploie aussi le mot *être sensible*. Il doit s'entendre également du centre animé, qui, sous le nom de *cerveau*, est le point de réunion de tous les organes et de tous les produits de la sensibilité, tant interne qu'externe. Et c'est incontestablement ce concours qui est le principe de l'entendement, par la faculté qui en résulte de comparer les sensations, de les classer, de les fixer, de les combiner.

Le principe animant est impalpable. C'est sans doute une flamme divine qui échappe aux sens. Le corps qu'elle anime est matériel ; toutes les fonctions de ce corps le sont aussi, puisqu'elles s'exécutent par la matière et sur la matière ; et *l'idée*, produite par le jeu des deux substances unies, est encore un développement particulier de la matière animée.

Je ne considère donc point l'âme comme agissant par l'intervention du corps, mais au contraire le corps agissant parcequ'il est vivifié par l'âme ; et c'est de ce corps ainsi animé, que je tente d'expliquer le phénomène intellectuel appelé *idée*, et auquel seul je le rapporte.

Pour expliquer l'union des deux principes, la métaphysique s'est vainement épuisée en systèmes. Il n'est pas donné à l'homme de comprendre ce qui n'a aucun rapport avec sa constitution physique.

Dans l'opinion des matérialistes, le principe animant, quoiqu'impalpable, et fût-il le gaz le plus volatil, n'a plus rien qui embarrasse ; c'est la matière qui s'unit à la matière. La source même de ce principe peut se reconnaître ici dans cet éternel foyer d'où jaillissent sans cesse la vie et la fecondité de la nature. La vicissitude des productions terrestres par l'augmentation et la diminution alternatives de l'action solaire, la force progressive d'animation en avançant vers les régions chaudes, et de mort en approchant des pôles, conduisent naturellement à penser que, dans l'absence totale du soleil, il y aurait aussi absence totale d'animation et de vie. C'est sans doute ce qui a fait dire à quelques Anciens que l'âme était une émanation des astres. Ce système est le plus favorable au matérialisme, qui pourrait appeler à son secours ce que les sciences modernes ont découvert sur les propriétés de l'air et du calorique.

Je ne veux point entrer, sur la nature de l'âme, dans ces discussions plus indiscrètes qu'instructives, et inutiles d'ailleurs à mon sujet ; je m'en tiens au fait de l'organisation telle que l'expérience a pu la constater, et aux phenomènes qui en sortent par l'influence d'un principe *spirituel*, dont l'existence doit être respectée comme un dogme, plutôt que discucutée comme un sujet de controverse. Aussi-bien qu'y gagnerait la verité? Ajouter quelques nouveaux mots vides de sens à ceux des métaphysiciens de tous les temps, ou bien redire des systèmes usés par le ridicule, serait, d'une part, tout ce que je pourrais faire; et, de l'autre, rechercher des preuves au matérialisme, est un projet aussi insensé qu'immoral, puisque, dans cette opinion, si l'on exploite assez bien le champ des causes secondes, on tombe dans le même abîme lorsqu'on arrive aux causes premières. Je dois donc négliger ces dernières, qui furent toujours l'aliment favori du mysticisme; me renfermer dans les limites du positif et du possible; et rattacher simplement les faits connus à leurs causes immédiates, sans prétendre remonter au-delà. D'ailleurs, passé ce terme, on est entrainé sur le domaine de la réligion; or, mon intention n'est point de porter une main profane sur une matière respectable et sacrée; je ne veux point remettre en question l'existence ni la nature de Dieu; je n'imiterai pas l'indiscrète curiosité et la vanité puérile de ceux qui prétendent donner des preuves raisonnées d'une verité qui entraine l'assentiment du cœur, tout en confondant la faible raison des hommes. Aussibien, ce serait sortir de mon sujet.

Je sais que la matière de cet essai se lie à bien

des choses, et qu'en lui donnant l'extension dont elle est susceptible j'aborderais toutes les questions de philosophie intellectuelle et de philosophie morale. Quant au premier objet, je me restreins à la considération du phenomène des idées. Pour ce qui est de la partie morale, je n'en parle point du tout ici : cette branche de la science de l'homme, bien qu'étroitement unie à l'autre, doit se traiter séparément, et d'après des principes dont j'ai taché d'établir une partie dans un second essai à la suite de celui-ci. En reconnaissant les liens de famille de deux sciences qui sont soeurs, il faut cependant respecter les limites qui en font des corps séparés de doctrine. Malheureusement on a trop mêlé ces deux branches de la philosophie. Comme les idées morales sont des abstractions, et qu'en fait d'abstractions, la métaphysique n'a que des illusions, il en est résulté, à quelques exceptions près, que le champ de la morale s'est trouvé envahi par l'esprit de systèmes, et couvert, tantôt des rêves d'un génie supérieur, tantôt de controverses scholastiques, et le plus souvent de rapsodies insignifiantes. Outre cette attention de circonscrire une matière tout en indiquant ses points de contact avec d'autres, on doit encore rester sobre sur les détails ; autrement l'on risquerait de noyer la science dans un stérile verbiage, où l'esprit fatigué du lecteur perdrait bientôt de vue les principes, hors desquels il n'y a plus de science.

L'existence de l'homme est dans l'harmonie universelle, puisque l'homme fait partie du grand tout; et sa perfectibilité même, qu'on a regardée comme un caractère éminemment distinctif, marque seulement l'endroit de la chaine des êtres où il fait anneau. Cet anneau du genre humain n'est point *un*, et doit se diviser en autant d'autres qu'il y a de races humaines, puisque l'ensemble et les effets de leurs moyens organiques respectifs présentent graduellement des caractères tels que, d'une part, ils attachent le genre humain par son extrémité inférieure au reste des êtres, et que, de l'autre, ils donnent en quelque sorte à l'extrémité superieure, l'élan vers la divinité. Mais ces considérations m'éloignent trop de mon sujet, je me hâte d'entrer en matière.

CHAPITRE II.

Des trois facultés qui résultent de la sensibilité animale dans l'homme: *intelligence, instinct,* et *parole* ou *voix articulée.*

Esprit, pensée, entendement, sont des termes que j'emploie généralement, pour designer la faculté intellectuelle s'exerçant par le moyen des signes. *Intelligence* est cette même faculté privée de l'usage des signes. Elle est commune à tous les êtres doués d'un système cérébral, mais se distingue pour l'homme par les dénominations ci-dessus, quand il s'agit des développements qu'elle reçoit de la *parole*. Cependant le mot intelligence est quelquefois employé sous la même acception dans le cours de cet essai. On peut fixer ses idées par le tableau suivant :

sensibilité animale comprenant . . . . $\begin{cases} \text{l'intelligence} \\ \text{l'instinct} \\ \text{la parole} \end{cases}$ $\begin{cases} \text{d'où pensée, ou} \\ \text{entendemnnt, ou} \\ \text{esprit humain.} \end{cases}$

Je conçois la *sensibilité* comme une propriété inhérente aux êtres vivants, comme un phénomène général résultant d'un certain degré d'animation attaché à certains corps organisés.

Elle se manifeste dans l'homme par trois phénomènes particuliers et essentiels, compris sous les noms *d'instinct*, *d'intelligence*, et de *voix articulée*, du concours desquels sort la *pensée*, ou *entendement*, ou *esprit humain*.

Les animaux dont la constitution approche le plus de celle de l'homme sont toujours privés de la voix articulée, bien qu'ils aient la voix développée à un degré quelconque ; et les trois phénomènes de l'instinct, de l'intelligence, et de la voix, ne donnent point lieu chez eux à celui de l'entendement tel qu'il se montre dans l'homme.

Demander ce que c'est que la sensibilité en elle-même, c'est demander ce qu'est en elle-même une faculté, une virtualité ; c'est faire une question impossible à résoudre dans l'état actuel de nos connaissances. Il en est de même des mots intelligence, instinct, qui expriment certains effets partiels de la sensibilité par la mise en action de nos organes; mais qui n'expriment ni des organes, ni des causes, ni des principes qu'on puisse analyser et definir.

Quant au phénomène de la voix, il est inutile de répéter que c'est l'air poussé des poumons, et modifié par les organes vocaux. Ce qu'il importe de remarquer, c'est que, chez l'homme, ces organes, plus étroitement liés à l'action de ceux de l'intelligence, jouissent de la faculté exclusive d'articuler les sons, ou de parler.

Demander quelle est la faculté virtuelle qui sollicite ce phénomène, est encore une question insoluble comme les premières, puisque c'est toujours un appendice de la sensibilité.

Il faut donc ici se contenter de voir la sensibilité comme un phénomène général de notre organisation, dans lequel la sensation et l'activité se trouvent réunies, et partir des faits connus de cette organisation pour rendre compte des produits de la sensibilité, par le concours de l'instinct, de l'intelligence et de la parole.

Les sensations qui résultent du jeu de tous nos organes physiques sont les matériaux qu'élabore la pensée, et avec lesquels elle compose, par le moyen des signes, ce système de connaissances dont la nature, l'élevation et l'étendue étonnent d'autant plus qu'on en étudie moins les causes et les moyens. Ces causes et ces moyens paraissent bien faibles, peut-être même ridicules à celui qui, n'en ayant jamais cal-

calculé la puisssnce, se contente d'admirer ce qu'il croit inexplicable.

Pour rendre un compte exact de l'entendement, il faudrait commencer par un exposé physiologique de l'homme en ce qui concerne les organes de l'intelligence, ceux de l'instinct, et ceux de la voix : je suppose ces premiéres notions ; et, dans cette hypothèse, je me bornerai aux observations générales suivantes.

L'intelligence et l'instinct (nouveau Dictionnaire d'histoire nat :) paraissent tenir à deux ordres d'organes différents, mais sympathiques. L'instinct résulterait du système nerveux ganglionique, qui est pûrement interne ; l'intelligence, du système nerveux cérébral, qui met l'être sensible en rapport avec les choses extérieures. Le premier détermine et dirige, seul d'abord, les mouvements de la vie chez tous les êtres animés ; et il reste encore dans la suite le moteur d'un grand nombre d'actions exécutées par l'intelligence, même chez l'homme.

L'instinct se manifeste avec la vie, dont il est le guide immédiat, nécessaire. Partout où il y a vie, il y a instinct. Il est tellement inhérent aux êtres organisés, que des naturalistes l'attribuent aux plantes-mêmes, déterminées par les besoins de leur constitution respective à faire tels ou tels mouvements pour leur nutrition, leur réproduction etc. Le sentiment de tous les besoins des animaux est instinctif :

la faim, la soif, le besoin de mouvement, l'appétit de tel ou tel aliment à l'exclusion de tous autres, la férocité, la douceur, l'anthipathie, la haine, etc. Tout cela resulte d'un système d'organes dont l'impulsion innée n'attend point l'excitation des causes extérieures.

L'intelligence commence avec l'exercice des cinq sens, *la vue, l'ouie, le goût, l'odorat*, et le *toucher* residant essentiellement dans les mains, comprenant d'ailleurs les quatre autres sens, qui n'en sont en quelque sorte que des modifications. C'est à l'exercice des sens par le contact des corps qu'est due l'intelligence par la mise en action du centre cérébral chez les animaux qui en sont doués. Là, aboutissent et se conservent plus ou moins les effets de toutes les impressions des causes extérieures sur les organes des sens. Ces effets sont appelés *sensasitions*. Sans les sensations produites par l'exercice des cinq sens, il n'y aurait plus, en supposant la chose possible, qu'une vie de végétation, si l'on peut ainsi parler.

L'analogie conduit à penser que partout où il y a un centre cérébral, il y a intelligence à un degré quelconque. Mais certains animaux privés du centre cérébral (du moins autant qu'on a pu en juger jusqu'alors) possèdent plusieurs des cinq sens; et on les voit agir en consequence des impressions faites sur les organes de ces sens, comme ils agiraient s'ils avaient un cerveau. Sont-ils intelligents? Pour répondre à cette question, plus difficile qu'utile à résoudre, il faudrait des connaissances physiologiques qu'on n'a pas, et des observations qu'on ne fera peut-être jamais.

Je ne chercherai donc point à déterminer si c'est par un acte d'intelligence à la manière des animaux à système cérébral que la fourmi ou la mouche exécute les mouvements nécessaires à sa conservation; je ne refuserai point, par esprit de système, un degré quelconque d'intelligence à certains animaux, par cela seul qu'on ne leur a pas trouvé un centre cérébral, tout en les voyant pourvus des organes qui en sont communément l'appareil: je me bornerai à observer qu'il est bien rare de rencontrer des différences tranchées dans la nature, et aussi téméraire d'affirmer des proportions absolues.

Il y a vie, animation dans les organes des sens, sans quoi ils seraient insensibles, inertes. Cependant, quelques personnes disent que la sensation n'est pas dans l'organe qui reçoit l'impression, mais dans le cerveau; et elles s'appuient sur ce qu'il est de fait que des hommes disent sentir encore la même douleur qu'ils éprouvaient autrefois dans un membre amputé depuis. C'est évidemment une illusion, mais cela ne prouve pas que c'en était une aussi lorsque le membre existait; cela prouve seulement que l'habitude fait encore rapporter à celui-ci une sensation qu'il a autrefois partagée avec le centre cérébral, et que rappelle une disposition sympathique de ce dernier. Il serait bien singulier, en effet, que le cerveau sentît réellement seul. Comment les animaux apprendraient-ils à soustraire la partie lésée de leur corps à la cause qui les blesse?

Toutefois, cette question présente bien des difficultés. Le cerveau sent, cela n'est pas douteux; mais est-il affecté comme le membre auquel on attribue spécialement la sensation qu'on éprouve? Un accès de goutte au pied laisse souvent à la pensée un libre exercice; transporté au cerveau, il en altère sensiblement les fonctions: si la douleur était réellement au cerveau dans le premier cas, comme dans le second, il devrait en résulter le même trouble. La même cause agissant immédiatement sur le centre cérébral, ou médiatement par le moyen des organes qui s'y rendent, produit ainsi des effets différents. En quoi donc consiste la sympathie du cerveau et des organes répandus à la surface du corps? y a-t-il identité réelle dans leurs affections simultanées, ou bien la sensation d'un organe se transmet-elle au cerveau avec des modifications qui le font sentir autrement que l'organe? n'est-il pas même nécessaire, pour le libre exercice de l'intelligence, qu'en général le cerveau n'éprouve pas identiquement les sensations telles que nous les ressentons aux diverses parties du corps? Mais, dans ce cas, comment reproduit-il la douleur d'un membre amputé? car, s'il a senti sympathiquement avec ce membre, il n'a point senti de la même manière.

Cette dernière observation pourrait jeter des doutes sur la réalité de la sensation qu'on croit ressentir dans un membre amputé. L'état sympathique du centre cérébral avec la sensation éprouvée autrefois dans ce membre ne suffit-il pas pour faire croire à la présence actuelle de celle-ci, par une sorte d'illusion que donnerait l'oubli momentané de la perte du membre ?

Ces questions sont bien délicates. Pour les traiter convenablement, la première chose à faire, ce serait de constater les faits, pour ne point bâtir des raisonnements en lair, comme la métaphysique ; et pour constater ces faits, il ne suffit pas des dires de ceux qui croient les posséder en eux-mêmes, ni, à plus forte raison, de ceux qui les rapportent, sur la foi d'autrui : il faudrait l'œil d'un homme judicieux et étranger à tout système. Au défaut de pareilles données, je n'ai pu que poser quelques questions, et hazarder quelques conjectures. L'essentiel ici est de se rappeler que le cerveau est le centre où aboutissent toutes les sensations dues, soit aux organes de l'instinct, soit à ceux de l'intelligence. Je reviens à des notions plus positives.

Les organes de l'instinct, ébranlés spontanément, mettent en jeu par sympathie ceux de l'intelligence, qu'ils font ainsi concourir plus ou moins à l'exécution de certains actes appelés involontaires : — comme quand un chat recouvre ses déjections, qu'un coq chante périodiquement dans les ténèbres et dans le sommeil. En effet, il faut bien que l'intelligence ait une part, quelqu'imperceptile qu'elle soit, dans les actes extérieurs qui paraissent le plus exclusivement dépendre de l'instinct, puisque ces actes ne peuvent avoir lieu sans l'action du centre cérébral sur les organes de la locomotion; organes plongés dans l'inertie dès que le cerveau, qui est le siège de l'intelligence, n'agit plus.

A leur tour, les organes de l'intelligence, qui sont les cinq sens dans les espèces les plus élevées de l'échelle de la vie, agités par certaines causes extérieures, remuent par sympathie les organes de l'instinct, avec lesquels ils produisent simultanément un genre de sensation appelée instinctive; d'où résulte encore une action involontaire, mais aussi dirigée par l'intelligence: comme la conduite d'un jeune animal apercevant pour la première fois un ennemi ou une proie. L'instinct les lui fait reconnaitre par le genre d'émotion qu'il éprouve; c'est l'intelligence qui lui dicte des actes analogues à ce qu'il a senti instinctivement.

J'ai oui raconter à un homme digne de foi, et très-éloigné de toute idée de métaphysique, dont il ignorait même le nom, qu'un renard, ayant manqué un lièvre qu'il épiait au passage pendant qu'un autre renard en suivait la piste en donnant de la voix, recommença plusieurs fois le saut qu'il avait fait pour atteindre sa proie, en se replaçant au lieu où il était en embuscade, et en s'élançant vers l'endroit où le lièvre avait passé. Ce fait, qui n'a rien d'invraisemblable dans un renard, appartient tout entier à l'intelligence; c'était un moyen de se rendre plus habile à exécuter un acte dont le but avait été manqué. J'ai moi-même tendu des pièges au renard, et je sais combien cet animal est défiant et rusé. Un jour j'avais placé mon piège sur la glace au bas d'un étang; les plus minutieuses précautions avaient été prises comme de coutume; et le renard, après avoir amassé toutes les amorces semées çà et là à quelque distance, approchait enfin pour saisir celle qui tenait à la détente du piège. Mais une légère couche de neige recouvrait la glace; le pied lui glisse, et il découvre un peu le fer caché sous des balles d'avoine; il s'éloigne aussitôt. La nuit suivante, il revient, mange toutes les amorces, excepté celle du piège, lequel pourtant avait été rajusté; il en fait autant la troisième nuit: il fallut porter le piège ailleurs. Ces faits, sans doute, appartiennent aussi à l'intelligence.

Cependant en général dans tout ce qui tient à la conservation et au bien-être physique, les deux ordres d'organes de l'instinct et de l'intelligence agissent et réagissent sans cesse l'un sur l'autre, et dans un rapport déterminé par le genre particulier de constitution de chaque animal; de telle sorte que l'instinct a d'autant plus d'empire et d'étendue que l'intelligence en a moins, et réciproquement.

L'homme, par le fait de son organisation, est

doué d'instinct et d'intelligence; mais le developpement immense, dont celle-ci est susceptible dans l'espèce humaine, y réduit à peu de chose comparativement les fonctions de l'instinct. Il est essentiel au reste d'observer que tout être organisé est *un*, et que toutes les parties qui le constituent, ayant les unes avec les autres des liaisons continuelles et nécessaires, on ne peut ni l'on ne doit prétendre évaluer d'une maniere absolue les phénomènes de chacune d'elles, attendu qu'à ces phénomènes se mêlent plus ou moins d'éléments qui appartiennent aux autres.

La sensibilité animale, sous les noms d'intelligence et d'instinct, donne donc lieu, chez l'homme, à deux ordres de phénomènes différents: le premier embrasse tous les mouvements intellectuels, compris sous la dénomination générale de *pensée*; le second, tous les mouvements instinctifs, appelés, *impulsions involontaires* *).

---

*) En parlant des organes respectifs de l'intelligence et de l'instinct, j'ai suivi le système du nouveau Dictionnaire d'histoire naturelle. Il est possible que la physiologie fasse des découvertes qui changent les idées sur ce sujet, mais cela ne dérangerait en rien l'existence des deux phénomènes appellé intelligence et instinct; ce sont des faits. D'ailleurs, il ne pourrait y avoir d'innovation importante qu'à l'égard de ce dernier, la physiologie ayant des connaissances certaines sur les organes de l'autre.

On ne doit pas s'étonner que la sensibilité soit intelligente et active; il serait bien plus étonnant qu'elle ne le fût pas : dès qu'un être sent, il doit appercevoir des différences entre ses sensations, et agir en conséquence. Ces différences aperçues et l'activité constituent l'intelligence, du moins dans son commencement. Mais on peut demander comment *sentir* conduit l'homme à savoir explicitement ce qu'il sent, à pouvoir se dire : je conçois, ou j'ignore; car on ne voit point ce résultat de la sensibilité chez les animaux dont l'organisation approche le plus de la science ?

La sensibilité animale, dénuée des secours organiques qui doivent en développer les effets, resterait sans doute, dans l'homme, ce qu'elle est dans les autres animaux, eu égard toutefois à la perfection respective des espèces; mais elle est accompagnée en lui d'un phénomène particulier, je veux dire les *sons articulés:* et voilà le principe de toute cette magie intellectuelle que mille hypothèses diverses n'ont fait que rendre plus inconcevable. Au lieu de partir de la sensation et des signes vocaux ou autres pour expliquer progressivement l'entendement humain, on est toujours parti, à quelques exceptions près dont je parlerai plus bas, des résultats les plus éloignés et les plus abstraits, et l'on a pris pour cause ce qui n'est qu'effet. D'un autre côté, c'est avec *l'attention,* la *réflexion,* la *contemplation,* la *mémoire,* *l'imagination,* la *liberté,* la vo-

lonté, la *conscience* etc. etc. prises pour autant de facultés, qu'on a voulu rendre compte des phénomènes de la vie intellectuelle, et de la vie morale; tandis que ces mots n'expriment au fait que les diverses manières dont agit l'intelligence, toujours une comme principe, quoique multiple par ses effets.

Je ne définis point toutes ces prétendues facultés, parceque cela devient inutile à mon but. On peut s'en faire des idées justes en remontant aux étymologies, et en appliquant le sens étymologique à l'action de l'intelligence. Par exemple, *attention*, c'est l'intelligence tendue vers un objet; *réfléxion*, c'est encore elle qui se reflète alternativement sur plusieurs objets; *memoire*, c'est l'intelligence qui se souvient; *liberté*, c'est également elle qui calcule avec latitude le vrai, le faux, le bon, etc. etc. *)

Les mots *instinct* et *raison* ont aussi eu jusqu'alors dans la philosophie une acception bien abusive, pour ne rien dire de plus. Le premier a été réservé

---

*) Je pense qu'on n'aurait pas eu recours à cet arsenal de facultés, si l'on eût trouvé un moyen plus simple de rendre compte de la génération des idées et des opérations de l'âme. Avant Condillac on avait fait bien des systèmes la-dessus; Condillac lui-même en fit d'abord un, qu'il abandonna; puis un second, auquel Mr. Laromiguières en a substitué un autre; et Mr. Cousin vient de renverser celui de Mr. Laromiguières. Dans cette entreprise, il y a lieu de croire que les nouveaux inventeurs ne seront pas plus heureux que les anciens.

exclusivement pour désigner l'intelligence des bêtes, le second pour exprimer une faculté particulière à l'homme. La physiologie, en constatant l'existence des deux ordres d'organes d'où naissent l'intelligence et l'instinct, devait espérer de faire du moins tomber l'erreur, puisqu'elle détruisait l'ignorance; mais, quand les faits seront-ils quelque chose pour ceux qui étudient l'homme dans des mots, qui cherchent l'homme hors de l'homme? L'instinct se retrouve chez tous les êtres animés, car il est inséparable de la vie. La raison, que les philosophes distinguent de *l'intellect* ou intelligence, n'est que la faculté de saisir des rapports, selon l'étymologie-même du mot; et il y a raison dans tous les êtres doués d'un système cérébral, parcequ'il y a faculté de percevoir des rapports. Mais cette raison, qui n'est en effet que l'intelligence, s'élève chez l'homme, au moyen de l'abstraction et des signes, à une hauteur qui ne ressemble plus en rien à l'intelligence des premiers. Voilà sans doute ce qui a causé cette attribution exclusive de certaines facultés dont on ignorait même le principe et les fonctions, et par lesquelles on a cru rendre compte de phénomènes dont on ne connaissait pas mieux la véritable origine.

Mais, quand on a bien compris la sensibilité animale, et ses moyens de développement, tout cet attirail tombe de lui-même, et l'on ne donne plus à toutes ces facultés supposées, que le sens qui leur convient, c'est-à-dire, celui d'un mode quelconque d'action de l'entendement. L'on retrouverait déjà le germe de ces facultés dans les premiers mouvements de la sensibilité animale. Seulement elles paraissent subordonnées d'abord aux sensations physiques, et plus tard elles semblent agir dans une autre sphère. La cause de cette différence, c'est que les motifs de leur nouvelle action sont très-souvent alors des sensations qu'on pourrait appeler intellectuelles, comme résultant du jeu cérébral excité et exécuté par les signes d'institution, et indépendamment de toute sensation physique aperçue. J'ajoute aperçue, car il n'y a pas de sensation qui ne soit physique : du moment où nous ne sentons plus au physique, nous cessons aussi de sentir au moral; ce qui prouve assez clairement, je crois, que nos sensations morales ou intellectuelles ne sont toujours que des sensations physiques de causes plus subtiles et inaperçues. Tel est l'effet des signes institués, comme on le verra en son lieu.

Il n'entre pas dans le plan de cet essai de rechercher comment l'organe vocal a pu originairement rendre et combiner des sons, en faire des mots; il suffit de reconnaître que l'homme jouit de cette faculté, dont l'existence est prouvée par le fait. On peut faire à la vérité, d'après la structure de l'organe de la parole, de fort-belles théories, et il y en a de faites; on peut aussi se livrer à des conjectures ingénieuses, même vraisemblables, c'est ce qu'on a fait aussi ; et il est encore possible que l'on rencontre juste, sans trop pouvoir le démontrer. Mais, que l'organe vocal ait commencé par rendre des sons tels, ou tels, peu importe. Il les rendait sans doute à l'occasion de ce que l'individu sentait, et en vertu de la liaison sympathique des organes de l'intelligence et de la voix; et, comme les hommes sentent tous à peu près uniformément dans des circonstances pareilles, il est clair que ceux d'une même société durent à la longue adopter et rendre conventionnels par l'usage les mêmes sons pour exprimer les mêmes sentiments et les mêmes choses. Les langues restèrent sans doute long-temps imparfaites; et mille causes physiques et morales, permanentes ou accidentelles, influèrent sur leurs progrès. Ceci est encore indifférent à mon sujet: je veux prouver que sans les signes, il n'y a pas d'idées possibles; d'après cela, que les signes se soient établis de façon ou d'autre, lentement ou rapidement, pourvu que je démontre qu'ils sont nécessaires à la création des idées, j'atteins mon but.

Je ne reconnois donc ici que trois facultés primordiales, *l'intelligence*, *l'instinct*, et la *parole*; facultés dont l'ensemble et la dépendance mutuelle constituent l'entendement de l'homme, et au moyen desquelles je vais dire comment je conçois que nous passons des sensations aux idées.

CHAPITRE III.

Sensations et Perceptions.

J'entends, par *sensation**), toute modification de l'être sensible, produite, soit par l'action des corps étrangers sur nos organes internes et externes, comme le son d'un instrument sur l'ouïe, une boisson échauffante sur l'estomac; soit par des altérations dont, en général, les causes immédiates nous sont inconnues, comme un frisson fébrile, un point de côté; soit par les mouvements instinctifs de notre nature, comme la soif, le besoin du sommeil, un appétit quelconque. Telles sont nos sensations primitives, celles où commence l'exercice de l'entendement humain. Dans la suite, l'âme reçoit des modifications d'un autre ordre: ce sont les idées de toute espèce nées des premières sensations, ou

---

*) Le mot *sensation* conserve encore assez généralement une acception restreinte à l'effet des causes physiques sur les organes extérieurs de la sensibilité. Je pense qu'il doit s'étendre à tout ce que nous sentons, et qu'employer le mot *sentiment* pour désigner ce que nous éprouvons instinctivement, c'est rompre sans motif l'unité organique de l'être sensible. Le mot *sentiment* convient mieux d'ailleurs aux affections morales et raisonnées. Cependant, je l'emploie quelquefois à exprimer l'une ou l'autre des choses comprises sous le nom général de *sensation*. Les circonstances de la phrase déterminent aisément chaque sens accidentel.

même le simple souvenir de celles-ci qui très-souvent met en jeu la sensibilité. Mais avant de tenir compte de l'action du moral sur le physique, il faut voir comment du physique nous passons au moral, comment des sensations naissent les idées.

On doit distinguer la sensation de la cause qui la provoque; on doit aussi la distinguer de l'être sensible qui la reçoit: elle est le rapport de l'une à l'autre, pivot unique sur le quel roule toute la pensée humaine dans son principe, et dans ses développements; car nos premières connaissances sont celles de nos sensations primitives, et nos connaissances les plus élevées ne sont encore que nos sensations réunies, généralisées et combinées au moyen des signes.

„Soit que nous nous élevions, pour parler métaphoriquement, jusque dans les cieux; soit que nous descendions dans les abîmes: nous ne sortons point de nous-mêmes; et ce n'est jamais que notre propre pensée que nous apercevons. Quelles que soient nos connaissances, si nous voulons remonter à leur origine, nous arriverons enfin à une première pensée simple qui a été l'objet d'une seconde, qui l'a été d'une troisièeme, et ainsi de suite."

Ces deux propositions, par lesquelles Condillac débute dans son *Essai sur l'origine des connaissances humaines*, indiquent à la fois, et la nature de nos idées, et la marche de la pensée: toutes nos connaissances ne sont que des rapports; et toutes se déduisent les unes des autres, à partir de la sensation.

De toutes nos sensations primitives, celles qui viennent de la vue et du toucher donnent seules des représentations ou images, et sont, pour cette raison, appelées représentatives. Si celles des trois autres sens exterieurs, *l'ouie, l'odorat* et le *goût*, rappellent souvent la forme des objets, c'est parceque cette forme, reçue antérieurement, est liée à la sensation actuelle par l'effet de l'action simultannée de nos sens sur l'objet qui leur est soumis. C'est ainsi que l'odeur d'une rose, la saveur d'un fruit, le son d'un instrument, nous en rappellent la forme, bien qu'elle ne soit pas dans la sensation; car une forme suppose des parties disposées dans un certain ordre, et les molecules odorantes ou sapides, non plus que l'air agité, ou le son, n'offrent rien de semblable à nos organes.

Quant aux sensations qui viennent de l'intérieur, elles ne fournissent non plus par elles-mêmes aucune représentation, parce qu'elles ne sont reçues ni par les yeux, ni par les mains; et que tous les autres organes de la sensibilité ne sont nullement propres à percevoir les qualités visuelles du corps, et ne le sont que très-imparfaitement, et même la plupart pas du tout, à percevoir les qualités tactiles. Je joins ici le tact a la vision, parce que les expériences faites au sujet de ce dernier sens ont prouvé qu'il est nécessaire, pour avoir des representations exactes
et

et vraies, que le toucher y concoure, attendu les illusions d'optique qu'il peut seul rectifier. Sans le toucher, nous aurions par la vue seule des images; mais elles ne seraient pas conformes à la nature des choses. Pour le toucher, il ne donne de représentations qu'autant qu'il a été antérieurement exercé avec la vue.

Cependant, comme des sensations de l'intérieur, les unes, telles que la faim, la soif, un besoin ou un appétit quelconque, en un mot tous les sentiments instinctifs, rappellent naturellement les choses ou les actes destinés à y satisfaire; que les autres, telles que la colique, la migraine, un sentiment de bien ou de mal physique, peuvent avoir des causes extérieures; il s'ensuit que toutes peuvent aussi être accompagnées de représentations, toutes les fois que leurs causes excitatrices sont du ressort de la vision, ou du toucher, ou sont liées à des objets visibles et palpables. Une douleur d'entrailles excitée par une odeur inconnue ne réveille assurément pas d'image; mais si nous connaissons le corps d'où émane cette odeur, nous en aurons aussitôt la représentation. Il y a plus, si cette odeur inconnue a quelque rapport à une odeur antérieurement sentie, elle donne la réminiscence de celle-ci, et réveille l'image du corps dont cette dernière est émanée; car tout se tient dans le système des sensations, et c'est cette liaison qui explique comment tout se tient dans le système des idées. Mais, est-ce à dire pour cela que la sensation soit représentative? Non, puisque, si elle est isolée, elle ne neprésente rien. Une douleur d'oreille, ou une lésion de la rate n'a jamais produit d'image, pas même celle de l'organe lésé, pour celui qui en ignore la structure. Il est vrai que l'on compare quelquefois une sensation intérieure à un poids, à une piqûre, à une brûlure, et par suite aux corps capables de produire ces effets; d'où il semble qu'on ait une image tirée de la sensation-même : mais cela tient toujours aux liaisons nécessaires de la sensation éprouvée avec d'autres sensations antérieures ou actuelles.

Il est important de remarquer ces liaisons primitives. Elles donnent la clef d'autres liaisons plus difficiles auxquelles elles se mêlent sans cesse dans les opérations de la pensée. Alors on cesse d'être étonné de ces idées subites, et quelquefois de ces traits de lumière inattendus qu'on regardoit auparavant comme venus d'en-haut, par ce qu'on ne soupçonnait même pas ces liens subtiles de la sensibilité, qui attachent toutes nos opérations mentales les unes aux autres et à nos sensations.

Je nomme affectives toutes les sensations qui ne sont représentatives que par accident, et dont les représentations accessoires n'entrent pour rien dans les idées auxquelles ces sensations donnent lieu. Par exemple, *vertu*, *crime*, *aigre*, *froid*, *frisson*, *soif*, *pendant*, *près*, *courir*, etc., expriment simplement une manière générale de concevoir, ou de sentir, et n'offrent que des assemblages de rapports destitués d'images par eux-mêmes; aulieu que, dans *maison*, *cheval*, *homme*, etc., on trouve des collections de rapports essentiellement représentatives d'objets réels.

Les images qui accompagnent les sensations représensatives, sont ordinairement appelées idées physiques, sensibles, non qu'elles aient en elles-mêmes rien de matériellement palpable, mais parcequ'elles peignent à l'esprit un objet physique distinct. Je maintiens le mot *image*, réservant celui *d'idée**) pour un phenomène d'un autre ordre; et, puis qu'indépendamment des sensations représentatives, nous avons aussi des sensations pûrement affectives, je joins aux images les *affections*, mot qui exprime le produit immédiat de celles-ci, comme le mot *image* exprime celui des prémières.

Toute sensation est affective, quoique toute sensation ne soit pas représentative; car une représentation est nécessairement accompagnée d'un sentiment quelconque, autrement elle ne serait pas remarquée, elle serait nulle.

Une sensation, disent quelques personnes, est un élément, et ne représente jamais rien; c'est le

---

*) Comme je me sers quelquefois du mot *idée* par anticipation, je dois avertir provisoirement que, selon moi, tous les mots d'une langue sont des *idées*, excepté les noms propres.

concours de plusieurs qui fait image. Il faut une grande sagacité pour entendre ceci. En effet, si chaque élément ne représente rien, comment leur réunion peut-elle faire image? j'avoue ne pouvoir remonter si haut. Je m'en tiens donc à reconnaître des sensations représentatives de quelque chose, sauf à admettre que les unes sont plus simples que les autres; et, quand je me sers du mot *élément*, je veux dire partie constitutive, et rien de plus. Qu'on pousse aussi-loin qu'on voudra l'analyse d'une feuille, par exemple, ou trouvera toujours une cause matérielle à chaque sensation partielle, et cette cause à de l'étendue, une figure; mais, quand on ne trouvera plus ni étendue, ni figure, il n'y aura plus de sensations, d'élémens: avec quoi donc fera-t-on l'image? A force de vouloir raffiner, on tombe dans le néant. Ainsi, laissant de côté des subtilités inutiles, quand la configuration d'un objet se peint au fond de mon œil, et se transmet à mon intelligence, je ne m'inquiète point si c'est par une seule sensation, ou par le concours de plusieurs; car j'aurais encore à faire sur chacune de celles-ci la même décomposition que sur la première, et ainsi de suite sans jamais cesser de rencontrer une sensation représentative de sa cause, jusqu'a ce que les objets par leur ténuité échappassent à mes sens. Ce raffinement d'analyse n'aboutit d'ailleurs à rien.

Toute image est décomposable plus ou moins, parceque toute image est multiple. Mais il est des affections indécomposables, parce qu'il est des affections uniformes, continues, sans mélange, comme ces douleurs sourdes, ou ces plaisirs calmes, toujours identiques à eux-mêmes. D'autres au contraire peuvent se décomposer, et offrir des variétés dans la même affection générale. Celles-ci sont même les plus communes, à cause de la dépendance sympathique de nos organes, qui réagissent les uns sur les autres, mais dont chacun sent à sa manière.

La distinction des deux éléments contenus dans la sensation, des affections avec images et des affections sans images, n'est point un sophisme; elle est fondée sur la structure et les fonctions des différents organes de la sensibilité. D'ailleurs elle s'accorde avec l'analyse qui assigne à beaucoup d'idées, dans les seules affections, une origine aussi vraie et aussi complète qu'elle puisse la trouver à d'autres, dans les affections et les images réunies.

Pour avoir une connaissance approfondie de la sensations, il faut lire et méditer l'ouvrage de Cabanis sur le *Rapport du physique et du moral*. Borner la sensation, comme l'a fait Condillac, aux effets que produit l'impression des corps extérieurs sur les organes de la sensibilité, c'est n'en apercevoir qu'une partie. Quand on veut pénétrer à fond le mécanisme de la sensibilité, il faut s'appliquer à suivre le fil des actes sensitifs les plus déliés, et dont les organes et les causes imperceptibles, soit internes soit externes, échappent à une attention ordinaire.

Cabanis, à cet égard, a porté bien loin la profondeur de l'observation et la finesse de l'analyse. Il a réussi à saisir et à démontrer des rapports jusque-là inaperçus entre le physique et le moral de l'homme; et si son livre n'explique pas tout ce qu'il y a de mystérieux dans cette matière, il rattache du moins à la constitution animale une multitude de phénomènes qu'on n'avait auparavant considérés que dans des hypothèses, ou même qu'on n'avait pas considérés du tout. Une grande sagacité et des connaissances en anatomie deviennent souvent nécessaires pour suivre l'auteur dans ses explorations physiologiques; et, malgré qu'on soit pourvu de ces avantages, on sent quelquefois le fil qui échappe, parcequ'il devient délié comme certaines fibres nerveuses qui se perdent sous le scalpel le plus habile, et comme certaines causes matérielles mais infiniment subtiles qui font vibrer ces fibres; de manière que, l'effet seul étant aperçu, nous voyons le moral séparé du physique, faute d'en connaitre les liens communs.

Mais ce que Cabanis est parvenu à saisir dans ce jeu sympathique et à la fois rapide, compliqué, subtil et fugitif de nos organes intérieurs, conduit par analogie, à l'explication d'autres phénomènes dont jusqu'alors on n'a pu suivre, dans la constitution, les mouvements producteurs. Les substances animales, sans doute selon leur degré d'animation, sont en quelque sorte plus ou moins terrestres, plus ou moins élaborées ; et, sans pouvoir assigner jusqu'à quel point elles se simplifient et se volatilisent, on est en droit de supposer que, dans cet état où elles ne sont plus saisissables pour nos sens, elles continuent d'agir, et produisent les actes qui ont donné lieu à tant de systèmes chimériques.

On sait combien la sensibilité animale est prompte, sagace et pénétrante dans tout ce qui intéresse la conservation des individus ; on sait que les animaux ont certains sens extérieurs d'une activité et d'une finesse extrême ; que leur organisation interne, à laquelle est attaché l'instinct, jouit des mêmes qualités ; et cependant tout cela se fait sur la matière et par la matière. Qu'est-ce donc, lorsque la sensibilité de l'homme, loin de se borner aux rapports immédiats de la sensation, vient à s'exercer sur les rapports abstraits attachés aux mots, et que l'instinct, si mystérieux par lui-même, se mêle à ces opérations nouvelles ! Qu'est-ce enfin, lorsque cette sensibilité, déjà si vive et si mobile, s'aiguise encore par toutes les circonstances d'une organisation que rend plus délicate les progrès de l'état social ! Doit-on s'étonner alors de l'essor de la pensée, de sa rapidité et de ses combinaisons ?

Au fait, la pensée est-elle plus preste que certains actes de la sensibilité qu'on appelle physique, tels, par exemple, qu'une douleur qui cesse au pied et affecte la tête, sans intervalle, sans trajet aperçu? L'est-elle plus que le mouvement qui soustrait l'animal à la cause qui le met en péril? L'éclair n'est pas plus prompt que ces actes; et, toutefois, c'est bien la matière qui agit. Pourquoi donc s'étonner de la prestesse de la pensée, et lui chercher, sous ce rapport, un sujet hors de la matière? Ce sujet est le corps animé; mais l'âme ici est inséparable de la matière, sans laquelle il n'y a plus d'action pour nous, comme sans l'âme, il n'y a plus de vie, plus de pensée.

Pour donner lieu à cette rapidité de mouvement au physique, il faut assurément des organes et des substances sympathiques d'une grande délicatesse et d'une activité prodigieuse; et, si l'on n'apercevait extérieurement les actes qui s'en suivent, on leur chercherait avec autant de raison qu'aux actes abstraits de la pensée, la même origine qu'à ceux-ci.

Il faut donc le reconnaître et l'avouer, la constitution animale est susceptible de modifications tellement déliées qu'on ne peut-être conduit que par l'analogie à l'explication des faits résultant du jeu de ses derniers linéaments, et de ses fluides les plus élaborés. Mais cette analogie est raisonnable; car, si la partie organique du corps, dont l'art a pu démontrer le mécanisme, produit des phénomènes surprenants, il est clair que la partie d'une essence plus fine doit en produire de plus surprenants encore. Les mouvements de la première s'aperçoivent plus ou moins, et les effets s'en font immediatement sentir; les mouvements de la seconde s'exécutent à notre insu, et les effets en tombent à notre connaissance comme par miracle. C'est ainsi que se préparent au dedans de nous les impulsions instinctives, qui se manifestent au dehors par des effets quelconques; et c'est encore ainsi que des sensations et plus tard des idées, dont nous ignorions la présence, agissent tout-à-coup sur l'être sensible, et nous étonnent par leur subit apparition. Ces diverses considérations recevront un nouveau jour dans les chapitres suivants.

Cependant, comme la science cherche toujours à généraliser pour s'étendre, j'ai adopté le mot *perception**)* pour désigner en somme toutes les notions particulières, soit d'affections, soit d'images, que l'âme tire immédiatement de ses sensations primitives.

Toutes les fois que nous éprouvons une sensation représentative ou affective, nous avons la conscience de ceque nous voyons ou sentons; nous le distinguons de toute autre sensation, nous en conservons plus ou moins le souvenir: voilà une perception.

Toute perception est individuelle et unique; et

---

*) Je me sers du mot *perception* au lieu et dans l'acception de celui *d'idée simple* ou *individuelle*; j'en donnerai plus bas les motifs.

quand la cause nous en est connue, nous la voyons aussi toujours *unique*, comme la perception qui en est l'effet. C'est ainsi que la perception de tel arbre, de la saveur de tel fruit est distincte de la perception de tel autre arbre, de la saveur de tel autre fruit, à moins qu'il n'y ait parité absolue entre ces arbres, ces fruits, et disposition identique dans l'organe qui perçoit. Il en est de même de toutes les perceptions possibles ; l'une n'est jamais exactement l'autre, quelque ressemblance qu'il y ait entre les deux.

Plusieurs sensations diverses concourent ordinairement à former la perception des corps extérieurs, parceque tous, ou à peu près, ont des rapports d'organisation avec nos cinq sens, ou du moins avec la plupart. D'ailleurs les rapports mêmes qui n'existent pas entre les corps et nous, entrent aussi comme négatifs dans la perception, et tendent par leur absence même à l'individualiser. L'unité de la perception tient donc à ce qu'elle n'offre jamais qu'un seul tout à la fois ; bien qu'elle puisse renfermer des images et des affections différentes, comme il arrive dans les perceptions de presque toutes les choses propres à affecter nos sens extérieurs, d'un arbre d'une montagne, par exemple.

Au reste, une perception de cause identique se complique plus ou moins pour chaque individu, en raison de la délicatesse et de la capacité de ses organes. Mais je ferai voir plus bas que, dans la perception, la propriété d'être multiple n'a rien d'analogue à celle qu'on remarque dans l'idée. La perception, malgré sa multiplicité n'est jamais qu'une notion individuelle; on verra que l'idée est une notion générale. Si la perception, quand elle est multiple, n'est qu'une notion individuelle, à plus forte raison n'est-elle que cela, lorsqu'elle est simple; et elle est simple quand elle résulte d'une seule affection indécomposable.

De toutes nos perceptions, celles qui viennent de la vue nous paraissent les plus claires et les plus complettes. Après avoir analysé un objet par tous nos autres sens, il nous semble ne le connaître qu'imperfaitement, si nous n'en percevons les qualités visuelles, si nous n'en voyons la couleur, la configuration. On dirait que la vue est destinée à éclairer et à guider les opérations des autres sens, sourtout dans les commencements de la vie, où notre intelligence ne s'exerce guère que sur les corps dont nous sommes environnés, et avec lesquels ce sont la vue et le toucher qui nous familiarisent d'abord. Aussi, lorsqu'un signe ou tout autre cause nous rappelle un objet quelconque, c'est toujours la forme qui s'en offre la première à notre esprit; et c'est à cette forme que nous rapportons, pour ainsi dire comme à une substance, les diverses qualités que nous savons appartenir à cet objet. Il suit de là que nous sommes naturellement portés à nous faire des images de tout ce que nous sentons, même de tout ce que nous concevons, et peut-être quelquefois à croire qu'une image seule complette une perception. Mais, comme toute image résulte de l'impression d'un corps, et que tout corps palpable à la vue excite l'application de nos autres organes, il entre nécessairement aussi des affections positives ou négatives dans la perception de ce corps, pour qu'elle soit complète; car nous n'avons la notion exacte d'un corps qu'après l'avoir analysé par tous nos moyens de connaître.

Je suis entré, relativement aux sensations, aux images, aux affections et aux perceptions, dans des détails peut-être inutiles à la théorie générale de la génération des idées; mais j'ai cru ne pouvoir trop insister sur toutes les nuances des actes primitifs de la faculté intellectuelle, parce qu'elles familiarisent avec des éléments dont une connaissance minutieuse est indispensable pour bien suivre, dans les opérations subséquentes, l'affiliation des idées d'un ordre supérieur, leurs combinaisons, et leurs liaisons continuelles avec les produits immédiats de la sensibilité. C'est le seul moyen de se prémunir efficacement contre la doctrine des *idées innées;* doctrine qui couvre l'idéologie d'un voile que ne déchireront jamais ceux dont l'esprit est imbu de cette méthaphysique de mots qui obscurcit tout, parcequ'elle ne remonte aux principes de rien. Il faudrait qu'à l'exemple de Descartes ils refissent leur entendement, et qu'ils le refissent, non sur des hypothèses, mais sur des faits; or, trois choses seraient ici nécessaires: la force de raison de Descartes, sa bonne foi philosophique, et le secours des lumières que lui refusait son siècle. Avec cela, réussir serait presque encore un miracle, tant il est difficile de vaincre les préjugés dans les quels on a été nourri!

C'est par la perception que l'homme connait les relations immédiates de chaque être avec lui. Cependant, borné à ces rapports isolés et aussi fugitifs que sa constitution est mobile, l'homme n'eut jamais vu d'ensembles dans la nature, il n'eût créé ni arts, ni sciences; ses perceptions eussent propablement suffi à son existence physique, elles n'eussent jamais développé sa vie intellectuelle. Mais la connaissance humaine n'en reste pas là.

CHAPITRE IV.
Idées premières.

Du moment où la faculté intellectuelle entre en exercice, et elle y entre avec la sensibilité, le germe de *l'abstraction* se développe. Ce développement commence par les moyens organiques, et se poursuit par ses propres résultats. D'abord, les sensations représentatives et les sensations affectives fournissent toutes les notions individuelles comprises sous le nom de perceptions; notions détachées, abstraites des sensations et de leurs causes, puisque l'intelligence les conserve dans l'absence des unes et des autres : voilà une première sorte d'abstraction par laquelle l'esprit, en s'habituant à voir ses perceptions indépendamment de leurs causes, à en faire des êtres séparés *abstraits*, se prépare à une autre sorte d'abstraction, à laquelle il doit toutes les connaissances d'un ordre plus élevé.

De nos perceptions, les unes, en moindre nombre, doivent rester isolées, ce sont celles que l'esprit a besoin de voir une à une, et de désigner individuellement par des mots *propres*, tels que *Paul, Europe, soleil, garonne* etc.; les autres, que l'esprit a besoin de voir en masse, s'agglomèrent sous des signes *communs*, tels que *lion, herbe, noir, courir* etc. Les premières ne changent pas de nature; mais sont rendues fixes et positives par les sons de l'organe vocal, employés d'abord par une impulsion innée, et bientôt rendus conventionnels par le seul fait de leur institution. Les secondes perdent, en s'attachant aux mots, ce qu'elles avaient de particulier, et conservent seulement leurs qualités communes, que l'esprit abstrait pour en composer une forme intellectuelle qui n'a plus de type dans la nature : voilà une seconde sorte d'abstraction, celle qui crée les idées comme on le verra plus bas. En effet, les mots *lion, herbe, noir, courir* etc., ne désignent point tel lion, telle sorte d'herbe, telle nuance de noir, telle façon de courir; et ces mots, sans rappeller aucune perception individuelle, expriment, chacun, toutes celles de même espèce. Ce sont ces formes et autres semblables qui, en se combinant par de nouvelles abstractions, donnent naissance à ces idées très-abstraites qui semblent n'avoir plus aucune liaison avec les premiers produits de la sensibilité.

Je nomme l'abstraction du premier degré, individuelle, parcequ'elle ne porte que sur une perception ; celle de tous les autres degrés, collective, parcequ'elle porte sur des collections de perceptions analogues, ou sur des collections d'idées.

D'après cela, si l'on voulait définir l'abstraction, on pourrait dire qu'elle est, dans son germe, l'acte spontané par lequel l'intelligence distingue les sensations et les perceptions de leurs causes ; que, dans son premier développement, elle est l'acte également naturel par lequel l'esprit détache de ses perceptions ce qu'elles ont de qualités communes, en les fixant collectivement par des signes ; qu'enfin, dans ses progrès ultérieurs, elle est l'opération réfléchie par laquelle l'esprit continue sur les idées le même travail, dont le but est toujours de généraliser les connaissances acquises, en les groupant autour d'un signe*).

La première sorte d'abstraction se trouve, du

---

*) Le mot abstraction se prend quelquefois pour l'idée abstraite elle même.

plus au moins, chez tous les êtres animés ; l'homme seul connait l'abstraction collective, parceque seul il jouit de l'usage des signes convenus, qui en sont exclusivement les moyens.

Pour exposer la transformation des perceptions en idées premières, que je n'ai fait qu'indiquer en quelque sorte par occasion, je vais reprendre la faculté intellectuelle à son début, et la suivre, autant qu'il me sera possible, dans ses progrès successifs.

Les premiers actes de la vie sont purement instinctifs ; c'est la nature elle-même qui, à notre insu, excite et dirige les fonctions naissantes du corps, et lui fait exécuter une série de mouvements spontanés, involontaires, comme seraient ceux d'une machine animée d'un principe inné d'action. Nos organes extérieurs font certains mouvements, comme nos viscères en font d'autres, par une activité qui leur est propre, et sans aucune participation de l'intelligence, qui n'existe pas encore, quoique le germe s'en éveille au moment où nous sommes jetés sur la scène de la vie. Ces mouvements sont l'effet nécessaire et déterminé d'une certaine organisation entièrement soumise alors à une impulsion native, dont le but est ignoré de l'individu, qui s'ignore lui-même; et il y a bien peu de différence, s'il en existe, entre l'acte par lequel l'enfant nouveau-né cherche le sein de sa mère, et s'y attache pour la première fois, et celui par lequel son estomac rejette les alimens dont il est surchargé.

Il est vrai que le premier de ces actes ne sera bientôt plus, comme l'autre, exclusivement du domaine de l'instinct, et qu'il fera partie de celui de l'intelligence dès que celle-ci saura distinguer la sensation de sa cause. Le premier mobile de cet acte sera toujours instinctif, c'est-à-dire qu'il dépendra primitivement de l'organisation intime de l'individu; mais il deviendra en quelque sorte intellectuel aussitôt que la volonté sera guidée par l'intelligence. Il en est de même de beaucoup d'actes de notre nature qui doivent être exécutés par nos organes extérieurs: l'instinct les détermine d'abord, ou du moins nous y dispose par une inclination naturelle; et puis l'intelligence se les approprie en les dirigeant. Ceci explique en morale, comment nos idées et nos sentimens se coordonnent, et tendent au même but.

L'homme naît donc avec des organes débiles, auxquels il faut du temps et du repos pour acquérir le degré de consistance propre à leurs fonctions. Les premières impressions que ces organes transmettent à l'âme n'y produisent qu'un ébranlement dont l'individu ne tire d'abord aucune notion, ni même aucun sentiment distinct, excepté celui de la douleur et du plaisir; et les premières sensations ne sont distinguées ni de l'organe qui les reçoit, ni de la cause qui les provoque. Mais le renouvellement des mêmes impressions sur des organes qui se fortifient chaque jour attire peu à peu l'attention de l'être sensible sur leurs causes; et, dès que cette attention commence à poindre, on peut dire que la faculté intellectuelle est en exercice, puisqu'il y a réaction de l'être sentant et pensant sur les causes de ses sensations.

Comme ce phénomene se remarque chez les enfants qui ne parlent point encore, et qu'il donne nécessairement lieu à la perception, on peu dire aussi que les enfants ont des perceptions avant de parler.

Mais, si l'homme est organisé pour avoir des perceptions, il l'est aussi pour rendre des sons analogues à ce qu'il sent, à ce qu'il conçoit, et pour retenir ces sons. Aussi les perceptions sont-elles attachées spontanément d'abord, et bientôt par imitation à des signes, à mesure que l'usage s'en établit chez les enfants. Je dis spontanément d'abord, parceque tout le monde sait qu'ils designent assez-généralement certaines choses par certains sons mal articulés, et qui paraissent être le produit instinctif de l'organe vocal mis en mouvement par les sensations; je dis bientôt par imitation, parceque les continuelles agaceries et les efforts sans cesse renouvellés des parents ou des personnes qui les entourent leur ont appris bien vite les signes des choses dont la présence ou l'action les intéresse; et il ne faut pas douter qu'en vertu de cette imitation ils n'acquièrent individuellement, en quelques années, plus de connaissances que ne put s'en procurer l'espèce entière pendant plusieurs siècles.

Chaque mot commence par être aux yeux des

enfants le signe d'une perception, il est mot *propre;* car les enfants du premier âge ne conçoivent assurément que des individualités, comme on peut s'en convaincre par l'observation, et comme je le ferai voir pour tous les âges, par la seule absence des signes. Ensuite, quand l'expérience leur a fait remarquer plusieurs perceptions semblables à celle dont ils savent le nom, ce nom, qui leur est naturellement appliqué par les enfants, prend de l'étendue pour eux, il se généralise et devient le signe d'une *collection* de perceptions analogues. Tels sont les mots, *maison*, *chameau*, *frapper*, *courir*, *douleur*, *aigre*, *chaud* etc., et tous autres qui expriment un aggrégat quelconque de perceptions, et dont chacun, dans le principe, ne rappelle assurément à l'enfant qu'une perception particulière. Mais, comme il en reçoit bientôt d'autres, dont la similitude avec la première est plus remarquable que la différence, il les attache naturellement au même signe, qui dès lors cesse d'être propre, et ne désigne plus une perception unique, puisqu'appertenant à toutes, et toutes-différant au moins par quelque accident, il ne peut plus exprimer que leur collection, par le point de vue des qualités qui leur sont communes. De là, ces images intellectuelles, ces sortes de fictions ou de formes abstraites que l'esprit peut analyser, dont il voit les parties et l'ensemble; en un mot, ce que j'appelle *idées premières*.

Cette marche paraît naturelle et conforme à la

faiblesse de l'intelligence dans les premiers temps de la vie. Cependant n'est-il pas possible que l'enfant, qui éprouve à la fois des perceptions semblables, comme par exemple à la vue de plusieurs êtres de même espèce, les range aussitôt sous le même signe, et qu'ainsi ce signe n'ait pas passé pour lui par le premier dégré d'abstraction? Cela est tres-possible sans doute; car l'enfant, par un exercice journalier, ou même par les bornes de son intelligence, qui ne peut encore appercevoir que les similitudes frappantes, a bientôt pris l'habitude de lier dans son esprit ses perceptions par ce qu'elles ont de commun, en négligeant ce qui n'est qu'accessoire. Mais cette opération simultanée n'a probablement lieu que parce qu'antérieurement des opérations successives l'ont conduit à des resultats semblables, avec lesquels il est déjà familiarisé. Lorsque l'enfant commence à parler, il a déjà fait bien des comparaisons, et par conséquent déjà franchi le degré des abstractions individuelles, quoiqu'il ne les ait pas encore fixées par des signes. S'il n'a point encore lui-même l'usage des signes, souvent les autres s'en sont servis avec lui; et son intelligence, destinée à se développer par leur moyen, a sans doute déjà retenu bien des choses de ce commerce. Il a donc des matériaux tout prêts pour commencer les abstractions collectives, qui se consomment à mesure que les signes s'établissent.

Au reste, tout cela se fait spontanément et sans

calcul. L'enfant éprouve des perceptions qui se ressemblent, il leur donne le même nom. Qu'il les ait reçues successivement ou simultanément, il n'en resulte pas moins des idées, désque, par abstraction collective, il attache plusieurs perceptions semblables au même signe. Ainsi 1. un enfant voit une montre pour la première fois, il en apprend le nom; ce nom ne lui rappelle d'abord qu'une perception, que la notion *propre* de cette montre. Plus tard, ce même nom, en devenant commun à d'autres montres, reveillera, dans son esprit, non plus une perception, à moins qu'il ne soit employé d'une manière spéciale comme dans cette phrase, *la montre de Pierre est belle;* mais il présentera une réunion de perceptions, une *idée* comprenant tous les objets de même nature, de même usage; comme quand on dit, *une montre est un meuble utile.* 2. Un enfant aperçoit un troupeau de betail qu'il ne connait pas encore; la multitude des individus l'empêche de fixer son attention particulièrement sur aucun; mais il reçoit de tous, en général, des perceptions analogues, et il applique à chacun le nom commun par lequel il a entendu appeler *) tous.

---

*) La généralisation des signes est si naturelle, qu'elle s'effectue souvent même sur une perception unique. Entre mille exemples, je citerai les enfants d'un village que j'ai habité dans ma première jeunesse. La Saône passe dans ce village; et, à plusieurs lieues à la ronde, il n'y a pas d'autre rivière. Les enfants

Ces deux procédés également naturels sont sans doute employés tour à tour selon le besoin des circonstances. En effet, l'homme étant destiné, par sa nature, à créer des idées avec des perceptions, et recevant celles-ci, tantôt une à une, et tantôt en masse, il est raisonnable de croire qu'il a en lui-même une disposition innée à former ses idées selon la manière dont lui en arrivent les matériaux. Il est vrai que, dans les premiers temps de la vie, l'enfant n'est point capable d'avoir à la fois plusieurs perceptions qu'il puisse comparer: mais quand l'usage des signes commence, il n'en est déjà plus ainsi, comme je viens de le dire; et, lorsque cet usage est établi, que l'intelligence, exercée par ce moyen, est habituée aux abstractions collectives, rien ne s'oppose à ce que beaucoup d'idées soient créées pour ainsi dire d'un seul jet, et par un seul acte de l'esprit, qui, recevant à la fois des masses de perceptions analogues, leur impose simultanément des dénominations générales, et en fait des idées premières.

---

habitués au nom de Saône dont tout le monde se sert, concevant qu'il pouvait bien y avoir ailleurs des cours d'eau semblables, demandaient quelquefois s'il passait aussi *une Saône* en tel ou tel endroit dont ils entendaient parler. Ainsi, ce mot nécessairement *propre* dans sa première acception, puisqu'il était le signe d'une individualité, devenait *commun* par la seule habitude de généraliser, et quoiqu'il n'eût jamais exprimé qu'une seule perception *réelle*.

C'est donc en attachant d'abord ses perceptions à des signes, que l'homme crée ses idées premières. Sans les signes, il est impossible de concevoir la formation d'une seule ; car l'intelligence humaine n'a plus de moyens de rassembler les éléments dont elles se composent toutes. Il y a plus, l'abstraction collective n'est point relativement aux idées premières, ni probablement, comme on le verra ci-après, à l'égard de beaucoup d'idées complexes, une opération calculée de l'intelligence, et antérieure aux signes ; elle est l'effet naturel et spontané de l'usage des signes d'institution, qui doivent toujours la précéder. De ce que l'analyse fait découvrir, dans les idées, des éléments extraits de plusieurs perceptions, on a pu croire que l'extraction et la réunion s'en faisaient par un acte exprès de l'intelligence ; mais c'est une erreur qu'on verra tomber à mesure qu'on avancera dans la lecture de cet essai. L'abstraction ne devient une opération réflechie et volontaire, que lorsque l'esprit, déjà très-exercé sur les idées premières, procède, avec conscience explicite, à la formation des idées compléxes. Toute génération des idées sans des signes antérieurs, est donc impossible à concevoir.

Cependant ici commence à sortir de la matière ce système de connaissances qui, dans ses progrès ultérieurs, remplit l'ame de tant d'illusions. Des sons rapides et fugitifs, quelques lignes deliées qui les peignent aux yeux ; tels sont à la fois les fondements d'où s'élève peu à peu l'édifice de la pensée humaine, et les moyens par lesquels l'esprit s'élance dans le vaste champ de l'abstraction et des combinaisons scientifiques. Mais ces sons ou signes quelconques sont-ils autre chose qu'une peinture artificielle des idées? Ne doit-on pas chercher l'origine de celles-ci ailleurs que dans de vains simulacres? L'affirmative est l'écueil où l'idéologie s'est brisée de tout temps; et, quand Locke et Condillac ont voulu la fonder sur les seules sensations, ils ont encore échoué, faute d'avoir vu que les signes conventionnels sont eux-mêmes les idées, et non point seulement les symboles des idées; que hors des signes il n'y a plus d'idées, et que sans les signes il ne peut y en avoir; qu'en un mot le signe est toute l'idée.

Cette proposition paraîtra sans doute étrange, et l'on se défera difficilement des préjugés qui lui sont contraires. Celui qui n'est pas en état de réfléchir sans prévention (et ce n'est pas un petit effort) ne verra jamais dans la pensée humaine que des tours de fantasmagorie, ou les miracles de la mysticité; ce qui équivaut à n'y rien voir du tout. Au reste, je n'insiste point ici sur cet objet, parceque j'aurai lieu d'y revenir avec plus d'avantage après de nouveaux developpements préliminaires.

L'homme, en s'élevant des perceptions aux idées premières, à fait un pas immense. Les perceptions ne lui donnaient encore que la connaissance individuelle des rapports physiques; par elles, il apercevait, comme les autres animaux, les rapports des choses à lui dans l'intérêt prochain de sa conservation, ou de son bien-être; ces rapports, en se succedant, s'effaçaient et ne revenaient qu'avec les mêmes circonstances qui les avaient produits ou accompagnés; l'homme enfin, n'avait encore acquis rien dont son intelligence pût disposer dans l'absence absolue de ces causes; il était, sauf la proportion, dans le cas de tous les animaux. Maintenant, le voilà pourvu de la connaissance générale de ces mêmes rapports groupés par classe sous des signes qu'il retient sans efforts, par leur enchaînement même avec les sensations qu'il éprouve sans cesse. Ce que deux, cent, mille objets lui ont fait sentir de semblable ou seulement d'analogue, ce ne sont plus deux, cent, mille perceptions séparées, successives, et par conséquent impossibles à retenir; c'est une idée, c'est un signe qui rappelle toutes ces perceptions, et comprend d'avance toutes celles de même nature. Il a, dans une idée, une masse illimitée de connaissances individuelles, toutes à sa disposition par l'existence du signe qui en retrace selon le besoin, ou la totalité comme idée, ou l'une quelconque comme perception. Et par là combien de motifs de souvenir qui tiennent à mille choses diverses ! Quelques sensations peuvent bien rappeler une perception chez les animaux; des milliers de sensations, de perceptions rappellent dans l'homme une idée, comme cette idée rappelle des milliers de sensations et de perceptions, comme elle rappelle une multitude d'autres idées qui renferment toujours quelques-uns de ses propres éléments. Ainsi, les idées ou mots existent dans l'esprit par une chaine pour ainsi dire indissoluble, puisque tous les anneaux en sont multiples presque à l'infini. Telle est la prodigieuse puissance des signes, même à leur naissance; telle est la source des surprenants effets de la mémoire, et de l'imagination, etc.

L'homme, sans les signes, pourrait comparer quelques perceptions actuelles; avec les signes il compare des idées, qui ne sont d'aucune époque. Sans les signes, il n'eût vu ni passé, ni futur; avec les signes, il ressaisit le passé, il embrasse l'avenir. Sans les signes, il ne verrait que des individualités dans la nature; avec les signes, il aperçoit des ensembles. Sans les signes, sa mémoire lui retracerait bien quelques perceptions liées à des causes étrangères qui agissent actuellement sur lui; avec les signes, toujours engrenés les uns dans les autres, il a en lui-même une multitude de motifs permanents qui reveillent sans cesse et les sensations, et les perceptions, et les idées. Enfin, sans les signes, son intelligence, sous les noms d'attention, de mémoire, de jugement, de réflexion, de raisonnement, d'imagination, etc., ne fût jamais sortie du cercle des individualités, de l'empire immédiat de la matière; c'eût-été des perceptions, ou seules, ou combinées en petit nombre, et rien de plus: Avec les signes, elle s'élève à des notions générales qui tiennent à tout, et se détachent de tout; qui restent à sa disposition, et l'affranchissent pour ainsi dire de la domination des sens.

Voilà, pour me servir des expressions consacrées, comment nous passons du variable à l'invariable, du particulier au général, du concret à l'abstrait, de l'individuel à l'absolu, du contingent au nécessaire; c'est à dire, pour être moins savant dans les termes, de la perception à l'idée.

Ainsi, l'institution des signes, en créant les idées premières, ouvre un nouveau champ à l'intelligence, ou plutôt elle crée une nouvelle intelligence, d'une étendue incommensurable avec ce qu'elle étoit auparavant. D'où il suit que l'homme, pour être infiniment supérieur aux autres animaux, n'aurait besoin que des idées du premier degré, de celles qui lui présentent immédiatement ses perceptions sous des formes symboliques, sous des signes convenus. Mais il n'en reste point encore là; et l'on verra au chapitre des *idées complexes*, que l'usage des signes, une fois établi, amène, après les idées premières, des connaissances plus générales encore, et semble détacher absolument les conceptions de l'homme de sa nature matérielle, et de toutes les choses physiques.

Et toutefois, l'effet le plus remarquable de la puissance des signes, est encore moins la création des idées, l'étendue de l'esprit et la decouverte des sciences, que la prise qu'ils donnent à la pensée sur ses propres opérations. En effet, souvent détachée de la réalité et libre des causes extérieures, elle s'évertue peu-à-peu à diriger son action vers des sujets de son choix; elle devient insensiblement maitresse d'elle même; et l'habitude de s'occuper d'abstractions, de s'isoler des corps pour méditer, de se placer à differents points de vue, la conduit enfin à s'isoler de ses propres ressorts pour en observer la nature, le jeu et les résultats. De là nait la conscience explicite de ce que nous sentons, de ce que nous savons, de ce que nous voulons; phénomène admirable, qui double pour ainsi dire notre être, en donnant à la pensée la puissance, de se réfléchir sur elle-même, et de s'analyser! L'activité intellectuelle, sous le nom de conscience, en devenant capable de cette opération, contrôle ses propres actes, observe ses procédés; et c'est de là que sortent toutes les idées des opérations mentales; idées auxquelles, selon la remarque judicieuse de Condillac, nous donnons, par analogie, les noms des opérations qui tombent sous les sens : tels sont *pensée, réfléxion, imagination*, etc.

C'est aussi de l'usage des signes que naissent les sentiments moraux. Les animaux qui ne parlent point sont renfermés, quant au sentiment, dans le cercle étroit des perceptions, comme il le sont à l'égard de l'intelligence. Les hommes, privés du langage, suivraient la même condition. N'ayant point les idées de Dieu, de patrie, de père, d'époux, de fils, d'ami, de toutes les choses qui constituent la famille et l'ordre social, ni des vertus qui les soutiennent, ou des vices qui les détruisent, leur manière de sentir serait à cet égard aussi bornée que leur manière de concevoir: tout se réduirait à quelques affections analogues à un état si brut. La patrie, les enfants seraient pour l'homme ce que le gite et les petits sont pour l'animal, c'est-à-dire des objets d'un amour aveugle et passager; rien n'irait au-delà des sensations plus ou moins prolongées du moment. Mais avec les signes, les perceptions qui intéressent le cœur comme celles qui sont pûrement du ressort de l'intelligence, se détachent de leurs causes, se forment en idées, et composent peu-à-peu cette sphère morale au milieu de laquelle et par laquelle vit l'homme civilisé. Les affections primitives de la nature se développent à proportion des progrès de l'intelligence, se changent en affections raisonnées, durables et plus ou moins indépendantes de l'action et de la présence des objets: et cela est dû à l'usage des signes, qui font sortir de la sensibilité humaine un système de connaissances générales et de sentiments réflechis, dont la correspondance mutuelle assure et perpétue la durée. Les idées provoquent les sentiments, les sentiments réveillent les idées, par le seul artifice des signes d'institution. Au bout de vingt ans, une mère se rappelle et pleure la fille chérie dont la mort l'a séparée; la brute, après quelques jours, ignore si jamais elle eut des enfants : et pourtant l'instinct de la maternité n'est pas moins vif dans celle-ci que dans l'autre. Mais la femme a des idées, et la bête n'eut jamais que des perceptions; et c'est à cause de cela qu'au moral ainsi qu'à l'intellectuel, il n'y a pour cette dernière ni passé, ni avenir dans le sens explicite de ces mots.

Le système moral porte donc en entier sur l'usage des signes, et l'on n'expliquera jamais l'homme sous le point de vue de ses sentiments, non plus que sous celui de ses idées, sans remonter à cette source commune. On a bien senti l'importance des signes pour le développement des facultés humaines; ce qu'on n'a pas vu, c'est que, sans un langage quelconque, le germe de ces facultés fût resté mort; c'est que l'homme n'eût eu ni idées, ni sentiments moraux, ni souvenir du passé, ni notion de l'avenir; c'est qu'il fût demeuré, dans l'état ou à-peu-près des animaux les plus intelligents, sans jamais franchir le cercle d'une vie réduite comme la leur aux seuls exercices de la conservation individuelle.

Chercher, comme on l'a fait quelque fois, des idées et des sentiments moraux dans des individus privés dès l'enfance de l'usage des signes, c'était chercher ce qui n'existait pas. Mais nous sommes naturellement enclins à supposer dans les autres ceque nous sentons en nous-mêmes, sans trop nous embarrasser comment ni pourquoi nous sentons ainsi, ni si les autres sont en situation de sentir comme nous; et les préjugés fortifiant encore cette illusion née d'habitudes insensiblement contractées dès le plus jeune âge, on a vu et l'on voit bien des gens croire de bonne foi qu'en effet la nature met de prime abord dans notre esprit et dans notre cœur certaines idées et certains sentiments tout formés. La nature ne met pas plus en nous des idées ni des sentiments tout formés, qu'elle n'attache aux arbres des fleurs ou des fruits tout faits; ce qu'elle nous donne, ce sont des dispositions organiques qui nous rendent habiles à sentir et à concevoir de telle ou telle manière. Cette aptitude produit nos idées et nos sentiments, dans certaines circonstances données, hors desquelles on ne les verrait jamais éclore; et, parmi ces circonstances, il faut compter en première ligne les signes d'institution, sans lequels nos connaissances et nos sentiments, bornés à des perceptions, nous retiendraint forcément au niveau des brutes.

Tels sont en général les effets de l'institution des signes. Ils portent l'entendement humain à une distance infinie de l'intelligence des autres êtres animés. Mais, par une sorte de compensation, cette raison, dont à bon droit nous nous glorifions souvent avec orgueil, devient sujette à des écarts, à des erreurs, à des maladies, qu'on doit aussi imputer à l'influence de ces mêmes signes qui l'ont dé-

veloppée en nous. Du moment où, par leur effet, l'homme sort du cercle des perceptions, c'est-à-dire des rapports réels de son existence fournis par les organes, il entre avec les idées dans la sphére des illusions. Les idées étant des images fictives, que les signes tiennent sans cesse à la disposition de l'esprit dans l'absence des choses, il resulte de leur combinaison un éloignement progressif de la réalité, pour peu que le plaisir d'imaginer l'emporte sur le besoin de juger. Et ce plaisir n'est que trop naturel à l'homme pourvu des signes ; ou plûtot il est encore un effet des signes eux-mêmes, qui, le jetant sans cesse dans l'idéal des abstractions, lui font perdre la vue des objets pour ne l'occuper que des images qui flattent ses penchants et ses espérances. Bientôt tout remplis de ces images sans type, que nous voyons naturellement sous l'aspect le plus conforme à notre situation physique ou morale, nous nous laissons aller, ou même nous sommes entraînés forcément hors de la vérité. Nous pensons au milieu d'un monde d'images flottantes, que la mémoire reproduit souvent par des fils *imperceptibles*, et qui s'offrent sous mille faces diverses selon l'intérêt de la fibre actuellement ébranlée. Nous contractons des habitudes intellectuelles qui effacent la trace des rapports primitifs, et nous font vivre d'abord d'abstractions, puis d'illusions et de chimères. Nous n'avons souvent que des idées tronquées, faute d'expérience ; que des idées mal liées, faute de réflexion ; que des
idées

idées fausses, par suite d'une instruction erronée : et notre esprit n'exécute que des opérations vicieuses, embarrassé par tout ces inconvènients. Que d'écueils attachés à l'exercice de la raison sur les idées ! à combien de genres de manie l'homme n'est-il pas exposé par le seul effet de l'usage des signes ! Ainsi, ce qui fait l'excellence de la raison humaine, cause en même temps sa faiblesse.

L'idéalité porte tellement à l'illusion qu'on voit les enfants de quatre ou cinq ans composer dans leurs jeux des fictions, dont ils s'occupent comme de choses réelles. Ils se figurent des êtres, qu'ils font agir, parler, mourir, suivant leurs petites fantaisies. Qu'on ôte leurs idées, tout imparfaites qu'elles sont, et qu'on dise s'ils seraient capables d'imaginer ainsi. On voit les animaux conserver quelquefois assez long-temps ou se rappeler le souvenir d'une perception, et agir comme si l'objet qui la leur a donnée était encore présent : c'est évidemment une illusion, mais toujours circonscrite dans les bornes étroites des rapports fournis par le sens. Pour l'homme, l'illusion est bien d'une autre nature ; elle n'est pas plus limitée que l'action de son intelligence ; elle s'exerce non seulement dans le domaine de la perception, mais dans celui de l'idéal, qui est immense, et qui la provoque sans cesse par l'attrait d'images aussi séduisantes que mobiles. Je le répète, comme une idée n'est point l'image d'une cause réelle, n'est point une perception, mais qu'elle rappele toutes les analogues, il s'ensuit que le mot de cette idée peut offrir à l'esprit mille nuances parmi lesquelles il ne manque pas de choisir celle qui l'interesse le plus actuellement. Voilà une latitude bien propre à faire naître des illusions, et à les varier à l'infini. Si l'on ajoute à cela l'effet toujours croissant de la combinaison de plusieurs idées ainsi conçues, et le penchant naturel que nous avons à croire ce qui nous plait, il sera facile d'apercevoir jusqu'où peut aller l'illusion, et pourquoi les fictions qui nous flattent se convertissent si aisément pour nous en réalités.

Les effets ci-dessus indiqués et autres semblables composent toute la magie intellectuelle que les métaphysiciens pretendent expliquer par des mots auxquels ils attribuent un sens de profondeur qu'on ne conçoit pas, et que sans doute ils n'entendent guère mieux eux-mêmes. Cette magie, comme toutes celles que crée la nature, tient à une cause simple et qui tombe naturellemen sous le bon sens, lorsqu'on n'est ni trop fin pour s'en contenter, ni trop profond pour dédaigner les choses compréhensibles.

S'il était possible que l'homme pût constater ce qui se passe en lui-même avant l'usage des signes, et que cet usage, lui venant tout-à-coup, il comparât son état nouveau avec le précedent, il verrait la cause des plus surprenants phénomènes de la pensée et du sentiment dans l'introduction des idées par le moyen des signes. Il n'irait point chercher dans la psychologie, dans la théodicée, dans l'éthique, des solutions inintelligibles à des questions insolubles posées dans des hypothèses mystérieuses. Mais le système intellectuel se gradue insensiblement dès le principe; les idées et les sentiments moraux ne surviennent point par une apparition subite; ils arrivent avec l'usage des signes, peu-à-peu, sans effort, par des nuances inaperçues, ménagées suivant l'âge, la culture, les circonstances; on n'en remarque même la présence que long-temps après qu'ils ont pris entière possession de nous, et lorsqu'ils est devenu impossible de nous observer sans les voir confondus avec nous. On ne s'avise donc pas de chercher la cause de phénomène dont l'origine se fond et se perd dans une sorte de vague; ou si on la cherche, c'est dans des choses qui leur ressemblent, comme dans l'activité et la simplicité de l'âme, dans des facultés qu'on appèle raison, mémoire, imagination, conscience, etc.; sans s'apercevoir qu'on prend des attributs et des qualités acquises pour des principes, on se tue à découvrir des causes dans des effets: et voilà la métaphysique en campagne.

On voit, par ce qui précède, que ceux qui proclament la conscience comme un fait primitif, comme une puissance innée, tombent dans l'erreur de prendre un résultat pour un principe. La conscience n'aurait point lieu sans l'usage des signes, parce que, sans les signes, l'intelligence demeurée sous l'empire immédiat des sens, absorbée par une perception actuelle, ou inactive dans l'absense des causes extérieures, n'eût jamais asquis la puissance de diriger son action à son choix, ni par conséquent de la porter sur elle-même,

J'ai supposé la langue formée et communiquée des adultes aux enfants par la voie de l'imitation, qui transmet des sons convenus, en même temps que l'expérience donne les perceptions ou les idées qu'on y attache. Si la langue était à faire, à l'imitation graduelle des mots successivement établis, se joindrait la nécessité d'en créer de nouveaux, à mesure que le besoin s'en ferait sentir. Il est probable que cette création n'appartint jamais, ou du moins que très-rarement au premier âge, et que ce furent toujours les parens qui créèrent, et les enfants qui imitèrent.

La formation des langues dut être bien lente; et ce que je viens de dire sur la génération des idées chez les enfants, au milieu d'une civilisation avancée, n'est qu'analogiquement applicable aux hommes sortant des mains de la nature. Les idées, il est vrai, se propagent rapidement au moyen des signes, une fois qu'ils sont établis; mais combien de temps, combien de siècles, avant que les hommes aient atteint ce dernier résultat! Cette différence ne fait cependant rien à la théorie que j'essaie d'établir. Un procédé ne change pas essentiellement, pour être plus ou moins lent; et, ici, il est toujours d'accord, dans ses effets, avec les circonstances de toute nature capables d'influer sur les progrès de l'entendement, puisque les idées n'arrivent jamais qu'à la suite des signes d'institution. Si les signes, dans l'état actuel des choses, sont nécessaires à la création des idées chez des enfants que des organes plus délicats, une sensibilité plus exquise, et des soins assidus favorissent à cet égard, combien ne devaient-ils pas l'être davantage pour des êtres vivant dans l'état de barbarie, sous les lois d'une constitution physique dure, ou moins fléxible, et souvent abandonnés à des ressources individuelles !

Toutefois, nous ne parlons pas seulement parceque nous entendons parler ; mais aussi parceque nous éprouvons le besoin d'exprimer par des *voix* ce que nous sentons, et ce que nous concevons ; parceque l'organe vocal se prête spontanément à rendre des sons analogues à ce qui se passe en nous ; parcequ'enfin l'auteur des choses nous a constitués pour produire le phenomene de la parole, comme il a constitué pour faire certains cris et certains ramages, la plupart des animaux qui vivent à la surface de la terre : de sorte que la parole est autant le résultat nécessaire de l'organisation humaine que le chant de Philomèle est celui de sa constitution particulière.

On pourra répondre que des individus de l'espèce humaine trouvés au milieu des forêts dans l'état des bêtes sauvages ne parlaient point. Mais, c'est précisément parceque ces individus n'étaient pas dans leur état naturel, qui est celui de société, qu'ils n'avaient pu développer leurs moyens organiques. Si plusieurs eussent été réunis et fussent restés en famille, ils eussent certainement à la longue créé une langue proportionnée à leurs besoins, comme on l'a toujours remarqué chez les peuplades barbares; sans quoi il faudrait supposer que, sur ce point unique, la nature en contradiction avec elle-même nous à doués d'organes, sans y joindre l'impulsion spontanée nécessaire à leur exercice.

On pourra dire encore que l'animal élevé hors de son état naturel conserve ordinairement et à peu près ses chants ou ses cris, tandisque l'homme perd tout à cet égard, hors de l'état social; d'où il semblerait qu'on peut conclure que la parole est une faculté purement artificielle et primordialement communiquée. Cette objection n'est que spécieuse, il suffit d'observer la différence des principes moteurs de la voix chez l'homme et chez les autres animaux.

Dans ces derniers, l'émission de la voix et ses diverses modifications dépendent presque absolument de l'instinct; on peut s'en convaincre par l'observation journalière. Chez l'homme, c'est presque toujours l'intelligence qui en est le mobile, et en détermine l'usage. Or, l'instinct invariablement fixé par l'organisation intérieure, est indestructible et peu altérable; au lieu que l'intelligence, dépendant de toutes les circonstances extérieures, est susceptible de tous les degrés. Cette différence explique assez pourquoi l'animal acquiert ou conserve ordinairement ses voix naturelles toujours à peu près les mêmes, tandisque l'homme ne jouit pas du même avantage. Pour le premier, l'organe vocal est l'instrument de l'instinct; pour le second, c'est celui de l'intelligence: or, que devient l'intelligence de l'homme isolé, et quelle doit être sa langue dans cet état? Le coq trouvant une pature, fera le cri d'appel dans un désert comme au milieu de son sérail, parcequ'il y est poussé par l'instinct; mais l'homme ne rend pas les sons vocaux sans une participation directe de l'intelligence, excepté dans les cas où la force des sensations les lui arrache. On ne le voit pas, comme l'animal, avoir de ces retours périodiques qu'on appele chants ou cris; et cela, sans doute, est parfaitement d'accord avec l'emploi qu'il doit faire des sons vocaux pour exprimer, non des mouvements instinctifs, mais des mouvements intellectuels, des pensées. C'est encore une de ces harmonies préétablies de la nature qui coordonne entre elles toutes les circonstances organiques dont le concours est nécessaire à la production de certains phénomènes.

Si Jean-Jacques eût fait attention à cette harmonie et à ce concours de nos facultés, il se fût épargné bien des erreurs de détail, en évitant celle d'où sont parties toutes les autres; je veux dire cet état *de pure nature*, cette vie solitaire si gratuitement attribuée à l'homme, et que nul voyageur ne rencontra jamais chez aucun peuple, quelque barbare qu'il fût *).

---
*) Aussi Rousseau ne reconnait-il pas la vie du vrai sauvage dans les Caraïbes eux-mêmes, mais seule-

Et pourquoi refuser à l'homme une disposition commune à plusieurs espèces d'animaux, surtout quand les

> ment „celui de tous les peuples existants qui jusqu'ici s'est écarté le moins de l'état de nature;" et il peint son modèle „errant dans les forêts, sans industrie, sans parole, sans domicile, sans guerre et sans liaison, sans nul besoin de ses semblables, comme sans nul désir de leur nuire, peut-être même sans jamais en reconnaître aucun individuellement."...... (Discours sur l'origine de l'inégalité parmi les hommes). Il faut avouer que Jean-Jacques se faisait de singulières idées sur l'espèce humaine. Cette fiction de l'état de pure nature le poursuit tellement qu'il ne sait plus comment s'y prendre pour en tirer l'homme. En décrivant les premiers progrès et les premiers travaux qui, selon lui, purent amener l'état social, il décrit simplement ce que font certaines animaux solitaires pour se loger, se conserver et se nourrir, sans que jamais cela les conduise à vivre en société. Il fait bâtir aux hommes des cabanes; il les rassemble quelquefois pour la chasse; il leur attribue des idées et des sentiments qui naissent de l'habitude de voir fréquemment ses semblables; et ce n'est qu'à la suite de tout cela, qu'il les assujettit au lien conjugal, qu'il les réunit en famille. On dirait qu'il craint d'arriver au moment de donner des compagnes à ses sauvages, tant il met de soin à le reculer. Il y arrive enfin, mais d'une manière si contrainte et si peu plausible qu'il doit en être bien satisfait. Ce saut de l'état de pure nature à une nouvelle manière de vivre hors de la nature lui sert, dans le *Contrat social*, à motiver la

faits l'attestent d'un bout du monde à l'autre ? Pourquoi le prétendre moins porté à l'union conjugale, à

convention sur laquelle il fait reposer l'ordre civil.

L'union conjugale, telle qu'il en décrit l'origine, est l'effet d'une situation forcée et toute nouvelle, et non celui d'un besoin naturel inné ; c'est parceque les hommes ont été contraints de s'industrier pour se conserver, ont inventé quelques arts grossiers, ont bâti des huttes, et ont acquis quelques notions sur leurs rapports mutuels, et sur les rapports des autres êtres à eux, qu'ils finissent enfin par devenir époux. Comme si ces notions et les divers travaux nécessaires à la conservation des individus, pouvaient avoir un effet universel dont la cause ne fût pas radicalement dans la nature intime de l'homme ! On voit beaucoup d'espèces se livrer à ces travaux, acquérir une sorte d'industrie individuelle, et pourtant rester insociables. Ce que les individus exécutent pour leur sûreté propre, et même pour leur sûreté commune, ne les détermine point à s'unir maritalement ni à vivre en famille, quand il n'est pas dans leur instinct de le faire. Pourquoi l'homme le ferait-il, s'il était destiné à la vie sauvage ?

Mais, ce passage d'une existence isolée à la vie civile, erroné comme l'hypothèse à laquelle il appartient, étincelle de lumière quand on le détache du système. Jean-Jacques y peint à grand traits les premiers pas du genre humain vers la civilisation ; il y expose, avec une clarté digne de son génie, les premiers rapports mutuels des hommes, que leurs besoins, leur instinct que toute leur nature conviait à s'unir par les liens de la vie sociale, du moment la société de famille, à l'association avec ses semblables, qu'une multitude d'êtres chez qui on trouve cette inclination, qui ne leur est pas même toujours nécessaire pour se conserver, tandis qu'elle est indispensable au développement de tant de facultés dont la nature a gratifié l'homme? Comment ce philosophe, dont les écrits sont pleins des louanges de la nature, n'a-t-il pas vu que refuser à l'homme la sociabilité en convenant qu'il est perfectible, c'était accuser cette nature de contradiction et d'inconsequence? *)

---

où ils existèrent; et qui exécutèrent sans doute trèsnaturellement d'abord, ce qu'il ne leur fait faire que par suite d'un changement qui les y oblige. Car enfin, à supposer que l'une des deux choses dût précéder l'autre, il serait raisonnable, en s'appuyant sur les faits, de penser que ce fut l'union conjugale qui excita d'abord le développement de nos facultés, plûtot que d'admettre, sur une hypothèse en l'air, l'union conjugale comme un effet de ce développement. Mais il est probable qu'ici, comme en bien d'autres cas, les philosophes ont encore séparé des choses inséparables; et l'union conjugale, l'état de famille comme celui de société civile, eurent sans doute, avant d'être ce que nous les voyons aujourd'hui, des commencements aussi faibles que les arts eux-mêmes, avec lesquels ils se développèrent progressivement, par l'influence réciproque qu'ont les unes sur les autres toutes les circonstances de la vie humaine.

*) Voyez le second essai à fin du chapitre 1er, sur la sociabilité et la perfectibilité.

1. C'est dans l'hypothèse de cet état sauvage où les hommes auraient vécu épars, et sans autre liaison entre eux que le rapprochement fortuit et passager des séxes, que Rousseau, (*discours sur l'origine de l'inégalité parmi les hommes*) prétend d'abord que, les langues n'étant point nécessaires, les hommes n'avaient pas de motif de les créer. Cette hypothèse et ses corollaires s'évanouissent, dès qu'on a reconnu l'homme pour un être sociable; ce que, par une juste conséquence, aurait du faire Rousseau lui même, qui le proclame perfectible. Loin de là, il s'amuse dans une note, à relever les mauvais arguments de Locke en faveur de la sociabilité; et après une controverse où il fait „tomber en ruine le raisonnement du dialecticien anglais", il triomphe à ses propres yeux sans avoir touché au fond de la question. Il cherche ensuite à prouver que l'homme n'est pas si misérable qu'on pourrait le croire dans l'état sauvage. Il n'est pas de mon sujet de le suivre dans les débats d'une hypothèse dont les faits et la connaissance de l'homme ont depuis longtems fait justice.

2. „Cette première difficulté *) supposée vaincue, dit Rousseau, il en est une nouvelle pire encore que la précédente; c'est de savoir, en les supposant nécessaires, (les langues) comment elles purent

---

*) L'insociabilité et l'absence de tout besoin de communication.

commencer à s'établir; car, dit-il, si les hommes ont eu besoin de la parole pour apprendre à penser ils ont eu besoin encore de savoir penser pour trouver l'art de la parole." Ici suivent toutes les raisons appelées à l'appui de cette assertion; et certes elles sont aussi fortes que peuvent l'être effectivement les difficultés, dans l'hypothèse où la pensée et la parole seraient deux choses separées, ayant chacune une origine distincte, indépendante, et dont la dernière aurait été établie par une convention expresse. Jean-Jacques a pressenti la connexion intime de ces deux phénomènes; mais, au lieu de le conduire à leur trouver une origine commune et simultanée, ce qui eût levé toute difficulté essentielle, cela n'a fait que l'embarasser d'avantage sur „la naissance de cet art de communiquer ses pensées;" art qu'il examine à part, sans faire attention qu'il est identique à celui de former ses pensées; et il est tombé, en les séparant, dans l'erreur de tous ceux qui ont traité le même sujet; ou plutôt, en partant de cette erreur consacrée, comme d'un fait, il a établi une suite de propositions qui l'ont amené à conclure très-conséquemment „l'impossibilité presque démontrée que les langues aient pu naître et s'établir par des moyens purement humains." En effet, la chose est impossible dans les deux hypothèses qu'il a adoptées; et il a raisonné juste, en partant de principes faux.

Le préjugé de la formation des langues par convention expresse, fondé sur celui de l'antériorité des idées sur les signes, est aussi peu soutenable que l'établissement des sociétés, que la création des arts et des sciences par la même voie. Rousseau, qui l'a senti et démontré pour le premier de ces objets, en a cependant fait la base de son *Contrat social*; ce qui, pour le dire en passant, n'est pas la moindre de ses contradictions.

Ces termes de *signes de convention*, de *signes d'institution*, de *signes artificiels*, ne doivent pas se prendre, comme l'ont fait les philosophes, dans une acception rigoureuse, c'est-à-dire dans le sens d'un accord délibéré entre les inventeurs. Cette opinion est aussi fausse par rapport aux langues, qu'elle le serait par rapport aux arts, dont les commencements remontent toujours à une époque où les travaux et les institutions des hommes s'établissent de fait, avant que l'on songe à en régler l'usage par des conventions.

C'est la nature qui crée les langues, et la nature n'attend pas que l'art vienne à son secours. Il y vient cependant, quand, la nature ayant donné la première impulsion, les hommes, par suite des lumières qu'ils ont acquises à son école, commencent à réfléchir sur les ouvrages qu'elle leur a dictés. Alors seulement il peut y avoir convention expresse. Mais dans les langues, comme dans les arts, cette sorte de convention n'existe que pour les règles; elle n'est nullement dans l'établissement de l'usage, et c'est uniquement de l'usage qu'il est ici question. Quand l'usage est établi, toute convention à son égard est superflue; avant qu'il le fût, elle était impossible. Sur quoi eût-elle porté? L'absence des mots entraînait celle des idées, et l'absence des idées ne faisait assurément pas sentir le besoin des mots.

Ainsi, cette prétendue convention, cette institution artificielle, n'ont de sens raisonnable, qu'autant qu'elles indiquent la propriété de signes dont les formes ou les sons combinés se prêtent, au gré de chaque homme, à toutes les opérations de l'esprit, et peuvent être entendus de tous ceux qui parlent la même langue, par la seule valeur intrinsèque de leur matériel, et sans accent, ni geste, ni inflexion, ni expression extérieure quelconque de la part de celui qui les emploie; langage bien différent de celui des animaux, dépourvus par leur constitution de ces sortes de signes, comme du degré d'intelligence qui les rend nécessaires.

Tel est le sens dans lequel je me sers de ces expressions, et que je crois le seul vrai, le seul qui s'accorde avec tout système raisonné de la formation des idées et des langues. Le préjugé contraire a fait trébucher Condillac, a arrêté Rousseau, et embrouillé tous les autres.

Pour le langage de la voix, cette convention et cet art résident dans les sons articulés; et les sons articulés, dans le principe, ne furent pas plus l'effet d'une convention, d'un art, d'une institution délibérée entre les inventeurs, que l'organe qui les produit. Mais, par leur fixité, leur indépendance, leur variété, et par la combinaison des syllabes, ils étaient de nature à devenir des idées, c'est-à-dire à représenter des collections de rapports permanents; tandis que les sons inarticulés, appelés interjections ou cris, proportionnés à l'influence de la cause qui les provoque, ne peignent jamais que l'état actuel, passager et particulier de l'individu qui les rend.

L'homme le moins ému peut exprimer par les mots les sentiments les plus pathétiques, les plus exaltés, les idées les plus étrangères à ce qu'il sent; il est compris de tous ceux qui l'entendent, parceque le sens des mots attaché au mécanisme des syllabes, est indépendant de la situation morale, et de l'exterieur de celui qui s'en sert: Voilà la convention, voilà l'art! Ils résultent de l'emploi des sons articulés, mais ils n'ont pas donné lieu aux sons articulés. Le langage des mimes, à quelque point qu'il ait été porté, ne dut jamais atteindre ce résultat.

Quant au langage de gestes enseignés, comme à l'école des Sourds-Muets de Paris, il est évidemment le produit de l'art, l'effet d'une convention positive dictée par le maitre; il sort de la question.

Au surplus, si l'on voulait trouver une convention telle quelle dans l'établissement des langues, elle pourrait s'entendre de l'accord tacite, et du concours effectif des individus réunis en société sur un même point à se servir des mêmes signes pour exprimer les mêmes choses, et à les transmettre à leurs enfants. Mais cette opération est si naturelle, si nécessairement amenée par les besoins communs d'une même organisation soumise aux mêmes circonstances, qu'en vérité on ne conçoit pas comment elle pourrait ne pas avoir lieu; et, au contraire, une convention explicite et formelle n'est pas soutenable dans des hommes qui manquent encore de tout ce qui la rendrait possible.

Rousseau, que l'instinct du vrai dirigeait même dans une question où il ne semble pas avoir eu la vérité pour but, après avoir signalé l'endroit faible de l'établissement des langues par convention, se livre à des réfléxions, qui prouvent toute la sagacité de son génie. Le passage que je vais transcrire est extrêmement remarquable; toutes les propositions en sont autant de traits de lumière, et prouvent qu'il ne fallait à Rousseau qu'un préjugé de moins pour explorer à fond un sujet si difficile.

„Dailleurs les idées générales ne peuvent s'introduire dans l'esprit qu'à l'aide des mots, et l'entendement ne les saisit que par des propositions. C'est une des raisons pourquoi les animaux ne sauraient se former de telles idées, ni jamais acquérir la perfectibilité qui en dépend. Quand un singe va sans hésiter d'une noix à l'autre, pense-t-on qu'il ait l'idée générale de cette sorte de fruit, et qu'il compare son archétype à ces deux individus? Non sans doute

doute; mais la vue de l'une de ces noix rappelle à sa mémoire les sensations qu'il a reçues de l'autre; et ses yeux modifiés d'une certaine manière, annoncent à son goût la modification qu'il va recevoir. Toute idée générale est purement intellectuelle; pour peu que l'imagination s'en mêle, l'idée devient aussitôt particulière. Essayez de vous tracer l'image d'un arbre en général, jamais vous n'en viendrez à bout; malgré vous il faudra le voir petit ou grand, rare ou touffu, clair ou foncé; et s'il dependait de vous de n'y voir que ce qui se trouve en tout arbre, cette image ne ressemblerait plus à un arbre. Les êtres purement abstraits se voyent de même, ou ne se conçoivent que par le discours. La définition seule du triangle vous en donne la véritable idée: si-tôt que vous en figurez un dans votre esprit, c'est un tel triangle, et non pas un autre, et vous ne pouvez éviter d'en rendre les lignes sensibles, ou le plan coloré. Il faut donc énoncer des propositions; il faut donc parler pour avoir des idées générales; car si-tôt que l'imagination s'arrête, l'esprit ne marche plus qu'à l'aide du discours. Si donc les premiers inventeurs n'ont pu donner des noms qu'aux idées qu'ils avaient déjà, il s'ensuit que les premiers substantifs n'ont pu jamais être que des noms propres."

Ainsi l'auteur a vu la nécessité des mots pour créer les idées qu'il appelle générales; et même pour créer les plus simples et les plus rapprochées de la perception, puisqu'il cite l'idée *arbre*. Il a vu que les animaux ne peuvent avoir d'idées faute de mots, que toute idée est purement intellectuelle et fictive, qu'elle ne se conçoit que par des propositions. Il a vu enfin que les premiers substantifs n'exprimèrent d'abord que des individualités. Il avait donc écarté, par une suite de propositions lumineuses, tous les embarras qui encombrent les avenues de l'objet principal de la question des langues, et il ne lui restait plus qu'à expliquer comment les mots deviennent des idées générales. Mais les idées et les mots étant, à ses yeux, comme à ceux des métaphyciens, deux choses différentes, dont l'une n'est que le signe de l'autre, il ajoute, après le passage si clair et si profond que je viens de rapporter: „Lorsque par des moyens que je ne conçois pas, nos nouveaux grammairiens commencèrent à étendre leurs idées, et à généraliser leurs mots . . . . ."; et le voilà replongé dans l'abîme! Il voit deux phénomènes où il n'y en a réellement qu'un, et il présente, en les supposant divisibles, comme antécédent celui qui n'est que conséquent; car les idées qui ne sont au fait que les mots eux-mêmes, ne s'étendent que parceque les mots se généralisent. Cette généralisation d'un procédé si simple, dut échapper dès-lors à l'auteur, et lui cacher tout l'artifice de la génération des idées. Il le chercha en l'absence des mots, et il n'est que dans les mots. Cet artifice n'est pour les idées premières que l'accumulation de plusieurs perceptions analogues sur le même mot, par une impulsion naturelle et spontanée qui nous fait appeler du même nom les choses qui nous semblent pareilles. L'effet de cette accumulation est tellement de créer des idées qu'il serait impossible de concevoir qu'elle eût lieu sans cela; comme il est impossicle de concevoir que les signes existent, sans que cette accumulation se fasse plutôt ou plus tard.

La question des langues se réduit donc à savoir si l'auteur des choses nous a doués ou non d'un organe vocal dont l'exercice soit lié aux phénomènes de la sensibilité, et aux actes de l'intelligence; or c'est ce qu'on ne peut révoquer en doute, à moins qu'on ne soit, comme Rousseau, décidé d'avance à ne rien voir de naturel dans les langues, de peur de rencontrer aussi la nature dans la civilisation, dont elles sont le principal instrument. La bizarrerie de son humeur lui faisait caresser une chimère; et, l'ayant une fois soutenue somme une réalité, son amour-propre autant que son goût l'intéressa à la défendre contre la raison et les faits. Et voilà comment un écrivain justement célèbre, qui pouvait porter le flambeau de la vérité sur cette matière interessante, l'a rendue encore plus épineuse en faisant ressortir les difficultés du faux point de vue sous lequel on l'avait considérée avant lui. Au reste cette fiction de l'état de pure nature a causé les erreurs de Jean-Jacques en grammaire et en politique, comme celle d'une âme qui crée seule les idées, a produit en idéologie les rêves des métaphysiciens.

CHAPITRE V.
Différence entre perception et idée première.

La distinction des perceptions et des idées premières est un des points les plus essentiels en idéologie. Confondre ces deux phénomènes, seulement dans les termes, c'est embrouiller toute la science. L'examen du mot *idée*, pris pour désigner ce que j'appelle *perception*, en montrera facilement l'impropriété technique.

1°. Il se dit de la représentation, de la peinture à l'esprit des formes d'un objet; or, les sensations fournissent à la verité des images ou idées selon le sens propre du mot, mais elles donnent encore plus d'affections, comme nous l'avons vu : pourquoi donc prendre, pour désigner généralement nos premières connaissances, qui portent aussi bien sur des affections que sur des images, le mot *idée*, qui n'exprime que ces dernières? C'est une lacune dans la science. Cette lacune n'en interrompt pas la chaine, parcequ'elle est parallèle aux images qu'on n'a point omises; mais elle fait toujours disparaître une partie des liens latéraux qui attachent la sensation aux vraies idées, et dérobe à l'analyse l'origine de toutes celles qui prennent naissance dans les seules affections.

Aussi bien, lorsqu'on emploie le mot *idée* dans le sens d'une représentation d'objet sensible, comme il arrive quand on le rapporte aux images contenues dans la sensation, il faut que ce même mot se revête d'une acception nouvelle pour exprimer les idées proprement dites, qui n'ont plus rien de réel. On aura beau ajouter les épithètes de *physiques*, *individuelles*, *sensibles*, etc., dans le premier cas; et, dans le second, celles *d'abstraites*, *d'intellectuelles*, etc,; l'esprit, accoutumé à considérer le mot *idée* comme le symbole d'un être matériel avec ses qualités particulières, aura peine à le concevoir comme n'étant plus que celui d'une fiction, d'une forme sans type réel; et réciproquement, si on le prend dans ce dernier sens pour exprimer la notion individuelle d'une chose, il y a erreur manifeste, puisque cette chose ne peut être rendue identiquement par une forme générale. Aussi tous les mots communs ont-ils besoins, dans ce cas, de déterminatifs.

2°. Si l'on veut entendre, par *idée*, la connaissance ou notion d'une sensation quelconque déterminée, ou de sa cause, comme quand on dit, *l'idée est tout ce que nous sentons*[1], ou *l'idée est un sentiment distinct*[2], on emploie évidemment, en beaucoup de cas, un mot impropre, puisque son sens étymologique est celui *d'image*, et qu'il n'y a réel-

---

[1] Mr. Destut de Tracy. Idéologie.
[2] Mr. Laromiguière. Leçons de philosophie.

lement pas d'images dans un grand nombre de notions, pas plus au figuré qu'au propre; telles sont les affections indécomposables. Si les sensations destituées d'images deviennent des *idées*, c'est par le secours des signes autour desquels toutes celles de même éspéce viennent se grouper, et former par leur concours de véritables idées, ou images intellectuelles. Cela est si vrai que tout mot commun n'exprime jamais, lorsqu'il est seul ou sans mot déterminatif, aucune affection ni aucune image particuliére, mais toujours une classe entière ou même plusieurs des unes ou des autres, et souvent des deux à la fois. Il n'y a donc que le nom propre qui puisse exprimer, sans employer une phrase, *l'idée* prise dans le sens d'une notion individuelle; or je demande ce que serait une langue formée dans cet ésprit? La durée de la vie ne suffirait pas à l'homme pour apprendre la dixiéme partie des mots représentatifs de ces pretendues idées, s'il était possible qu'elles se fixassent. Aussi, les langues n'ont de signes pour les rendre que les noms propres, dont le nombre est nécessairement très-limité, eu égard à celui de nos perceptions.

Si l'on eût fait plus d'attention à la connexion intime qu'il y a entre penser et parler, à l'indentité des idées et des mots, il est probable qu'on n'eût pas laissé tant d'incertitude sur le phenomène le plus important de l'entendement humain; et qu'en analysant le matériel du langage on eût été conduit naturellement à reconnaître dans *l'idée* ce que nous y avons vu. Mais ce mot a été employé en idéologie et en grammaire, comme on l'emploie dans la conversation, où il se prend vaguement pour la peinture de tout ce qu'on sent, de tout ce qu'on pense, de tout ce qu'on imagine, de tout ce qu'on se rappelle, tout cela eût-il l'étendue, non d'une sensation ou d'une idée, mais d'une phrase, ou même d'un discours tout entier. L'on conçoit quelle incertitude il en dut résulter dans la science, et combien l'on fut éloigné de chercher le sens du mot idée dans le matériel des langues, et dans l'institution des signes. C'était là, cependant, qu'on pouvait en trouver la solution; car, là seulement on trouve du fixe et du réel. Les langues présentent ostensiblement dans les mots, toutes nos connaissances, soit individuelles comme les perceptions, soit générales comme les idées. Il ne faut qu'analyser chaque mot pour en déterminer la valeur; et cette valeur est toujours ou une idée, ou une perception, selon que le mot est ou propre ou commun. Or, dans une langue faite, il ne peut y avoir de propres que des substantifs, ou des mots qui en remplissent la fonction par accident; tous les autres sont communs, et ils expriment des idées.

Le nom *d'idée*, donné à ce que j'appelle *perception*, est donc défectueux, faux et nuisible à la science idéologique: défectueux, en ce que, par rapport à la première acception, il ne présente qu'une partie des résultats de la sensation; faux, en ce que, par rapport à la seconde, il ne peut s'appliquer analogiquement à beaucoup de notions individuelles qui ne font point image; enfin, il est nuisible à la science idéologique parce qu'il tend à confondre des phenomènes essentiellement différents. De là, tout ce vague des discussions sur l'idéologie, chacun se faisant un sens arbitraire du mot *idée;* tous raisonnant avec ce mot, comme s'il avait une acception générale bien déterminée; et personne ne songeant à lui trouver un sens qui soit d'accord avec le matériel des langues.

Mais le mot *idée*, réservé à l'expression de toutes les conceptions abstraites attachées à des signes communs, est véritablement employé dans son sens étymologique, quoique pris métaphoriquement; puisque ces conceptions s'offrent sous de véritables formes ou images: telles sont les idées *vertu*, *juste*, *bonté*, *réflechir*, *honneur*, etc., et autres plus ou moins éloignées du sensible, et que l'esprit néanmoins aperçoit sous une forme aussi determinée que celle des objets soumis à l'action de nos sens; forme qui résulte de la réunion sous un signe, des éléments constitutifs des ces idées.

C'est le signe qui fait l'image intellectuelle, *l'idée;* le signe ôté, l'idée disparait, car les éléments dont elle est composée, se dissolvent et s'évanouissent. Qu'avec une imagination assez forte pour abattre les illusions du jeu de la pensée développée, on fasse table rase du système intellectuel; qu'avec une vraie connaissance de nos moyens organiques, on cherche à voir ce que deviendrait l'intelligence privée des signes: et l'on pourra juger alors ce qu'on doit entendre par *idée*. Mais, tant qu'on donnera à ce mot le sens vague de *tout ce que nous sentons, d'un sentiment distinct*, de *vue intellectuelle* etc. etc., il me semble qu'on ne fixera jamais l'acception technique dont la science a besoin.

Tout le monde dit que la langue est l'expression de la pensée *), que les mots sont les signes des idées. Eh bien! en adoptant ce langage, qu'avec les définitions que je viens de citer, et beaucoup d'autres plus obscures qu'on pourrait appeler des visions romantiques, on essaye d'expliquer le matériel des langues; que passant en revue les différentes classes de mots, on cherche à déterminer ce qu'ils expriment d'après ces prétendues définitions: ou je m'abuse étrangement, ou l'on trouvera que les mots ne sont point les signes de ce qu'on veut appeler *idées*.

On ne se trompe pas en disant que l'idée est *une vue intellectuelle*, bien que cette définition ne soit pas précise; mais on se trompe en faisant porter ce mot sur une notion particulière, sur une perception, parce qu'une perception est une vue *réelle*. On se

---

*) Pensée ici est pris dans le sens de plusieurs idées réunies en proposition.

tromperait encore ~~en ce qu'on prétendrait~~ *si l'on prétendait* que la *vue intellectuelle* n'exige pas le concours nécessaire des signes ; parceque toute vue intellectuelle embrasse des masses de rapports, et que ces masses ne peuvent faire corps dans l'esprit sans un moyen d'union, sans un signe commun qui les fixe toutes. Enfin c'est employer une définition obscure, parce qu'elle ne présente qu'un résultat eloigné, sans indiquer ni l'origine, ni les éléments, ni les moyens.

Le mot *idée* jouit d'un sens si fléxible, qu'il se prête, dans le langage ordinaire, à l'expression de mille choses diverses. Mon but n'est pas de le dépouiller de cet avantage, mais de lui donner le sens technique qu'il doit avoir dans la science ; parcequ'il est impossible qu'un principe reste dans le vague, sans que le corps de doctrine auquel il appartient, ne s'en ressente. Or, je regarde comme évident que jamais une idée n'a pu se former sans le secours des signes ; d'où il suit que les signes doivent entrer comme élément nécessaire dans la définition de *l'idée*. Les observations et les faits ont conduit à la sensation comme source de toutes nos idées, et là-dessus les gens de bonne foi qui ont le sens commun sont parfaitement d'accord ; mais, comme on ne s'est point avisé de faire attention au rôle des signes dans la création des idées, sans doute à cause de l'habitude machinale de les employer sans même s'en apercevoir, il est arrivé que, n'envisageant jamais que l'origine sans les moyens, chacun s'est fait une opinion particulière d'un phénomène sur le quel tout le monde eût été facilement d'accord, en tenant compte de toutes les circonstances qui concourent à le produire.

Cependant, seduit par cette illusion qui vient du jeu rapide de la pensée exercée, et qui nous fait croire que notre esprit crée et combine ses idées indépendamment des signes, on revient avec peine d'une erreur que Condillac lui-même n'a point combattue radicalement, puisqu'il na pas établi en principe que les idées naissent de l'usage des signes. Cette omission des signes, même en partant de la sensation, fait qu'on n'a pas de moyens sûrs pour analyser l'entendement humain, ni même l'intelligence des bêtes; car on attribue quelquefois à celles-ci des connaissances qu'elles ne peuvent avoir, faute des ressources propres à les acquérir; on les prive souvent de facultés dont elles jouissent, parcequ'on les a exclusivement attribuées à l'homme, pour rendre compte de phénomènes dont on ignorait la vraie cause; et, enfin, leur vie nous offre à chaque instant des faits inexplicables, parcequ'on méconnait l'influence extraordinaire des signes convenus, signes, quelquefois imperceptibles, au moyen desquels l'homme parvient à se faire entendre des animaux, et peût-être à leur communiquer des connaissances qui approchent de nos idées.

Pour faire encore mieux sentir la différence entre ce que j'appelle perception et ce que j'appelle idée, je terminerai cette discusion par un exemple. Je décompose la perception de tel arbre qui m'est connu; j'y trouve sans doute une collection nombreuse de perceptions, celles des branches, du tronc, des feuilles, leur couleur, leur forme, leur saveur, etc. etc. Mais à quoi aboutissent toutes ces perceptions? à une individualité, à la notion de l'arbre même qui les a fournies, et rien de plus. Tirées d'un seul objet, dont chacune exprime identiquement une partie, une qualité, elles ne peuvent jamais qu'offrir cet objet lui-même par leur réunion. Au contraire si j'analyse l'idée *arbre* j'y trouve de même toutes les parties constitutives de ce végétal: branches, tronc, feuilles, etc., mais chacune sous une forme générale, indéterminée, et convenable à tous les arbres. Chacune, au lieu d'être une perception separée comme dans le premier cas où chaque partie avait fourni la science, est un type abstrait, ou collection de perceptions analogues tirées de tous les objets troncs, branches, feuilles. Ainsi, la réunion de ces divers types sous le signe *arbre* n'exprime non plus qu'un type abstrait, plus général encore, celui de tous les végétaux *arbres*.

On voit par là qu'une perception, quelque multiple qu'elle soit, ne donne jamais qu'une perception pour chacune des ses diverses parties; une idée, quelque peu élevé que soit son degré d'abstraction, offre toujours, si on la décompose, des collections de perceptions analogues; la première retrace un être réel et distinct, la seconde peint un être fictif et abstrait; l'une subsiste indépendamment des signes, l'autre ne peut exister sans signes; enfin, les perceptions sont nos premières connaissances, et les idées ne viennent qu'à leur suite. Quand on veut procéder sans confusion, peut-on attribuer le même nom à des phénomènes si différents?

Au reste, je ne tiens pas au mot *perception*; qu'on lui en substitue un autre plus approprié, j'y consens. Mais je crois celui *d'idée* beaucoup moins convenable encore, par tous les inconvénients que j'ai rapportés, et dont le moindre est de donner du même mot, dans la même science, deux ou trois définitions différentes, selon les divers phénomènes qu'il exprime tour-à-tour. Comme je voulais démontrer, avec les signes, le phénomène appelé *idée générale*, que je ne conçois exister que par leur moyen, je me trouvais obligé, pour éviter la confusion, d'écarter, par une dénomination nouvelle, l'autre phénomène appelé *idée simple*, dont l'existence est indépendante des signes. Un autre motif, est celui d'établir une ligne de démarcation plus nette entre le système intellectuel de l'homme et celui des autres animaux: car si ceux-ci ont des idées individuelles, que j'appelle *perceptions*, ils n'ont assurément pas d'idées générales que j'appelle simplement *idées*; et cette différence tient, d'une part, à l'institution des signes convenus, et, de l'autre, à leur abscence.

On pourra m'objeter que j'emploie le mot *percep-*

tion, dans un sens bien différent de celui qui lui est donné par beaucoup de métaphysiciens ; je l'accorde. Mais l'acception de ce mot, étant vague et générale, peut se restreindre sans inconvénient pour devenir technique, et c'est ce que j'ai fait ; au lieu que le mot *idée*, ayant un sens spécial par sa racine, ne peut s'étendre raisonnablement au delà des bornes de l'analogie, et c'est ce que j'ai voulu démontrer.

CHAPITRE VI.
Idées complèxes.

J'ai dit plus haut que la connaissance humaine n'en restait point aux perceptions. Elle n'en reste pas non plus aux idées qui s'en forment immédiatement, et que j'ai appelées idées premières. Familiarisé avec l'abstraction et les signes, l'homme se trouve naturellement amené à des notions plus abstraites et plus générales ; et si j'ai bien décrit comment les perceptions, en se conglomérant, forment les idées premières, il sera facile de concevoir la création des idées *complèxes*, qu'on appelle quelquefois *abstractions d'abstractions*.

Celles qui suivent immédiatement les idées premières, sont des collections de celles-ci, comme celles-ci sont des collections de perceptions, et comme les perceptions elles-mêmes, excepté celles d'affection indécomposables, sont des collections de sensations diverses. Sur ces nouvelles idées, s'en élèvent d'autres de la même manière; et cette gradation, très-naturelle et très-appropriée aux besoins de l'esprit, s'établit toujours au moyen des signes ou mots, auxquels ces collections s'attachent. C'est ainsi qu'en histoire naturelle, on passe des individus à l'espèce, des espèces au genre, des genres à la famille, etc.; qu'en mathématiques, on part du point pour faire la ligne, de la ligne pour former la surface, de la surface pour construire le solide: en sorte que les idées complexes *famille* et *solide* renferment implicitement celles de genre, espèce, individu, et celles de surface, ligne et point.

Mais les idées complexes sont-elles formées par un procédé semblable à celui qui donne naissance aux idées premières; et le signe précède-t-il encore la création de l'idée complèxe qui y est attachée, comme il a précédé celle de l'idée première qu'il représente?

Cette question semblerait pouvoir se résoudre par la nature même des idées. Toute idée première est une collection de perceptions semblables, et le signe donné à l'une quelconque de ces perceptions convient à toutes les autres. Toute idée complèxe au contraire est la réunion de plusieurs idées différentes, ayant chacune un signe particulier. Pour créer les idées premières, l'homme n'a eu besoin que d'appliquer le signe d'une perception aux perceptions semblables, successivement éprouvées. Mais pour créer les idées complexes, aucun signe déjà employé ne pouvait l'être de nouveau, car ce n'est pas ici une idée semblable qu'on ajoute à sa semblable; c'est un rapprochement d'idées diverses, d'où sort une idée *toute nouvelle*. On ne pouvait donc inventer d'avance un signe sans motif, lequel n'a dû être tout au plus que simultané, et plus souvent peut-être postérieur. Telles sont les idées complexes *temps* ou *succession* des *instants*, *espace* ou *distances et lieux accumulés à l'infini*, *Dieu* ou *puissance, bonté, sagesse, éternité*, etc., etc., *réunies*.

Daprès cela, on pourrait dire qu'en général le signe ne précède point l'idée complexe qu'il exprime, quoique celle-ci résulte du rapprochement de diverses idées premières, qu'on n'a pu comparer qu'au moyen des signes.

Cependant, malgré la vraisemblance de cette opinion dans sous les cas, et sa vérité à l'égard des idées complexes rélatives aux sciences et aux arts, où l'expérience la confirme tous les jours, on ne peut se dissimuler que beaucoup d'idées premières ont fort bien pu devenir complèxes, par cela seul que leurs signes se chargeaient d'idées nouvelles. Cette marche est peut-être encore plus conforme à la faiblesse de l'esprit humain, outre qu'elle est plus conséquente à celle qui crée les idées premières, et dans laquelle nous avons vu le signe de la perception devenir celui de l'idée première, par l'accumulation

lation successive de perceptions analogues. Il semblerait donc téméraire de vouloir réduire l'esprit, dans ses opérations, à une uniformité absolue, que peut-être la nature ne connait pas. La sensibilité chez l'homme est si mobile, si délicate, si compliquée, si subtile, que ses procédés, nuancés de mille manières, peuvent bien conduire à des résultats semblables par des routes différentes. Ainsi, loin de borner la faculté intellectuelle à une seule manière d'agir dans tel ou tel cas, il est raisonnable de lui reconnaître une latitude proportionnée à la mobilité de sa nature, pourvu qu'on ne s'éloigne pas de l'analogie des faits incontestables. La première manière parait, en quelque sorte, plus théorique; la seconde, plus pratique; l'une est plus applicable aux idées complexes des sciences et des arts; et l'autre à un grand nombre d'idées complexes qui tiennent de plus près aux impressions de la nature qu'aux spéculations de la science; toutes deux reposent sur l'emploi des signes, et voilà ce qu'il importait de reconnaître.

On peut ajouter que les idées premières se trouvent à peu près les mêmes dans toutes les langues, tandis que les idées complexes diffèrent par le nombre, l'étendue, la profondeur, selon que les peuples ont porté plus ou moins loin les progrès de la civilisation, et selon d'autres circonstances. Il est également de fait que beaucoup de mots, qui sont des idées très-complexes pour les esprits cultivés, n'expriment pour le commun des hommes, que des idées assez simples; et, si ces mots datent du commencement des langues, époque où il y avait peu d'instruction, il faut bien qu'ils aient eu pour tous, dans le principe, un sens moins complexe que celui que nous y attachons aujourd'hui : d'où il suit que le progrès des lumières a fort bien pu, sans changer le signe, convertir une idée première en idée complexe. Dans les sciences, on procède souvent d'une autre manière. La combinaison des idées ou de faits amène-t-elle un résultat nouveau, on adopte un terme connu pour l'exprimer, et dès-lors, en devenant technique, ce terme prend une autre signification; ou bien, l'on invente un mot neuf qu'on revêt d'un sens approprié au besoin. Voilà pourquoi j'ai dit que des deux modes de création, l'un est plus théorique et l'autre plus pratique.

La théorie bien simple qui vient d'être exposée dans ce chapitre et les deux précédents, appliquée aux divers problèmes d'idéologie, les reduit à quelques déductions aussi faciles que lumineuses. Quand on a bien compris la réunion des perceptions en idées premières par le moyen des signes, le reste n'est plus qu'une chaîne de conséquences par lesquelles on est progressivement conduit à tout ce qu'il y a de plus abstrait dans la pensée humaine. Il me semble que, dans toutes les questions relatives à l'homme intellectuel, et même à l'homme moral, la vérité est plus près qu'on ne la cherche d'ordinaire.

Moins de frais d'imagination, et plus de ce paisible bon sens qui procède à petit bruit en s'appuyant sur des faits palpables, conduirait à des résultats plus certains. Je ne vois pas trop ce qu'on gagne à se jucher sur le dos des étoiles pour examiner l'homme qui rampe sur la terre; et je ne conçois pas bien de quel secours peuvent être à la philosophie l'enthiousiasme et les fictions.

Il n'est pas inutile d'observer que beaucoup d'idées premières pourraient être regardées comme complexes; par exemple, les idées *cheval, maison, arbre,* etc., dans lesquelles se trouve plusieurs idées, telles que *tête, jambes, queue,* etc., dans cheval; *portes, croisées, toit,* etc., dans maison; *racine, branches, tronc,* etc., dans arbre. Ceci n'a pas lieu dans d'autres idées premières, telles que *froidure, chaleur, bonté,* etc. Pourquoi donc les ranger dans la même classe? C'est que toutes sont des collections de perceptions analogues; car l'idée *cheval* n'a point été faite par le rapprochement des idées *tête, jambes,* etc., etc., mais bien par l'ensemble de toutes ces choses, vues comme tout, comme perception fournie par chaque individu; de sorte que l'idée *cheval* résulte de l'accumulation successive de perceptions semblables fournies par tous les individus chevaux. Il en est de même des autres, et de toutes celles qui procèdent immediatement des perceptions; elles seront toujours des idées premières, puisqu'elles sont au premier degré de la fiction, si l'on peut ainsi parler.

J'ai remarqué au chapitre III. qu'une perception de cause identique, se complique plus ou moins, pour chaque individu, en raison de la délicatesse et de la capacité de ses organes; de sorte que l'un verra, dans une perception, une multitude de rapports qui échapperont à une autre. Cette différence tient non seulement à la nature des organes, mais aussi au plus ou moins d'exercice de l'entendement, qui fait de ses moyens une application plus ou moins soutenue, plus ou moins étendue, et qui aperçoit, entre ce qui est senti actuellement et ce qui est déjà su, des liaisons délicates qu'une intelligence sans culture ne peut saisir. La même observation doit s'appliquer aux idées premières et aux idées complexes avec une rigueur toujours croissante en raison directe de leur complication. Le mot d'une idée première va réveiller mille autres idées dans l'esprit de tel homme, tandis qu'il n'offrira pas même à tel autre la totalité des éléments constitutifs de cette idée. Cette différence est encore bien plus grande lorsqu'il s'agit des idées complexes, composées elles-mêmes de plusieurs idées, ou premières, ou déjà complexes; peu d'hommes sont capables de les concevoir, c'est-à-dire, d'en démêler les éléments et d'en saisir l'ensemble. Aussi, combien de disputes de mots, faute d'en connaître la valeur; et combien d'illusions et d'erreurs, faute d'avoir des idées nettes!

Montesquieu dit de Tacite: „qu'il abrége tout, parce qu'il voit tout." Cette pensée est profonde et juste: Celui qui voit tout, groupe et classe les détails; il saisit des ensembles; il a des idées mères, et il les exprime d'un mot. La concision du style est le signe de l'etendue des idées.

D'après toute ce qui précède, c'est aux signes de convention que l'homme doit toutes ses idées. Privé des signes, il eût toujours été le plus intelligent des êtres, parceque son organisation est la plus avantageuse et la plus éminemment sociale; mais il fût resté aussi borné dans ses abstractions que les autres animaux dans les leurs. La parole est donc le plus beau présent qu'il ait reçu de la divinité; et ce n'est pas seulement par ce qu'elle sert à combiner ses idées et à les étendre comme l'ont reconnu et proclamé les philosophes, c'est surtout parce-qu'elle les crée, et devient par là la circonstance la plus importante de la constitution humaine, celle qui peut seule donner la clef de l'entendement.

Les autres animaux sentent plus ou moins à la manière de l'homme; il en est dont l'intelligence approche tellement de la sienne sous certains rapports, qu'il semble ne leur manquer que la parole pour exprimer des idées. Mais ils ne les ont point ces idées. Ils ne les auraient pas même avec les sensations de l'homme, parce qu'ils sont privés de la parole; et ils en sont privés, parceque chez eux l'organe vocal, d'accord avec tout le système sensitif, leur refuse un don qui leur serait inutile. L'homme a des idées parce qu'il parle; mais il parle parceque la nature l'a doué d'un sensibilité dont la parole est un appendice nécessaire: de sorte que tout est d'accord dans l'homme, ainsi que dans les autres animaux.

L'élément de la parole se trouve dans ceux-ci: ils ont les sons vocaux plus ou moies étendus, plus ou moins variés, plus ou moins fléxibles; ce qui leur manque, c'est l'articulation, ou faculté de former des mots; car l'imitation grossière de quelques mots bien ou mal articulés par quelques uns d'entre eux ne prouve rien ici. Cette articulation est donc la différence la plus énorme qu'il y ait entre la voix humaine et celle des brutes; elle est la vraie source des langues.

Quelque nombreuses que soient les nuances de la voix, elles n'eussent jamais pu sans l'articulation fournir assez de sons convenus. D'ailleurs les langues eussent moins exprimé des idées que des sentiments. C'eût-été le langage des passions plutôt que celui de l'esprit; c'eut été moins encore, car les sentiments, dans cette hypothèse, ne se fussent point développés comme nous les voyons. Ce n'eût presque été que le langage de l'instinct, et d'une intelligence bornée aux sensations primitives; cette langue n'eût été qu'une collection de cris vagues.

Sans l'articulation, qui de sa nature est étrangère aux degrès de la sensation, on ne voit plus comment les hommes fussent parvenus à fixer des sons que la variation continuelle de celle-ci eût modifiés à chaque instant. Ainsi, les mots ne sont des signes convenus que parcequ'ils sont des voix articulées, ayant un sens instrinsèque indépendant de toute circonstance individuelle capable d'en changer l'accent, l'inflexion, etc., etc.

On voit par là que les animaux, tout en possédant les éléments de la parole, sont dans l'impuissance materielle de créer des langues, par le défaut d'articulation. Si l'homme était dans le même cas, en conservant les autres circonstances de son organisation, il est certain qu'il ne parlerait pas d'avantage; mais il inventerait indubitablement une langage quelconque de gestes ou de figures, par la seule impulsion de son activité intellectuelle. Dire jusqu'à quel point ce langage s'etendrait, cela est impossible, parcequ'une fois l'économie des organes rompue, il n'y a plus moyen d'en calculer les effets avec exactitude.

L'exemple des sourds-muets, rendus à la société par un art admirable, ne prouve rien ici: c'est la civilisation, fondée sur l'usage de la parole, qui leur donne une langue nouvelle; et il serait question de savoir comment la civilisation se formerait et amènerait un autre moyen de communication sans cette parole, dont on suppose l'homme privé. Il est présumable que si l'articulation de la voix lui eût été refusée par l'Auteur des choses, il eut été organisé d'une autre manière, afin que l'équilibre fût maintenu entre l'impulsion de ses facultés et leurs moyens de développement. Or, dans l'hypothèse dont-il s'agit, cet équilibre est rompu, il y a désorganisation de l'ensemble; on n'a d'ailleurs aucun exemple d'une société de muets-nés: Ces deux circonstances empêchent tout calcul probable. Peut-être cet accident eût-il condamné le genre humain à un enfance éternelle; peut-être la nature de l'homme est-elle assez féconde en ressources pour suppléer en partie la parole. Ce qu'il y a de certain, c'est que, dans l'état actuel des choses, il est impossible de rien concevoir qui promette les mêmes résultats que la voix articulée.

Parmi les dispositions organiques d'après lesquelles on classe les intelligences dans le règne animal, tels que l'angle facial, les moyens de préhension, le volume du cerveau, on doit aussi compter les circonstances de l'organe vocal aux quelles l'articulation des sons est attachée, telles que la forme et la mobilité de la langue, la position des dents, etc., etc. Et, en effet, sans sortir du genre humain, on trouve déjà à cet égard des différences entre les races qui le composent, comme on en voit dans leurs degrés respectifs d'intelligence, et dans le matériel de leurs sons vocaux. Enfin, on y voit toutes les circonstances rappelées ci-dessus, y compris la voix articulée, suivre la même progression décroissante, à mesure qu'on descend de l'homme blanc vers le hottentot par le races intermédiaires.

La comparaison immédiate de l'homme blanc avec la bête a été et a du être la cause de bien des erreurs. Il n'y a guère de pages écrites sur les facultés de l'homme par les plus grands philosophes qui ne soient plus ou moins entachées de ce vice radical. On y voit incessamment la *raison*, la *liberté*, la *conscience*, la *reflexion*, etc., de l'homme le plus civilisé et le plus perfectible, mises en opposition avec ce qu'ils appellent *l'instinct* des bêtes; *l'ame* de celui-là avec la *nature toute matérielle* de celles-ci. Et puis, comme ils ne peuvent s'empêcher d'appercevoir dans certains animaux quelque chose qui ressemble aux actes de la faculté intellectuelle humaine, et dans l'homme des mouvements analogues à l'instinct des premiers, ils tombent dans des contradictions, dans des distinctions sans fondement, dans le vague, la déclamation; après quoi la question est tout aussi peu éclaircie qu'auparavant. Au fait, comment concilier des choses à la fois si prodigieusement différentes, et qui se tiennent en même de temps de si près? Il y a bien là de quoi mettre aux abois tous les métaphysiciens, qui ne voyent que l'âme d'un côté et que la matière de l'autre; et c'est aussi ce qui est arrivé.

En rétablissant les intermédiaires, on éviterait ce saut dans le règne animal. On aurait, depuis l'homme européen jusqu'au Papou, une chaine d'intelligences graduées, en correspondance parfaite avec une autre chaine de constitutions également graduées;

de manière que le dernier anneau de chacune rattache le genre humain, par ses facultés physiques et intellectuelles, au reste des êtres vivants. On verrait tous les actes de l'entendement, indiqués par la Kirielle des mots abstraits qui composent l'arsenal de la métaphysique, se présenter sous des nuances progressivement moins marquées dans la race bazanée, la cuivreuse, la brune, la noire, la noirâtre; et l'on aurait enfin des opinions d'accord avec les données organiques, avec l'état social et moral de tous les peuples du globe, avec l'homme tel qu'il est, et tel que la divinité a voulu qu'il soit. Alors, tomberaient d'elles-mêmes ces vaines théories qui, pour expliquer l'homme, commencent par le rendre inexplicable en l'isolant, dont l'imagination fait tous les frais, et où la vérité n'entre presque jamais pour rien.

Ces observations générales, en découvrant la liaison intime des phénomènes intellectuels avec l'ensemble de l'organisation, montrent le vice de tous le systèmes par lesquels on prétendrait analyser l'entendement sans tenir compte de la valeur et de la totalité de ses ressorts. On a fait sur ce sujet beaucoup de romans, et il ne parait pas qu'on soit las d'en faire. Au reste, cette matière comme tout autre, est inépuisable en fauses combinaissons; il n'y a que le vrai qui puisse fixer le jugement.

Puisque la génération des idées, et par suite les progrès de l'entendement, dépendent de toute l'économie animale comme ensemble, l'omission d'une seule circonstance organique doit, comme il vient d'être dit, rendre vaines les tentatives de la science, comme sa privation réelle eût pu retenir le genre humain dans un état perpétuel de médiocrité ou même de barbarie. Cette réflexion est applicable aux circonstances extérieures propres à accélérer ou à retarder la civilisation : il a pu suffire quelquefois d'une seule, et même assez légère en apparence, pour condamner une longue suite de générations à l'erreur, au vice, à l'ignorance, à la misère; car une cause, quelque simple qu'elle soit, agissant sur un être complexe comme l'homme, a toujours une complication d'effets dont le plus grave peut n'être pas celui qui lui appartient immédiatement. D'où il suit que pour évaleur le degré de perfectibilité d'une race humaine, il faut toujours consulter son genre d'organisation, parceque là réside le premier mobile de tout développement.

Un homme *) de génie, dont le nom devenu européen de son vivant est entré dans le domaine de la postérité, a créé la science de l'anatomie comparée. Par là il a ouvert une route nouvelle aux recherches philosophiques dont la vie humaine est l'objet. L'organisation de l'homme, exposée dans les différences qui caractérisent les races, et dans ses rapports avec

---

*) M. le Baron G. Cuvier.

l'organisation des animaux qui en approchent le plus, était un préalable nécessaire pour rattacher l'homme à la chaine des êtres, et comprendre son existence ici-bas. Ce n'est pas de là que les métaphysiciens partiront jamais: ce serait briser les hochets qui font leurs délices, et renoncer aux billevésées qu'ils prennent pour les derniers efforts de la raison. Et, en vérité, que valent des faits, qui ne sont point de notre invention, au prix des chimères que nous chérissons comme les enfants de notre génie? Et puis la foule étudiante n'est-elle pas, comme toutes les foules, toujours plus avide des sophismes qui l'éblouissent que de la vérité simple qui l'éclaire? Ce n'est donc pas pour les métaphysiciens, ni pour leurs disciples que l'anatomie comparée peut être intéressante. Elle n'est à leurs yeux, quant à l'homme intellectuel, que la science d'un mécanisme grossier, qui n'a rien de commun avec les opérations toutes spirituelles de l'âme; elle ne doit pas être d'avantage pour la secte nouvelle qui se targue si gratuitement du nom de *philosophes de la nature*. La philosophie de la nature ne néglige point les faits, pour puiser ses principes dans des visions. Mais laissons là les métaphysiciens et les prétendus philosophes de la nature, aussi divergents dans leurs opinions respectives que leurs systèmes sont futiles et ridicules. Le cerveau de l'homme est la partie de son corps la plus difficile à maintenir et à rendre saine; et une fois dérangée, n'importe comment, il n'appartient qu'au temps de le guérir par la lassitude de ses propres aberrations.

L'anatomie comparée doit naturellement conduire à la physiologie comparée. Cette dernière, traitée par le même génie qui a créé l'autre, serait un des plus beaux monuments qu'on pût élever à la philosophie. On verrait sortir tout le système de l'intelligence animale d'une source commune, la sensibilité, et s'élever à des hauteurs graduées et progressives constamment en harmonie avec l'ensemble des moyens physiques de chaque espèce vivante. Ce serait une terre encore neuve à exploiter que celle des phénomènes intellectuels et moraux, examinés sous le point de vue de ce qu'ils doivent à l'institution du langage, qui lui-même semble rester d'accord avec la structure relative et les produits bruts de l'organe de la voix. On découvrirait peut-être que l'étendue, la flexibilité, la force, la douceur, l'éclat des sons vocaux concorde, dans les diverses fractions du genre humain, avec les degrés de perfectionnement morale dont elles sont respectivement susceptibles; de manière que la voix, la langue, le sentiment et la pensée y sont par-tout enchaînés, l'un à l'autre par des liaisons naturelles et constantes. Si l'anatomie comparée indique dans la diversité des organisations la cause première des différences morales, la physiologie comparée ferait voir le commencement effectif de ces différences dans les phénomènes immédiats de toutes les parties organiques de chaque race; et c'est ainsi, par exemple, que dans l'homme blanc, la voix et l'articulation reunissent au plus haut degré toutes les qualités nécessaires pour arriver à l'expression des plus sublimes sentiments, comme des vérités les plus éminentes de l'ordre moral et de l'ordre scientifique.

La physiologie a expliqué jusqu'ici les phénomènes de l'entendement par le jeu des sens; la métaphysique, par l'activité et la simplicité de l'âme, par des mots: la première ne donne que des explications insuffisantes, et la seconde, que des hypothèses en l'air. Les sens fournissent des perceptions, et rien de plus; reste donc à expliquer les idées et leur combinaison. L'activité et la simplicité de l'âme sont la ressource de ceux qui ne conçoivent pas même ce qu'ils veulent démontrer. L'institution des signes peut seule expliquer des phénomènes qui n'existent point sans eux, et qui n'existent par eux que dans la proportion de leur développement, règlé à son tour par les circonstances organiques des races humaines.

Si la théorie que j'ai exposée dans les chapîtres précédents, est celle de la vraie génération des idées, il foudra convenir qu'on s'est donné souvent de cruelles peines pour expliquer des choses assez simples, qu'on a rendues fort obscures; et, dans cette supposition, je ne sais trop ce que deviendraient tous les systèmes des métaphysiciens sur les opérations et les facultés de l'âme, à laquelle ils attribuent sans distinction, une activité et une puissance de création que je suis loin de lui reconnaître dans l'absence des signes. Car, si les signes ne créent point la faculté intellectuelle, (et il ne peut tomber dans l'esprit d'un homme raisonnable de la prétendre) ce sont eux qui amènent ses divers modes d'action par les idées, qui naissent d'eux, et non point ces modes d'action, improprement appelés facultés, qui créent les idées.

CHAPITRE VII.
Idées analysées.

On conçoit sans peine la transformation des perceptions en idées premières représentées par le *substantif commun, l'adjectif, le verbe;* car ces idées offrent toutes quelque chose d'assez positif, et l'on peut ici partir d'une première perception, au signe de laquelle toutes les analogues, venant successivement s'ajouter, donnent des idées premières : tels sont les mots *loup, bon, marcher,* dont l'analyse trouve immédiatement la racine génératrice. En effet, ces trois mots, comme tous ceux des mêmes classes grammaticales et du même degré d'abstraction, n'expriment, ou purent n'exprimer d'abord chacun qu'une perception : 1°. celle de tel individu animal, 2°. celle de telle sensation bien faisante, 3°. celle de telle sorte d'action. Je dis n'exprimèrent, ou pûrent n'exprimer, parceque selon la remarque que j'en ai faite au chapitre IV., la sensibilité humaine, saisissant rapidement toutes les analogies de ses sensations, peut fort bien créer certaines idées premières tout d'un coup.

La formation des idées attachées aux mots appelés *article* et *pronom* s'analyse moins aisément. Il ne semble pas qu'elle résulte immédiatement du même procédé, ou du moins il est assez-difficile de déterminer l'espèce de perceptions d'où l'on est parti.

Quand on employa *nous*, *il*, *se*, *soi*, ce fut sans doute par un autre motif que celui de présenter l'idée du substantif; car tant qu'on ne sentit que le besoin d'offrir cette idée, le nom suffit. Ce fut cet autre motif qui créa le pronom. Or, cet autre motif, c'est le besoin d'exprimer les relations des êtres dans l'acte même de la parole. Voilà la fonction essentielle du pronom, celle où il ne tient pas seulement la place du substantif, mais où le substantif ne pourrait être employé sans rendre le discours inintelligible; comme, par exemple, si dans cette phrase: *ils se sont reprochés les services qu'ils s'étaient rendus*, on mettait à la place des pronoms *que*, *ils* et *se*, les noms aux quels ils se rapportent. Les pronoms ne rappellent donc pas seulement les idées des substantifs dont ils dépendent, mais ils présentent ces idées sous le point de vue de relations mutuelles; et voilà ce qui fait l'essence du pronom.

Les

Les pronoms, de même que les substantifs, présentent les êtres dans la proposition comme sujets, objets, termes, ou sous l'idée d'invocation, de propriété, d'origine, etc.; et comme les êtres y jouent encore un rôle de 1ère, de 2ème, et de 3ème personne, il y a aussi des pronoms des trois personnes.

Mais il reste à trouver les éléments idéologiques du pronom: sont-ce des perceptions? sont-ce des idées? Puisque le pronom exprime les relations mutuelles des êtres dans l'acte de la parole, il est clair qu'en déterminant la nature de ces relations on déterminera aussi celle des éléments constitutifs des idées *pronoms.* Or, ces relations probablement commencèrent par être perçues individuellement; et puis leurs signes, en devenant communs, les convertirent en idées premières. Cependant, il faut remarquer que ces relations à leur naissance, semblent porter déjà un caractère d'abstraction et de généralité. Quand on voulut dire pour la première fois par exemple que *Paul se donna la mort*, le mot qu'on employa pour faire entendre que l'action de Paul était tombée sur Paul, fut le signe de la relation *particulière* entre Paul *agissant* et Paul *passif*. Mais cette relation est l'objet d'une perception pour ainsi dire déjà toute idéale, et à laquelle il ne manque qu'un signe pour être une *idée*; idée que l'analogie étendit à mesure que le besoin s'en fit sentir. Il en fut probablement ainsi pour tous les mots *pronoms*, et ces mots sont ceux qui remplissent la fonction dont il a été parlé plus haut. Hors de là, il n'y a pas de pronoms. Je viens de dire que les perceptions qui donnèrent naissance aux idées *pronoms*, étaient déjà tout idéales, en effet, ces mots dont la plupart expriment tour à tour mille sujets différents par le genre, par le nombre, par l'espèce, etc., etc., durent passer presque immédiatement de l'état de perceptions à celui d'idées.

Le pronom et l'article sont les deux espèces de mots sur la classification desquelles on a le plus divagué. Il serait impossible d'en faire l'analyse, si l'on s'en tenait aux idées communément reçues. Aussi, je ne m'en rapporterai point aux nomenclatures arbitraires et contradictoires des grammairiens. C'est la fonction du pronom qui m'a guidé dans l'analyse de ce mot; ce sera encore celle de l'article que je consulterai.

Cette fonction consiste à déterminer l'étendue de signification du substantif commun; et tous les mots déterminatifs, sous quelque forme qu'ils se présentent, sont de vrais articles. Dans cette phrase, *quelques soldats* ont *échappé*, l'article *quelques* indique vaguement un petit nombre d'individus dont le mot *soldats* doit s'entendre. Dans cette autre phrase, *tous les voyageurs sont arrivés*, l'article *tous* fait entendre que le mot *voyageurs* doit s'étendre à la totalité des individus en question. Voilà la fonction de l'article; elle consiste comme on voit, à donner des limites à la signification du nom commun.

Ces limites, comment se sont-elles établies primitivement dans l'esprit? ont-elles été d'abord perceptions? Je suis toujours porté à croire l'affirmative, parce qu'il me semble plus facile de commencer par des notions individuelles. Mais je crois qu'ici comme pour le pronom, les notions individuelles ont un caractère vague et idéal, tel que la première application du signe en fait des idées; idées d'autant plus difficiles à analyser, aussi bien que les pronoms, qu'elles n'expriment que des conditions accessoires au substantif, et que la sensibilité animale ne perçoit qu'après un certain degré d'exercice et de développement.

Mr. Aléxandre Lemare, dans un ouvrage*) aussi profond qu'original, a passé en revue tous les mots invariables de notre langue appelés *prépositions, adverbes* et *conjonctions*. Excepté un très petit nombre il les fait tous rentrer par l'étymologie, dans les trois classes essentielles du substantif, de l'adjectif et du verbe. Il pense que l'analogie doit classer de la même manière tous les mots invariables, même ceux que des transformations graduelles auraient trop éloignés de leurs formes primitives pour qu'on pût en reconnaître l'origine. Mr. Aléxandre Lemare a aussi, par des analyses lumineuses et pleines de sagacité, ramené chaque mot invariable à l'unité de signification; et il a renversé ces pasquinades

---

*) Cours théorique et pratique de langue française.

grammaticales qui faisaient de plusieurs parties de la science un chaos de sottises.

Ces deux résultats sont de la plus haute importance en idéologie aussi bien qu'en grammaire. Le dernier seul donne déjà le moyen d'assigner aux mots invariables des éléments idéologiques, qu'il était impossible de fixer avant qu'une rigoureuse analyse eût déterminé le sens propre de chacun. Mais toute difficulté disparait entièrement, lorsque l'idée, dont on cherche la génération, appartient à l'une des trois classes essentielles. Les substantifs, les adjectifs et les verbes se décomposent toujours aisément, tandis que les adverbes, les prépositions et les conjonctions ont souvent quelque chose de vague et de subtil, dont on démêle avec plus de peine les éléments idéologiques. Qu'était-ce donc avant que la nature et le sens en fussent bien déterminés? il n'y avait pas moyen d'expliquer d'une manière satisfaisante la formation des idées de cette espèce, dont un grand nombre exprimeraient chacune, au dire des grammairiens, plusieurs idées diverses, ou même opposées.

Ainsi, non seulement la science grammaticale est redevable à Mr. Lemare, mais l'idéologie elle-même se trouve par lui éclairée et avancée dans sa marche. Je fais des vœux bien sincères, mais je crois aussi bien stériles, pour la propagation des principes de cet auteur, au génie duquel la postérité rendra sans doute plus de justice que ses contemporains, quoique l'idéologie et la grammaire semblent avoir une destinée qui les condamne à une enfance perpétuelle.

Il est de fait qu'une bonne étymologie fait rentrer la plupart des mots invariables dans les trois classes du substantif, de l'adjectif et du verbe; mais n'est-il pas possible que la sensibilité humaine ait inventé le reste hors de là, afin d'exprimer d'autres rapports, par exemple, *de, par, à*, etc., etc.? je n'affirme rien, seulement je ne crois pas plus philosophique en grammaire qu'en idéologie, d'admettre des doctrines exclusives, dans beaucoup de cas. Il y a sans doute des faits primitifs auxquels il faut remonter, et d'où découlent toute la science idéologique et toute la science grammaticale; mais ces faits mêmes sont difficiles à circonscrire, à cause de l'immense fléxibilité de l'intelligence, et de la mobilité prodigieuse de ses moyens organiques. Quoiqu'il en soit de la nature primitive des mots invariables, les trois classes, dans lesquelles ils sont partagés par les grammairiens, remplissent des fonctions différentes dans le tableau de la pensée; et c'est sur ces nuances que je veux encore tracer quelques lignes en courant, parcequ'elles sont la bâse des idées qu'on attache communément aux mots dont il s'agit.

L'adverbe modifie l'adjectif. Ces modifications sont facilement saisies par la sensibilité déjà exercée et accoutumée à remarquer des différences et des degrés dans ces perceptions semblables, ou à reconnaitre des accessoires à ses idées. L'intelligence, en adoptant des signes pour rendre des modifications individuelles aperçues, en fit bientôt des idées. Il y a même beaucoup d'adverbes qui dérivent de l'adjectif. Ceux-là sont évidemment des idées à leur naissance, et à plus forte raison, ceux qui sont de purs adjectifs employés adverbialement.

La *préposition* et la *conjonction*, disent encore les grammairiens, servent à exprimer des rapports, la première entre les idées, la seconde entre les propositions. Cela seul suffit pour faire sentir combien le sens en doit être général, afin de se prêter à toutes les nuances dont la pensée est susceptible. *Ils sont arrivés par la diligence:* la préposition *par* exprime un idée de moyen, qui rentre assez naturellement dans celle de *traversée* attribuée au radical *par* ou *per*. Elle lie les mots *arrivés, diligence*. *Je sortirai, s'il vient*: La conjonction *si* exprime une idée de condition, et rapproche les deux propositions *je sortirai, il vient*.

Que ces liaisons entre les mots et les propositions ne soient que des ellipses, cela est possible; mais je crois que ces ellipses, représentées par des mots simples, sont nécessaires à la clarté et à la rapidité du discours; qu'elles sont dans le génie même de la pensée, et par suite dans celui du langage; et que les idées attachées à ces mots simples doivent être analysées d'après cette fonction, quand d'ailleurs ceux-ci ne sont point susceptibles d'une décomposition qui les resolvent en individus d'une ou de plusieurs classes primitives; tels sont *à, de, par, pour, si* venant du *sic* latin, etc., etc., etc.

Il y a à faire, sur la génération des idées attachées aux prépositions, aux conjonctions, et aux adverbes, la même observation qui a été faite sur le pronom et l'article: ce sont encore des relations accessoires, saisies par l'intelligence exercée, et par consequent la perception en a été subitement changée en idée par l'institution du signe. Voilà du moins l'opinion qui me parait la plus raisonnable sur la nature idéologique des cinq espèces de mots dont il vient d'être question.

Il est aisé de voir que ce n'est point par ces sortes de mots que commence le langage des enfants. Le substantif et l'adjectif, voilà d'abord tout leur vocabulaire. C'est aussi dans ces deux classes de mots qu'on va de préférence prendre des exemples pour expliquer la générations des idées, et je ne sais pas même si jamais on en a pris ailleurs. Le verbe, le pronom, l'article, l'adverbe, s'y joignent peu-à-peu; la préposition et surtout la conjonction sont d'un usage plus difficile; et, quoique l'imitation les ait bientôt rendues familières, les enfants y attachent pourtant un sens moins net qu'aux autres mots.

Quant à *l'interjection*, elle est de toutes les époques de la vie. Elle est moins le signe d'un idée que celui d'une affection vive et rapide, quisqu'elle n'est point un mot, mais un cri.

D'après ces considérations générales, dont il serait facile de faire une application particulière à chacun des mots composant les huit classes grammaticales, on voit qu'il n'est pas un *signe* dans une langue qui n'exprime une notion générale, une *idée*, excepté les substantifs propres, qui ne peignent que des notions individuelles, des *perceptions*. On voit aussi que les *idées* commencent par être des *perceptions*, et que celles-ci ne deviennent *idées* qu'au moyen des signes d'institution auxquels elles s'attachent, soit successivement soit en masse. Du moment où l'esprit aperçoit un objet, ou l'une de ses manières d'être ou d'agir; qu'il saisit un rapport d'un objet à lui, ou d'un objet à un autre, et donne un nom à ce qu'il a senti; ce nom, soit substantif, soit adjectif, soit verbe, soit article ou pronom, etc., se généralise nécessairement par l'acumulation d'autres rapports semblables, et devient *idée*, à moins qu'il n'exprime spécialement un individu, et qu'il ne puisse y avoir accumulation. Ce progrès est naturel, indispensable, parceque l'exercice de l'organe vocal est lié dans l'homme à celui de l'intelligence, et parce que le même mot appliqué à plusieurs rapports n'est plus le signe d'aucun en particulier, mais celui de la généralité; qu'il n'exprime plus une perception réelle, mais la collection fictive, l'image intellectuelle, en un mot *l'idée* de plusieurs perceptions.

Voilà sans doute le progrès organique et nécessaire qui conduit l'homme de la sensation aux idées premières. Quant aux idées complexes, leur formation, comme je l'ai dit, et comme je vais le faire voir par l'analyse de quelques-unes, est une conséquence des opérations précédentes.

Quand une langue est parvenue à sa perfection, elle contient à peu près toutes les idées que peuvent avoir les peuples qui la parlent, excepté celles qui regardent les arts et les sciences, où de nouvelles découvertes amenant des idées nouvelles nécessitent de nouveaux signes. Tout le matériel de cette langue est, suivant la position de chacun, donné par l'usage à ceux qui s'en servent, depuis le commencement jusqu'à la fin de la vie. Cependant il s'en faut de beaucoup que tous en fassent le même emploi, que tous voyent dans les mêmes mots les mêmes idées. Quoique l'institution de la langue soit faite, que le sens des signes soit en général fixé, il reste, pour chaque individu qui veut s'instruire, un travail indispensable, c'est de se pénétrer par l'analyse de la valeur des signes, et de ne les employer que dans cette valeur. Je vais tâcher de donner quelques exemples du premier de ces objets, le second dépend de l'exercice et du plus ou moins d'aptitude à bien apprécier les choses, c'est-à-dire à s'en faire des idées justes, précises; au moyen de quoi les mots propres arrivent facilement pour les exprimer. Il est très important d'analyser les idées complexes sur-tout; car c'est dans les opérations que nous exécutons sur elles, que se glissent le plus d'erreurs. Les enfants reçoivent bien les mots d'une langue par l'usage et l'imitation, mais ils ne reçoivent pas avec eux les idées qui y tiennent : une longue expérience, et une étude approfondie sont seules capables d'amener ce résultat, sans lequel il est bien difficile de penser juste, et impossible de s'exprimer nettement.

L'analyse des idées morales est ordinairement difficile, parce que tout ce qui tient aux affections a toujours, pour ainsi dire, quelque chose de plus mystérieux, et que l'esprit démêle moins facilement. Toutefois, en décomposant l'idée la plus abstraite, à quelque branche de nos connaissances qu'elle appartienne, on y trouvera avec un peu d'attention des idées plus ou moins complexes, et en dernière analyse des perceptions d'affection ou d'images, et souvent les deux à la fois.

Premier exemple. — Si l'on descend l'échelle des abstractions du mot *être*, qui exprime l'universalité des choses, l'échelon immédiatement inférieur à *être* sera la division en deux classes, *corps* et *esprits*. Je laisse l'analyse des *esprits*, et je poursuis celle des *corps*. Ils sont de trois sortes, *animaux*, *végétaux* et *minéraux*; ce sont les trois règnes de la nature, voilà une troisième échelon. Chacun de ces règnes n'étant pas composé d'individus tous semblables, il y a dans chaque règne plusieurs genres : voilà un quatrième échelon. Chaque genre, renfermant encore des êtres différents sous quelque point essentiel, a été divisé en espèces: voilà un cinquième échelon. Enfin chaque espèce est composée d'individus semblables, mais séparés et distincts, dont chacun a fourni sa perception individuelle: voilà un sixième et dernier échelon. Ainsi l'idée *être* se trouve avoir à sa racine des perceptions d'objets matériels, et plus ou moins propres à exciter des sensations soit représentatives, soit affectives, ou même des unes et des autres ensemble. Il en sera de même de tous mots exprimant des collections d'objets sensibles.

Deuxième exemple. — En soumettant le mot *douleur* à la même décomposition, on verra d'abord cette idée se partager en deux classes, en *douleur physique*, et en *douleur morale*, l'une aussi variée que l'autre. Chacune de ces deux sortes de douleur, après avoir subi les divisions et subdivisions que l'esprit peut y apercevoir, conduira enfin à la perception de telle ou telle douleur déterminée. Mais comme une douleur quelconque n'est jamais qu'une affection de l'être sensible, il s'en suit que l'idée douleur ne peut, en aucun cas, avoir la perception d'un corps à sa racine. Cependant douleur est bien une véritable idée, une idée très-générale, renfermant toutes les affections pénibles morales et physiques.

La première de ces deux analyses conduit donc à une perception dont la cause existe matériellement hors de nous, et fait partie intégrante de l'idée *être*; la seconde mène à une perception, dont la cause, en nous ou hors de nous, connue ou inconnue, n'entre pour rien dans l'idée *douleur;* la première montre la cause de la perception radicale ; la seconde ne peut rien montrer au-delà de la perception radicale elle même : d'où l'on voit que si le mot être exprime l'universalité des choses qui sont hors de nous, le mot douleur n'exprime qu'un certain ordre de nos affections ; le premier est une collection de causes matérielles, le second une collection de rapports. Et c'est aussi à des causes que l'analyse est remontée d'une part, et à des rapports qu'elle s'est arrêtée de l'autre.

Troisième exemple. — Le mot *justice* semble pouvoir s'analyser par les considérations suivantes.

Les perceptions qui doivent s'établir le plus vite et se graver le plus profondément dans l'esprit, sont celles des choses et des actes d'une influence directe sur la conservation et le bien-être. Aussi, l'homme a de très-bonne heure les idées de bien et de mal. Mais l'homme est destiné à vivre dans des relations continuelles et nécessaires avec ses semblables, dont ses besoins le font sans cesse dépendre. Dès-lors, s'il veut pourvoir efficacement à sa conservation et à son bonheur, il faut que ses actions n'aient rien de nuisible aux intérêts des autres, sans quoi il aurait bientôt reçu de leur part plus de mal qu'il ne se serait procuré de bien à leurs dépends. Les idées de bien et de mal, d'utile et de nuisible, modifiées par une expérience journalière, se sont ainsi dépouillées de ce qu'elles avaient pu d'abord avoir d'exclusif. C'est l'effet des plus simples relations de l'état de société. C'est donc par un retour secret sur soi-même que l'homme passe de l'idée de bien à celle de justice, qui n'est que l'extension d'une utilité privée, exclusive et précaire, à une utilité aussi privée, mais générale et garantie à la fois. En effet, il ne peut juger une action bonne ou mauvaise, par cela seul qu'elle est immédiatement telle pour lui; il doit avoir égard à ses effets par rapport aux autres, dont la réaction l'exposerait à un mal plus grand que son action ne lui eût été utile.

Voilà l'origine rationelle de l'idée *justice*; mais elle en a une antérieure et plus solide encore dans le sentiment naturel qui nous attache à ce qui est juste, en nous identifiant avec toutes les situations où l'injustice peut blesser gravement les intérêts et les sentiments des autres. Et ici, comme dans tous les phénomènes de la vie morale, on vois la nature nous disposer, par le sentir à la conception des choses utiles à notre conservation.

Cette conservation, dans le principe, tient à des rapports extrêmement simples; et l'idée de justice qui s'en est formée, a du être aussi fort simple d'abord. Mais, dans la suite, elle s'est compliquée de tous les genres d'intérêts successivement attachés à l'existence de l'homme, comme la fortune, la réputation, la gloire, les honneurs, les plaisirs mêmes et toutes les jouissances de la vie sociale, qui dans un état de civilisation avancé, importent autant à l'homme que les choses strictement nécessaires à sa vie physique. Ainsi le mot *justice* est la mesure abstraite de tout ce qui est utile à l'homme sous tous les rapports de son existence sociale. C'est une des idées le plus étendues et les plus modifiables, parce qu'elle porte sur la multitude infinie de relations auxquelles l'homme est assujetti comme individu, comme citoyen, comme nation, et que les rapports varient nécessairement selon toutes les circonstances capables d'influer sur les besoins de l'homme considéré dans tous les sens de sa nature, sensible, intelligente, sociable, et perfectible.

Ainsi, d'une part, l'idée *justice*, comme toutes les abstractions, se montre *absolue*, en n'admettant que ce qui est bon et utile; et, de l'autre, relative, comme dépendante de rapports nécessairement variables par toutes les circonstances possibles des temps, des lieux, des climats, des degrés de civilisation, et même des races humaines.

Quatrième exemple. — *Cause* et *effet* sont deux idées correlatives dont l'une ne peut se concevoir sans l'autre. Un objet quelconque ne peut s'offrir à la pensée comme moteur ou comme producteur, que parce qu'on en voit un autre comme mu ou comme produit, et réciproquement. Soit au physique, soit au moral, cette corrélation est nécessaire; et l'une des deux idées *cause* et *effet* n'existe pas plus isolément dans la pensée, que les rapports d'où elle est tirée n'existent isolément dans la réalité.

Ces idées sont dues à l'expérience, qui nous fait reconnaître une succession d'objets, de mouvements, de phénomènes, dont les uns précèdent nécessairement les autres: d'où nous avons compris les antécédents sous le nom de *causes*, et les conséquents sous celui *d'effets*. Jusque-là, il est impossible de nier que ces idées soient dues à l'exercice des sens, puisque sans eux nous ne saurions point qu'une chose suit parce qu'une autre précède, ou qu'une chose précède parce qu'une autre suit.

Mais la curiosité naturelle à l'homme dut le conduire à rechercher le principe de connexion entre les antécédents et les conséquents, entre les causes et les effets. Ici, les organes cessent de nous instruire, et l'expérience devient nulle. Tout ce que peut faire la raison humaine, c'est d'imaginer dans les causes une virtualité productrice des effets, de voir dans les effets un résultat dû à cette virtualité, enfin de reconnaître entre les effets et les causes l'existence d'une connexion intime, qui est le secret de la nature.

Cette connexion n'est plus du domaine des l'idéologie; la rêveuse métaphysique ne réussit point à l'expliquer; et l'essence intime des corps est un écueil contre lequel la raison des hommes se brisera toujours.

On perd donc son temps de chercher dans la matière ce qui fait qu'une chose est *cause*, et qu'une autre est *effet*, quoique les idées de *cause* et *d'effet* dérivent de la matière, et expriment des rapports tirés de la matière.

Il n'en est pas de même dans l'ordre intellectuel, où tout s'enchaine par des relations connues. Les perceptions et les idées étant des acquisitions de l'intelligence, qui en distingue les éléments, il est aisé de reconnaître, entre ceux-ci et les phénomènes subséquents, la nature de leur connexion.

D'après ce qui précède, on juge bien que l'analyse des idées *cause* et *effet* ne présente de difficulté qu'autant qu'on veut remonter à la nature du principe virtuel de connexion. Or, c'est confondre l'idéologie avec une science qui sort des bornes de l'esprit humain. La même difficulté se reproduira toutes les fois qu'on dépassera ces bornes.

L'objet de l'idéologie ne peut être que de montrer dans les idées les rapports des choses à nous et entre elles, et non d'expliquer l'essence des corps; car, selon le mot profond du célèbre Condillac déjà cité au commencement de cet opuscule, „ce n'est jamais que notre propre pensée que nous apercevons,“ et notre pensée ne remonte point au delà des premiers rapports exprimés collectivement dans les idées, rapports pùrement physiques et saisis individuel duellement par les sens. C'est sur ces rapports convertis en idées par le moyen des signes que la pensée s'élève d'abstraction en abstraction, et nous conduit aux généralités. Mais ce serait une grande erreur de prendre ces généralités pour des réalités, et de leur croire une existence ~~absolue~~ *positive*. Elles ne sont que nos manières de voir; elles ne nous dévoilent nullement l'essence des choses.

Ainsi, les idées, pour le redire encore, se bornent à des phénomènes. Y chercher autre chose, c'est se tromper sur la nature des connaissances humaines, c'est se livrer aux puériles tentatives de la métaphysique. La nature des choses pour l'homme ne sera jamais que celle de ses sensations, et ces sensations sont le dernier terme où puisse remonter notre connaissance. Là s'arrêtent les explorations de l'idéologie; au de-là, c'est le domaine de la métaphysique, c'est la région des chimères. L'on se fût épargné biens des peines, l'on eût évité beaucoup d'erreurs et de disputes sans objet, par cette simple vérité bien sentie: que notre pensée ne roule que sur des rapports, que nos connaissances les plus profondes ne sont que les relations les plus générales de notre sensibilité organique, qu'enfin les idées les plus abstraites expriment, non ce que sont les choses, mais ce qu'elles nous font sentir.

Cinquième exemple. — L'idée *d'existence* se trouve déjà dans les langues les plus imparfaites, telles que les dialectes de populations sauvages. Cette idée doit en effet remonter au berceau du langage, parce qu'elle tient au besoin qu'éprouve l'esprit d'affirmer les rapports qu'il aperçoit des choses à lui et entre elles. Aussi, dans toutes les langues y a-t-il une classe de mots où elle est toujours impliquée, c'est celle des verbes, dont chacun sans exception contient l'idée conjonctive qui affirme *l'existence* des rapports aperçus de convenance ou de disconvenance. L'idée d'existence se trouve par-là mêlée continuellement à nos opérations intellectuelles, avant même que nous nous en doutions. Cependant elle ne se dégage et n'apparoit explicitement à l'esprit que par la réflexion, qui, de l'affirmation des rapports aperçus, c'est-à-dire de l'habitude de voir des existences intellectuelles exprimées sous la forme verbale, nous conduit à considérer les choses qui leur ont donné lieu, sous le point de vue de leur propre existence.

La plupart des phénomènes intellectuels et moraux se placent à notre insu au rang de nos habitudes, s'implantent pour ainsi dire dans notre manière de sentir, de concevoir et de parler, se développent progressivement avec nos facultés et nos connaissances; et quand nous venons à nous apercevoir de leur présence, et que nous voulons remonter à leur origine, l'éloignement où nous sommes de celle-ci par nos progrès intellectuels, nous en fait perdre la trâme, et nous jète dans des hypothèses aussi étrangères à cette origine qu'elle-même est proche de la nature. Probablement il en est ainsi de l'idée en question, qui sera restée long-temps fondue dans les verbes sans qu'on prît y garde, et que le progrès de la pensée et du langage en aura dégagée, dans la suite par le mot *existence*. Il est inutile d'observer que ce que *nous entendons* par existence, ce n'est pas ce que sont les choses en elles mêmes, mais seulement leur *être* sous les modifications que découvrent nos organes, ou que conçoit la pensée, c'est-à-dire une existence toute relative.

Voici par quel progrès je conçois que l'idée *existence* a du se mêler à tous nos mouvements intellectuels sous la forme verbale, et devenir l'ame des mots conjonctifs appelés verbes.

Avant l'usage des signes, l'existence des corps et des rapports qu'ils ont avec nous est passagère comme leur action sur nos organes; elle n'est qu'une perception hors de laquelle ils n'existent plus pour nous. Mais les mêmes corps viennent s'offrir de rechef à l'activité de nos sens; de cette manière la perception des rapports qui y tiennent se renouvelle; elle provoque l'émission d'un signe affirmatif de convenance ou de disconvenance entre ces rapports; le signe se fixe par la répétition des mêmes actes; il s'applique à d'autres cas semblables et finit par subsister dans l'absence même des causes qui l'ont fait naître: de-là l'idée *d'exister* ou *d'être* dans tout mot conjonctif ou d'affirmation. Cette idée une fois attachée aux verbes pour affirmer les rapports, l'analogie l'appliqua bientôt aux corps, à leurs qualités, aux idées de toute espèce, aux opérations de l'intelligence, en un mot à tout ce que nous sentons ou concevons être : de-là l'idée *d'existence* dans toute son étendue.

Ce progrès est fondé sur le besoin même de l'intelligence, qui affirme des rapports sentis, dont par-là elle prononce l'existence avant d'avoir explicitement conçu l'idée d'existence. Ce qui rend cette idée si abstraite, c'est, comme on voit, que son origine n'est pas dans les choses, mais dans les relations senties des choses ; c'est qu'elle est attachée d'abord à des mots qui ne rappèlent ni les objets ni leurs qualités, mais des actions ou des états, comme *frapper*, *dormir*, etc.

Il pourrait sembler plus naturel de faire dériver l'idée d'existence des objets qui nous environnent, et auxquels nous la voyons toujours unie. Dans notre état intellectuel présent, c'est sans doute là qu'il nous semble que nous irions la chercher, parceque nous la voyons inséparable des objets ; mais il est certain qu'avant qu'elle existât dans notre intelligence, rien ne nous portait à la tirer de là. Ce n'est pas de ce côté que les corps piquaient notre intérêt, et cette notion abstraite était très-peu importante à notre conservation. Prise là, et attachée à des adjectifs ou à des substantifs, elle étoit même assez indifférente aux progrès de notre entendement. Mais infuse dans les verbes et mêlée par eux à tous les actes intellectuels, elle devenoit le lien des idées dans le jugement et celui des mots dans la propositon, le véhicule de nos progrès dans la pensée et les langues. Il est donc raisonnable de chercher l'origine de l'idée *existence* là où le besoin l'a placée d'abord, et de reconnaître que ce n'est pas la réflexion qui l'a créée, bien qu'elle nous la fasse découvrir plus-tard; mais qu'elle est un des effets immédiats de l'impulsion de notre nature, du besoin d'affirmer des rapports.

Ce besoin n'est pas une supposition gratuite; il tient à l'essence même de notre esprit, et à celle de notre faculté de créer des langues, destinés l'un et l'autre à des progrès qui seraient impossibles sans l'emploi des signes affirmatifs appelés verbes, dans lesquels on reconnaît toujours l'idée d'existence. Pour s'en convaincre, il suffit de supprimer par hypothèse cette classe de mots, et l'on voit tout-d'un-coup ce que deviendraient alors la pensée et l'expression.

Les idées, les sentiments qui forment les premiers degrés dans l'ordre intellectuels et dans l'ordre moral, et qui sont les éléments nécessaires des développements ultérieurs, naissent spontanément avec les mots qui les expriment. Il fallait que cela fût ainsi pour que l'homme ne restât pas enfant à jamais. Les lumières dont il jouit, quand il est civilisé, furent, dans le principe, non le fruit de sa réflexion, qui étoit encore à peu près nulle, mais celui d'une impulsion naturelle qui lui fit produire organiquement tous les matériaux sur lesquels il devoit plus-tard exercer sa réflexion.

C'est donc en se reportant vers les résultats de cette impulsion primitive, et en éliminant, autant que possible, les changements de notre état intellectuel et moral survenus par l'excessive influence des signes et des abstractions, qu'on peut reconnaître la vraie source des phénomènes de l'esprit humain. Les langues sont le vaste dépôt de tout ce que les hommes ont senti et conçu; mais elles subissent des altérations et reçoivent des accroissements dans leur matériel et dans leur partie idéale, et c'est aux choses qu'on retrouve à-peu-près dans toutes, et dans les moins avancées, qu'il faut s'attacher comme étant les premiers pas faits dans la carrière de la pensée et de l'expression: or, une de ces choses est celle que j'ai cru voir dans les verbes, c'est l'idée *existence*, qui y est partout infuse d'abord, et que la réflexion en a dégagée plus-tard sous un signe particulier.

Cette idée d'existence a donné lieu à des recherches d'un autre genre: quelques philosophes ont prétendu que rien n'existait réellement, que tout n'étoit qu'apperence, pûre illusion. Il faut ranger cette opinion avec celle qui attribuait aux animaux un organisme destitué de sensibilité etc. Passer en revue les systèmes des philosophes, ce serait mettre au grand jour les folies de l'esprit humain, aussi bien que ses titres de sagesse: Il n'y a pas d'idée extravagante qui n'ait été avancée et soutenue par quelqu'un d'entreux. Pour ce qui est en particulier de l'existence réelle des corps, sans se jeter dans d'inutiles discussions, il suffit qu'ils agissent d'une manière constante sur nos organes pour que nous les admettions comme existants; or, c'est ce qu'on ne peut nier de meilleure foi que ne faisait ce sophiste criant dans un accès de goutte: „non, douleur, tu n'es pas un mal," sans s'apercevoir que ce cri même lui étoit arraché par le mal. Sans doute, nous ne percevons que les relations des corps à nous, et c'est là tout ce que nous savons sur leur mode d'exister; mais ces relations étant constantes, elles suffisent à la raison pour prononcer l'existence des choses qui nous les donnent; et il seroit aussi ridicule de la nier que de prétendre decouvrir leur essence commune.

Toutes les idées très abstraites doivent être des sujets de dispute et d'erreur, aussi long-temps que leur origine, leurs éléments, leur formation meconnue fera conclure de ces idées à la réalité des choses ou à leur inexistence. Les uns, ne voyant pas dans les idées une réalité qui n'y est pas en effet, concluent que rien de réel n'existe dans les choses dont les idées sont à leurs yeux les images. Les autres, attribuant aux objets une réalité semblable au fictif des idées, croyent trouver l'essence intime des choses: tous errent également. Ce qu'il y a de réel dans nos idées, ce sont les perceptions dont originairement elles se composent; et encore ce réel ne décèle-t-il pas ce que sont les choses en elles-mêmes, c'est simplement l'indice d'une manière d'être de leur part propre à faire sur nous telle ou telle impression. Mais du moment où il y a aggrégation de perceptions sous un signe, le réel disparait pour faire place à l'idéal, au fictif; et ce fictif ne se reconnait plus dans les choses. D'où l'on aurait également tort de conclure que les choses n'ont rien de réel, ou bien qu'elles ont telle ou telle essence.

Sixième exemple. — Soit encore pris pour exemple d'analyse le point mathématique, ou l'idée *d'inétendue*.

Si l'on suppose placée, dans une surface circulaire, une autre surface circulaire plus petite, de manière à en occuper le milieu, il est clair que la seconde pourra être considerée, dans sa totalité, comme le centre de la première; mais ses parties prises isolément ne seront pas ce centre. Si l'on place de même, dans la seconde, une troisième surface moindre, il en sera de celle-ci à l'égard de la seconde, comme de la seconde à l'égard de la première; et ainsi de suite, jusqu'à ce qu'on arrive à une surface si petite, qu'elle ne puisse plus être diminuée physiquement. Cette surface infiniment petite, qui est, dans sa totalité, le centre de toutes les autres, conduit, en poussant rationnellement l'opération, à l'idée abstraite du *point mathématique*.

En effet, à quelque degré de ténuité que soit réduite la dernière surface à laquelle on s'arrête comme centre, cette surface aura elle-même un centre et des parties différentes de ce centre, puisqu'elle conserve de l'étendue; et comme il n'y a pas de si petite étendue dans laquelle on ne conçoive toujours des parties différemment situées, il s'en suit qu'aussi long-temps qu'on prendra pour centre une étendue quelconque, on n'aura point le centre *absolu*, c'est-à-dire le centre de toutes les parties de la circonférence : donc, pour arriver au vrai centre, il faut aller plus loin que l'infiniment petit, il faut arriver au *point inétendu*.

Ce point inétendu est le point mathématique; idée abstraite, dérivée de l'étendue, et nécessaire à sa mesure. Rien dans la nature n'est inétendu. On ne conçoit non plus immédiatement rien d'inétendu; et c'est par opposition à *l'étendue*, et par le besoin de la mesurer, qu'on est arrivé en mathématiques à l'idée contraire, sans laquelle le cercle n'aurait pas de centre. C'est donc par l'idée de l'étendue qu'on est arrivé à celle du point mathématique : d'où il suit que cette idée est toujours fondée, en dernière analyse, sur la relation des sens.

Quelque éloignée du sensible que soit une idée, on voit par les deux premières analyses, qu'on peut, en descendant l'échelle des abstractions qui l'ont produite, arriver à ses éléments primitifs; et ces éléments seront des perceptions et des signes. Réciproquement, les ~~deux~~ *=quatre* dernières analyses montrent qu'on peut aussi du sensible arriver progressivement aux idées les plus abstraites, quand on a bien saisi leur point de départ.

Septième exemple. — Tout ce qui agit sur les organes de nos sens est étendu, mais fini, c'est-à-dire limité. Sans limites, il ne pourrait y avoir dans l'univers entier qu'un corps continu et identique. *L'infini*, dans ce sens, est donc une absurdité. Cependant, cette idée est vraie en mathématiques, puisqu'il n'y a pas de quantité abstraite si grande que la pensée ne puisse l'accroître. Ainsi infini est une qualité pûrement rationnelle, qui se résout par les idées *sans terme*, et dont par conséquent les sens n'ont pu fournir directement les matériaux, puisqu'il n'y a, dans la nature, aucun corps qui ne soit terminé.

Mais les sens ont donné l'idée de *fini*, en offrant à l'intelligence des corps terminés. Ils en ont offert de plusieurs dimensions, de très petits, de très grands, d'intermédiaires; et l'esprit, ayant une fois saisi, par la perception, les degrés de la progression croissante ou décroissante de leur etendue respective, a pu sans difficulté les continuer indéfinement par hypothèse dans l'un ou l'autre sens : et voilà indubitablement l'origine de l'idée *infini*. Au reste, cette idée, absurde au réel, comme il vient d'être dit, acquiert une vérité absolue dans la spéculation des quantités abstraites. Elle s'applique aussi à la divinité et à ses attributs, que rien ne borne dans notre esprit. Dans tout autre cas, elle n'est qu'une expression hyperbolique.

Huitième exemple.— *Eternel* équivaut *à durée sans commencement et sans fin*. Les sens ne peuvent donner non plus directement aucune perception élémentaire de l'éternité. L'idée de *durée* se forme lorsque l'entendement, déjà exercé et pourvu d'un certain nombre d'idées, peut observer les divisions naturelles du temps, et en calculer la longueur. Nous sommes conduits à ce calcul et à cette observation par la correspondance des périodes de durée avec nos opérations mentales dont nous avons conscience explicite, de manière à y voir un commencement et une fin; et c'est parceque nous sentons en nous une succession d'idées, de mouvements intellectuels, que nous remarquons la *nonsimultanéité* des mouvements physiques, et par suite l'étendue d'une durée correspondante. Cette opération ne pouvant avoir lieu chez les animaux pour qui le passé n'est rien faute d'idées, on peut remarquer ici l'influence prodigieuse des signes sur les développements de la sensibilité.

C'est donc encore en accumulant par hypothèse des instants finis de la durée, dont la sensibilité d'abord a pu mesurer le plus ou le moins d'étendue par la perception, et dont ensuite les monuments des hommes ont marqué des époques plus ou moins éloignées, que s'est formée l'idée *éternel*; idée qui plonge indéfiniment dans le passé, comme elle perce incessamment dans l'avenir.

Les idées *infini*, *éternel*, ne sortent donc point directement ni immédiatement des sens, mais elles sont dues à des notions nécessairement données par les sens.

Que l'on demande aux philosophes la définition des idées complexes *dieu*, *espace*, *infini*, *durée*, *substance*, *existence*, etc. etc.; il n'en est pas un seul, pour peu qu'il mérite ce titre, qui ne résolve chacune de ces idées en d'autres plus simples, ou d'un sens plus connu, et qui, pour les définir, ne les décompose au moins en leurs éléments constitutifs immédiats. Ainsi, *dieu* fournira d'abord les idées *être*, *éternel*, *puissant*, *bon*, *juste*, etc. etc. etc. auxquelles s'ajoute celle *d'infini*. Or, pourquoi s'arrêter en si beau chemin? Il semble que ce premier pas devait engager à pousser plus loin, pour obtenir des éléments encore plus simples. Pourquoi ne pas décomposer à leur tour ces nouvelles idées? On arriverait enfin à des notions dérivées des sens, qu'on ne peut avoir sans eux, faute desquels les idées en question n'existent plus; et par la plus stricte des conséquences, on concluerait que l'idée *dieu* elle-même est fondée en dernière analyse sur la sensation, puis qu'elle n'a pu se former et s'établir dans l'esprit des hommes sans qu'au préalable ils en eussent acquis par les sens les éléments primitifs. Ce résultat est si vrai, que l'idée de la divinité diffère chez une multitude de peuples, selon leur degré de civilisation, le genre de leurs connaissances, le caractère de leurs moeurs, selon mille circonstances diverses, qui toutes tiennent aux développements organiques de la constitution de l'homme.

Cependant, au lieu d'une analyse facile, échelonnée sur la valeur reçue des mots, et ramenant logiquement l'esprit de la hauteur des plus sublimes abstractions aux produits primitifs de la sensibilité, ou le conduisant de ceux-ci aux idées les plus transcendantes, le spiritualisme absolu, méprisant les faits organiques ou les ignorant, et s'enveloppant d'une sphère de mots mystiques et inintelligibles, a entassé systèmes sur systèmes sans autre fruit que de rendre inexplicables certains actes de la vie intellectuelle, et de substituer les rêves de l'imagination à la réalité des choses. Nos perceptions, phénomènes incontestables de la sensibilité animale, sont les éléments exclusifs des idées premières; et c'est en celles-ci que se résolvent toujours les idées complexes de tous les degrés. Mais on dirait que le génie de l'erreur s'obstine à cacher une vérité si simple et si féconde en résultats.

Que l'on choisisse l'idée la plus abstraite, ou si l'on veut la plus métaphysique, et qu'on supprime en imagination toutes les notions venues immédiatement des sens; je défie que cette idée entre dans l'entendement de l'homme, et même qu'elle n'en disparaisse pas aussitôt qu'on en ôte les notions sensibles. L'idée *espace*, par exemple, comment imaginer qu'elle soit reçu avant qu'on ait celles de *distance* et de *lieu*? et comment avoir celles-ci sans l'intervention des organes? Mais, dira-t-on, espace est sans terme, et distance et lieu en ont: ce ne sont donc pas celles-ci qui mènent à l'autre! Elles y mènent comme le fini mène à l'infini, comme l'étendu mène à l'inétendu, comme le passager mène à l'éternel, etc. etc. etc.

On a été frappé d'une différence qui n'est qu'apparente; on a vu dans les idées premières, l'effet immédiat de l'organisme, et, dans les idées très-complexes, des phénomènes independants des sens: c'est une double erreur. Les idées premières ne sont déjà plus l'effet immédiat des sens; elles sont dues à l'usage des signes, et ne représentent plus rien de matériel. Il n'est pas plus possible de voir l'idée *cheval* ou *forêt* en réalité, que d'y voir l'idée *temps* ou *espace*; les unes et les autres sont donc tout intellectuelles. Mais les premières, en s'individualisant, expriment des corps; les autres n'expriment jamais que des relations tirées de plus ou moins loin des corps; et voilà le principe d'une distinction qui a sophistiqué toute la science. Comme on voyoit des phénomènes intellectuels de deux sortes, on les attribuait aussi à deux sortes d'origine, l'une matérielle et l'autre spirituelle. De là est née la méthaphysique.

Neuvième exemple — *Métaphysique*, du grec

meta, au-delà, et de *physis*, nature. Comme on entend ici, par nature tout ce qui est matériel, le mot métaphysique, ou ce qui est au de-là de la nature, veut dire *immatériel*. Employé comme substantif, il signifie la science de l'immaterialité ou des esprits.

Tout entier dans la nature, n'ayant aucun sentiment, aucune idée que par des voies matérielles, comment l'homme a-t-il conçu des choses hors de la nature? voilà la question qu'il s'agit de résoudre.

Parmi les corps, il en est de plus ou moins consistants, et leurs modifications sont aussi plus ou moins saisissables. Cette différence s'étend si loin que plusieurs corps et leurs modifications échappent entièrement à nos sens nus. Il en est d'autres appelés *fluides incoercitibles*, qui, tout en agissant sur nos sens, résistent cependant à tout moyen de s'en rendre maitre, et d'en constater l'existence comme corps distincts. La lumière, l'électricité, le calorique, etc., sont de ce nombre. On sait l'inconcevable ténuité de certaines animaux microscopiques, dont plusieurs milliers réunis sont encore imperceptibles à l'œil nu. Qui peut dire où s'arrête la puissance de la nature? qui peut déterminer jusqu'où va l'atténuation de la matière, son élaboration, sa volatilité, son impalpabilité, sans cesser d'agir sur des organes palpables? La réflexion, en s'arrêtant sur ces faits, eût conduit sans doute à penser que les phénomènes attribués exclusivement à l'ame comme principe séparé peuvent bien être dûs à l'action de causes matérielles déliées, subtiles, imperceptibles. Mais l'ignorance fut longtemps un obstacle insurmontable; et il étoit plus facile, en suivant l'analogie et l'entrainement de l'illusion produite par les signes institués, d'attribuer à un principe immatériel des effets qui semblaient aussi l'être. Ainsi, l'on peut supposer avec vraisemblance que c'est pour avoir méconnu la liaison du système intellectuel avec le système physique de notre constitution que les philosophes ont imaginé un principe à part pour rendre compte de phénomènes qu'ils ne concevaient point sortir de la matière, et auxquels ils croyaint une existence et une nature tout immatérielles. L'idée *métaphysique*, due à l'erreur, fut donc créée par opposition à l'idée *physique*.

J'ai dit, en commençant le chapitre 2ième, que je désignais, en général, par entendement, ou esprit humain, ou pensée, la faculté intellectuelle s'exerçant par le moyen des signes. Je n'ai point défini cette faculté, parce qu'elle est indéfinissable comme toute virtualité, autrement que par des termes équivalents; parce que ce mots de *faculté* exprime une certaine manifestation de la vie organique, et rien de plus. Celui de *pensée* en particulier est un signe abstrait qui désigne métaphoriquement ce qui se passe en nous quand nous compaparons, que nous *pesons* nos idées. Je n'ai jamais bien conçu ce que les philosophes entendent par *pensée*, et je crois qu'ils ne pourraient eux-mêmes l'expliquer clairement. Quoiqu'il en soit, au lieu de lui donner le sens que je lui attribue, ils la prennent pour le nom d'une faculté hors de la matière, et qui appartiendrait à un principe appelé spirituel.

Mais il est de fait que la pensée n'a lieu que par le jeu d'un système d'organes physiques dont le centre, quelle que soit la subtilité de ses mouvements et la finesse de leurs causes, est aussi un organe physique. Il est encore de fait que les produits des actes qu'on atribue à cette prétendue faculté sont un ensemble d'idées successives, lequel n'a lieu que par des signes matériels également successifs dans leur emploi, quelle que soit d'ailleurs la rapidité de cette succession. Enfin le souvenir-même de ces actes tenant à la matière, ou comme modification soit prolongée soit réitérée des organes, ou par l'enchainement des mots ou idées sorties du jeu de ces organes, de quelque manière qu'on envisage les choses, il suit de ce qui précède qu'on retrouve toujours la matière au fond de la pensée. Que signifie donc ce mot de pensée, qui ne se rapporte à l'action des organes? Pensée n'est donc que le signe métaphysique de l'opération du centre cérébral, qui pèse, qui compare les idées, comme nos organes extérieurs pèsent et comparent les objets réels. Mais d'où vient la puissance de faire cette comparaison? Autant vaut demander d'où vient la vie, la sensibililité, la conception? Là finit l'expérience et commencent les systèmes, c'est-à-dire les déplorables visions d'une science qui a tout embrouillé, en un mot la métaphysique.

D'après cela, l'adjectif *métaphysique*, appliqué dans le sens étymologique et reçu à la faculté intellectuelle ou à ses produits, est une erreur manifeste. *Abstrait* est la seule acception qu'on puisse lui donner raisonnablement, quand il s'agit des conceptions de l'esprit. Pris substantivement, il ne peut non plus signifier relativement au système intellectuel que la science des abstractions ; car, y eût-il dans ce système quelque chose de réellement métaphysique, nous n'aurions aucun moyen de l'analyser, et il faudrait encore s'en tenir au mécanisme physique des abstractions. Mais le système intellectuel n'étant que l'effet du jeu de l'organisation animale, la science qui se place hors de la matière pour l'analyser n'est qu'une science vaine et illusoire.

Toutefois, c'est de là que beaucoup de philosophes sont partis pour s'élever au *transcendentalisme*, système de spéculations souvent denuées de preuves, et sans autres bases que des hypothèses et des fictions. Aussi, à travers mille extravagances, s'il s'est rencontré quelquefois des vues morales sublimes, restées dans les livres sans liaison avec la nature réelle de l'homme faute d'une théorie qui leur assigne un principe positif, et les tire delà par une filiaton logique, ces vues semblent n'être que de brillantes ou saintes déclamations, tout-a-fait inapplicables à l'homme et à l'état social. La métaphysique, dans le sens vulgaire, n'est donc qu'une science creuse, vide de résultats; c'est la science des esprits faux ou exaltés. Si de loin en loin, certains philosophes en ont fait jaillir des traits de lumière, c'est qu'il est impossible que le génie, même en se fourvoyant, reste sans cesse enchainé à l'erreur.

Enfin, si la métaphysique est la science des abstracions, il est clair que le mot est mal choisi, puisque les abstractions ne semblent métaphysiques que par l'illusion qui les sépare de leur source toute matérielle; *ideologie* est la vraie dénomination. Mais, pourquoi ce mot si expressif et si précis tombe-t-il en défaveur, tandis qu'on retourne à ce terme vague de métaphysique ? n'est ce point parce que, sous le titre d'idéologie, on a incomplettement traité la science de la pensée ? En effet, la sensation n'a guère été considérée que sous le point de vue des organes extérieures de l'intelligence; la sensation instinctive a été totalement omise; on n'a jamais présenté les signes comme moyens indispensables d'abstraction, et l'on n'a point par conséquent démontré la formation des idées, ni leur dégagement progressif de la matière. On a donc laissé subsister à bien des égards l'opinion des idées innées, le prejugé de l'action immédiate de l'ame; et la science, dont Condillac avait posé la première base dans son *Traité des sensations,* n'ayant fait aucun progrés réel sous la plume de ses successeurs, abandonne de nouveau le champ de l'observation, de l'expérience et des faits primitifs, pour retomber dans les ténébres de la métaphysique.

D'après ces considérations le mot *métaphysique* au propre devrait être banni de toute science ayant un objet profane; car une telle science, après les faits matériels qui peuvent en faire partie, n'offre rien de plus que des abstractions nées de la constitution physique de l'homme par des moyens également physiques. Le principe animant n'est pour rien dans les opérations mentales, si ce n'est par la vie qu'il donne aux organes d'où partent tous les phénomènes intellectuels. Je reviens et j'insiste sur cette assertion qui repousse tout système où, sous le nom de spychologie, on discute les opérations de l'ame comme principe séparé. Il n'y a au moral ni à l'intellectuel rien dont l'analyse ne trouve l'origine et ne montre le développement dans le jeu physiologique des organes de notre constitution; et nous n'avons assurément aucune idée de la manière dont un être immatériel comme l'ame pourrait agir séparement et isolément, puisque l'idée *d'action* dérive du mouvement de la matière.

On dit que l'ame, spontanément active, n'agit que par l'intervention du corps: opinion singulière dans laquelle le corps vivifié par l'ame, agit sur l'ame, et où l'ame réagit sur le corps animé par elle. Est-ce ainsi qu'on croit expliquer l'homme? Ne voit-on pas que cela conduit directement au matérialisme par une absurde mysticité? Non, cette action n'a pas lieu dans ce sens ridicule. Le corps vivifié et rendu sensible par l'ame, qui y est infuse, produit et systématise organiquement tous les phénomènes intellectuels. Ceux-ci agissent ou peuvent agir sur le corps, en modefier les sensations; et cela n'est pas étonnant, puisqu'ils y ont pris naissance, et qu'ils retracent la série ou une partie de la série des mouvements du corps d'où ils sont sortis. Il peut arriver aussi que le système intellectuel soit modifié et changé par de nouvelles dispositions du corps. De cette manière l'action mutuelle n'a point lieu entre le corps et l'ame, unis indissolublement dans le temps de leur coexistence, mais entre le corps animé et le système inlellectuel, ou système de connaissances qui en est sorti.

Au surplus, je laisse à la psychologie à régler comme elle voudra ce qu'est l'ame après la dissolution du corps, à fixer la nature de ses connaissances et de ses sentiments, à lui tracer le mode d'action qu'elle doit suivre dans l'autre vie. Pour moi, le front prosterné dans la poussière, je révère les impénétrables desseins du créateur; et je me borne à chercher comment s'exécutent ici bas les opérations de mon intelligence, en reconnaissant la religion comme le seul guide infaillible dans tout ce qui concerne l'existence future à laquelle l'homme est appelé

Cette double action de l'ame sur le corps et du corps sur l'ame, forgée par l'ignorance, et transmise d'âge en âge par les prejugés, est une de ces questions de philosophie où l'erreur a de tout temps triomphé du génie même. Qu'on lise, au sujet de l'ame, les philosophes anciens et les modernes: je ne sais s'il est possible d'oublier le sens commun plus complètement que la plupart ne l'ont fait; mais je sais bien que réfuter leur galimathias psychologique, ce seroit prendre une peine de dupe. S'ils n'eussent poursuivi des chimères, les efforts réunis de tant d'hommes supérieurs fussent-ils donc restés sans résultats?

Mais quoi! l'union infuse de l'ame avec le corps est-elle moins difficile à concevoir que l'action réciproque de l'un sur l'autre? L'union infuse de l'ame et du corps est sans doute un mystère; mais elle est un fait constant d'où résulte la vie de tous les organes, dont la philosophie peut tirer des inductions justes, sur lequel elle peut établir la théorie raisonnée de l'homme intellectuel. L'autre opinion, purement hypothétique, a fait de l'homme un chaos, et de l'ame un roman; les monuments sont là pour l'attester: Or, de deux genres de mysticité, le meilleur, ce semble, est celui où les faits et la raison sont d'accord.

Dans la premiére opinion, on part des phénomènes produits par un ensemble d'organes auxquels l'ame a donné la vie, le mouvement; et, en tenant compte de toutes les circonstances, on voit ces phénomènes se dégager peu à-peu par l'abstraction, de leurs causes matérielles, s'élever, se soutenir en système par le moyen des signes, et produire enfin, par la combinaison artificielle de ceux-ci, toutes les connaissances auxquelles l'homme peut atteindre. Mais c'est toujours la sensibilité qui agit par des causes et par des moyens plus grossiers d'abord, plus déliés ensuite, et qui ne fait qu'ajouter incessamment des anneaux successifs à la chaîne dont la sensation forme le premier anneau. Par là, tout s'explique, tout se met à nu, lorsqu'on a eu soin de bien constater les premiers faits, et qu'une sévère logique conduit le raisonnement du principe aux dernières conséquences par tous les intermédiaires.

Dans la seconde opinion, ces intermédiaires sont méconnus comme liens des deux extrémités de la chaîne, dont les premiers anneaux sortent trop évidemment des sens pour qu'on le nie, mais dont les derniers, plus élevés dans l'ordre abstractif, sont attribués exclusivement à l'ame. Ainsi, voilà l'ame qui, d'une part, en rendant le corps sensible, lui fait enfanter certains phénomènes, et qui, de l'autre, en produit elle-même indépendamment du corps. Or, comme les fauteurs de ce système disent que souvent le corps incline au mal et à l'erreur, tandis que l'ame a une direction naturelle vers le bien et la vérité, il s'en suit que l'ame et le corps n'ont point été faits l'un pour l'autre, puisque le corps *animé* agit autrement que l'ame lorsqu'elle est seule; ou bien, si l'on veut annihiler toute disposition innée du corps, il s'ensuit que l'ame est contradictoire à elle-même, puisqu'elle fait sentir le corps d'une manière, et qu'elle raisonne d'une autre. Tel est le commencement du dédale où s'engagent les psychologistes. C'est sans doute un lumieux point de départ pour déduire les lois morales, sans compter l'avantage d'y trouver un arsenal d'hypothèses à l'usage des métaphysiciens *)!

Il est inutile de pousser plus loin ces réflexions. Elles suffisent à ceux qui jouissent d'une raison libre, elles ne convaincront jamais les autres. Mais qu'il me soit permis d'en ajouter quelques-unes sur l'influence des signes.

On ne fait pas assez d'attention à l'influence des signes sur le développement de l'intelligence, ni au

---

*) Au moment où j'écris ceci, j'ai sous la main une petite brochure intitulée: *Idéologie expérimentale*, imprimée à Paris en 1824. L'auteur fait mieux, il nous donne *un corps*, *un principe animal*, et puis *une ame*. Avec cette trinité, au moins aussi mystérieuse que celle qui est l'objet de notre foi, il serait bien malheureux s'il tombait dans les contradictions que je viens de citer. J'avoue que le titre m'avait séduit, la lecture m'a désappointé.

rôle qu'ils jouent dans les divers actes de la pensée. Cela a donné lieu à bien des erreurs. Selon quelques personnes, fort-instruites à tout autre égard, les idées d'un ordre élevé, comme *dieu*, *infini*, *vérité*, *temps*, *espace*, etc. etc., sont des conceptions absolues, existantes par elles-mêmes, et indépendamment des sens, qui n'ont servi qu'à les découvrir.

D'abord, elles sont absolues, parce qu'elles sont des êtres pûrement fictifs, comme sont toutes les idées possibles, qui n'ont rien de plus absolu les unes que les autres, puisque, du moment où l'on passe des perceptions aux idées, toute relation est détruite. *Espace* et *montage* sont, à cet égard, parfaitement de niveau. Ainsi les idées en question peuvent être absolues, sans que, pour cela, on soit en droit de conclure qu'elles n'ont pas une origine sensible. Aussi bien, dans l'application que nous faisons de ces idées, nous sommes sans cesse ramenés de l'absolu au relatif, ce qui est un indice de leur origine. En second lieu, les dire existantes par elles-mêmes, etc. est une supposition gratuite que rien n'appuie, que l'expérience et la raison repoussent. Enfin, prétendre, dans cette hypothèse, que les sens les découvrent, c'est dire une chose inconcevable, puisque les idées n'ayant qu'une existence fictive, on ne voit pas comment elles pourraient être découvertes par des organes matériels, si elles ne procédaient originairement du jeu de ces organes.

Si donc ces idées agissent sur la sensibilité animale développée, comme l'expérience le prouve, c'est que cette sensibilité a eu antérieurement des perceptions ou des idées plus simples qui entrent dans leur composition, ou les rappellent par des liaisons quelconques. Et cela est si vraie, qu'il serait impossible de communiquer à un autre une idée étrangère de tout point à ce qu'il conçoit, et par conséquent de remuer sa sensibilité par cette idée.

Ces idées ne sont point, à la vérité, la création immédiate des sens, comme je l'ai remarqué plus haut; et, d'ailleurs dans l'état de civilisation, elles sont reçues toutes formées par le moyen des langues. Un mot nous rend héritiers du travail de plusieurs siècles, quelquefois de plusieurs milliers d'années; et c'est la manière dont nous héritons qui nous dérobe la source primitive de l'héritage. Une idée abstraite s'établit en nous par d'autres idées moins abstraites et déjà reçues; et comme celles-ci sont encore éloignées des sens, l'autre nous semble ne plus rien avoir de commun avec eux.

Cette illusion est celle qui doit résulter de l'usage d'un instrument tel que la parole, qui reproduit, par masses, par groupes abstraites, les rapports de notre existence avec toute la nature; qui les reproduit non seulement dans l'absence de leur nature réelle, disparue sous les signes d'aggrégation, mais aussi dans l'absence apparente des signes eux-mêmes, qui semblent se cacher sous les idées dont l'esprit s'occupe, de telle sorte que les signes, après avoir servi à réunir les perceptions en idées premières, et celles-ci en idées complèxes, s'éclipsent pour ainsi dire dans la méditation, et laissent ces dernières comme infuses en nous.

En effet, quand à l'aide des sens l'entendement à réuni un certain nombre de matériaux, et reçu un certain degré d'exercice, il peut se replier sur lui même, fermer toutes les issues aux impressions extérieures, et trouver dans son domaine acquis de quoi s'élever, par la réflexion et l'imagination, aux conceptions les plus abstraites et les plus sublimes. Et lorsque l'habitude nous a familiarisés avec ces produits abstraits, de manière à ne plus faire attention aux signes qui leur ont servi d'échelons, ni à ceux qui les représentent, (résultat assez-naturel, puisque ces signes ne sont que des modifications de la voix, qui ne laissent aucune trace palpable) et qu'en suite la sensibilité vient à s'exercer sur ces produits avec toute la finesse, toute la mobilité dont elle jouit dans l'homme; alors on voit naître ce spiritualisme exagéré et dédaigneux qui passe pour profondeur aux yeux de l'irréflexion, bien qu'il ne soit qu'obscurité, parce qu'il se sépare de la lumière originelle qui seule peut guider les pas d'un spiritualisme raisonnable.

Ainsi, l'impossibilité de comprendre la formation des idées complexes par les seules sensations, et l'ignorance où l'on était sur la vertu des signes, ont conduit à faire de l'ame un être fictif comme ces idées, un être séparé avec lequel on les a supposées coexistantes, ou auquel on a attribué la puissance d'une création immediate, sans s'embarrasser des moyens. Ces absurdités, que Platon mit à la mode, que Locke combattit le premier, que Condillac renversa en partie, sont encore aujourd'hui la pature de l'ignorance, et le refuge de l'hypocrisie. Il faut aussi l'avouer, des esprits, d'ailleurs fort estimables, repoussent les lumières de la physiologie et de l'expérience, soit par l'habitude des vieux préjugés, soit même par amour du merveilleux; car l'imagination divague bien plus à son aise au milieu des ténèbres de la métaphysique. . . . . . . Libre à chacun de suivre son goût.

On voit par ce qui précède que cet axiôme de philosophie, „qu'il n'y a rien dans le pensée qui n'ait été auparavant dans les sens" a pu causer bien des disputes, faute de s'entendre. Rien de ce qui peut entrer dans l'esprit humain, ne s'y est primitivement établi que par les sens, c'est un point de fait dont je crois avoir indiqué les preuves; mais dire que toutes les conceptions de chacun sont dues immédiatement à ses sens, ce serait une erreur, puisque les mots nous transmettent une multitude d'idées toutes faites, sans compter les combinaisons que nous faisons de celles-ci. Toutefois l'usage des sens peut seul rendre cette transmission possible.

A ce mot, „il y a rien dans l'entendement, qui

n'ait été auparavaut dans les sens," Leibnitz s'est écrié: „si ce n'est l'entendement;" et tous les échos de la métaphysique de répêter: „si ce n'est l'entendement." Mais, qu'est-ce donc que l'entendement? 1mo. Est-ce l'ame? je crois avoir fait sentir qu'une ame agissant, concevant, voulant par elle-même, est une choses hors de la portée de notre conception. De cette manière, l'ame, qui nous fait concevoir, serait donc reduite à ne pas se concevoir elle-même; ce qui, pour le dire en passant, est une absurdité trop-intolérable. 2do. Est-ce l'ensemble des opérations intellectuels? Leibnitz n'a pas voulu le dire; et, d'ailleurs, il es inutile de répéter que, sans les sens, il n'y en aurait plus aucune, puisqu'il n'y aurait plus de vie proprement dite. Qu'est-ce donc que cet entendement qui, selon Leibnitz, est dans l'entendement? Ce mot est le signe d'une force organique, et non d'un être réellement existant; c'est le mot par lequel nous exprimons un phénomène de notre nature, et non une partie quelconque de cette nature. Ce sera, si l'on veut, l'ensemble de nos organes intellectuels; mais y chercher autre chose, c'est poursuivre un fantôme.

Au fond, entendement, sensibilité, sont des propriétés inhérentes à notre organisation, expriment des effets, et non des causes. Il est assez singulier que les métaphyciens voyent des réalités où il n'y en a point, eux qui n'aperçoivent pas le plus souvent ce qu'il y a de réel au fond des nos idees. Une erreur si gràve, au début d'une science, doit rendre vains les efforts du plus grand génie, qui, à force de contempler une illusion, finit par débiter sérieusement des puérilités.

L'abus de termes, sous un air de profondeur, a trop souvent embrouillé les sciences; et combien la métaphysique n'en a-t-elle pas abusé, puisqu'elle est, à bien des égards, devenue un recueil de mots et de phrases sans valenr, excepté peut-être pour les Illuminés qui croyent y voir le fond des choses, comme les Bonzes le decouvrent au bout de leur nez.

J'ai essayé de montrer les causes de l'illusion des idées innées; l'illusion elle-même, depuis long-temps, ne vaut plus la peine d'être combattue.

CHAPITRE VIII.
Récapitulation. Citations.

L'homme est un être organisé et sensible placé au sommet de l'échelle de la vie par son degré d'animation. Nous avons reconnu en lui trois faits organiques essentiels: *le systéme nerveux cérébral* qui le met en rapport avec toutes les causes extérieures, par le moyen des cinq sens; *le systéme nerveux ganglionique*, d'où partent les déterminations instinctives; et *l'organe vocal*, propre à rendre de sons articulés. L'ensemble de ces trois faits, constitue, dans l'homme, *la sensibilité animale* d'où résultent les trois phénomènes de *l'instinct*, de *l'intelligence*, et de la *parole*. Ceux-ci forment *l'entendement*, qui doit s'entendre de la faculté de penser depuis le commencement de son action jusqu'à ses progrès les plus élevés.

En remontant aux actes primitifs de l'entendement, nous avons trouvé, dans la sensation et dans les signes vocaux, les éléments de l'édifice intellectuel. En effet, de la sensation, nous avons vu sortir les affections et les images, comprises sous le nom de *perceptions*. La perception nous a paru être le produit d'une première sorte d'abstraction, et le premier échelon de la connaissance humaine. Ici commence l'abstraction proprement dite avec l'usage des langues, instrument admirable auquel sont dus tous les prodiges de la pensée. Les perceptions, attachées à des signes, ont donné, conformément aux besoins de l'esprit, d'une part en restant isolées, et par abstractions individuelle, les *noms propres*; et de l'autre en s'agglomérant, et par abstraction collective, les *idées premières*. Ce n'est qu'à ce dernier produit que les idéologistes font ordinairement commencer l'abstraction; je l'ai prise de plus haut, parceque toutes nos connaissances n'étant jamais que des rapports, nous commençons à abstraire du moment où nous commençons à sentir. Les *signes* sont les moyens par lesquels l'abstraction se continue et se complique; ils sont, en quelque manière, les gradins sur lesquels s'élève progressivement la pensée de l'homme, et qui la conduisent des idées premières aux *idées complexes* de tous les dégrés.

Nous passons, indépendamment des signes, de la sensation à la perception inclusivement; mais nous ne pouvons aller au-delà sans leurs secours. En effet, sans les signes convenus, chaque perception resterait isolée; et la comparaison de plusieurs, quoique possible, ne conduirait jamais l'intelligence à aucun développement de la nature de ceux qu'on remarque chez les hommes. Les résultats de cette comparaison, n'étant point fixés par des signes, s'évanouiraient pour faire place à d'autres, qui n'auraient pas plus de durée que les premiers. Toutes les perceptions passeraient ainsi devant l'intelligence humaine comme des ombres, sans pouvoir y laisser au plus d'autre trace que le souvenir individuel de chacune; mais sans y produire seulement l'idée première, qui se compose de toute une classe de perceptions analogues réunies: réunion à laquelle les signes peuvent seuls donner l'existence.

L'illusion est si forte à l'égard des idées, que je n'ai rencontré personne qui n'en crût l'existence antérieure aux signes, et indépendante de leur usage. Cette illusion vient de ce que les idées, établies insensiblement dans l'esprit, et par une chaine non interrompue depuis les premiers temps de l'enfance, ne nous montrent aucune trace de leur formation. Elles

Elles semblent, au contraire, comme je l'ai déjà dit, être infuses en nous, et y avoir toujours été ce que nous les voyons. On ne se rappelle pas plus leur commencement que celui des signes, avec lesquels elles sont nées, et que l'esprit retient et combine souvent sans qu'aucun de nos organes extérieurs, y compris la voix, concoure à nous les rappeler. Ce jeu tacite de l'esprit sur les idées, est le prestige qui nous trompe; mais qu'on y fasse attention, et l'on verra qu'il ne s'exécute que par le souvenir de mots qu'on ne prononce pas, il est vrai, mais que la mémoire retrace indispensablement. Qu'on essaye de penser sans mots, et l'on verra si les idées peuvent s'en séparer, si elles ne sont pas les mots eux-mêmes. Je n'ai point fait d'observations sur les élèves de l'institution des Sourds-muets, et pourtant j'affirmerais qu'ils ne pensent également qu'à l'aide des signes de convention qu'ils ont appris, et que l'imagination leur retrace dans toutes les opérations mentales où ils ne s'enservent pas ostensiblement. Hors des signes de convention, quels qu'ils soient, il ne peut plus y avoir d'idées; et les idées supposent nécessairement les signes de convention.

Soit encore l'idée *saveur* qui dérive évidemment des sens.

Que l'on retranche ce mot et les perceptions qu'il renferme de la connaissance d'un individu, et qu'on lui fasse goûter une substance sapide; il aura sans doute la notion de ce qu'il a senti. Supposons à présent qu'on lui dise: ce que vous avez senti s'appelle *saveur*; aura-t-il une idée? j'entends crier: il a l'idée de ce qu'il a senti. Il n'est pas question de cela; je demande s'il a une idée dans les sens technique, s'il a l'idée *saveur*. Non sans doute. Il appellera saveur la sensation qu'il a éprouvée, et il n'aura qu'une notion individuelle dans un nom propre. Mais, qu'à mesure que cet individu goûte de nouvelles substances, on lui dise que ce qu'il sent sont des *saveurs*; il attachera bientôt à ce mot toutes les perceptions qui lui viennent du palais, et il aura une idée dans un nom commun: voilà évidemment le sens définitif du mot *saveur*,

Si, au lieu de donner ce nom aux sensations successives, on les eût laissées isolées les unes des autres, comment l'intelligence fût-elle parvenue à les réunir pour avoir l'idée *saveur*? De plus habiles l'expliqueront s'ils le peuvent; pour moi, je ne le comprends pas. Et je le comprends si peu que, si je supprime ce mot, je cherche vainement à saisir l'idée qu'il exprime; elle s'évanouit avec le signe, comme l'ombre disparait avec le corps. Je vois à l'instant se séparer, se dissoudre les éléments de l'idée; et s'il en reste quelques fragments, ce sont des perceptions individuelles unies dans mon esprit aux substances qui les ont fournies. Je ne suis plus dans le monde idéal; je retombe dans la réalité, dans la matérialité; je n'ai plus d'image intellectuelle, plus de forme fictive, en un mot plus d'idée : elle a disparu avec le signe. Donc le signe fait toute l'idée. Oui, toute l'idée ; et l'idée et le signe n'auraient qu'une même valeur, si le signe, par ses accidents matériels, ne renfermait des circonstances accessoires à l'idée. L'imagination qui les sépare, est séduite par des spéciosités ; l'idéologie qui s'établit sur cette distinction, poursuit une chimère. Le signe, tant qu'il reste propre, n'est que signe d'une perception. En devenant commun, il devient idée ; et s'il continue à être considéré comme signe, c'est par une erreur d'analogie : car s'il n'était que cela à l'égard de la perception qui se soutient sans lui, il est plus que cela à l'égard de l'idée, qui n'existe que par lui, qui n'est que lui.

Mais le signe n'exprime pas seulement une forme intellectuelle, absolue, une idée ; il exprime, de plus, par les accidents de cas, de genre, de nombre, de personne, de temps, de mode, de voix, et même de place, des circonstances accessoires à l'idée qu'il contient, telles que celles d'action, de passion, de propriété, d'invocation, d'attribution, d'origine, de concordance, etc ; enfin, les signes doivent offrir, dans la phrase, le tableau analysé des liaisons que les idées ont entre-elles. Il y a donc deux choses à considérer dans les signes : *la forme intellectuelle* et *la forme matérielle*, *l'idée* et *le mot* ; ce qui fait, d'une part, l'objet de la logique ; et, de l'autre, celui de la grammaire : deux arts qui se tiennent, et vont puiser leurs principes et leurs règles dans l'idéologie.

Cependant, une sensibilité exquise et éminemment fléxible, capable de saisir un grand nombre de rapports et de les comparer, prépare sans doute l'homme et le porte spontanément à faire de ces collections que j'appelle idées premières, de même que l'impulsion innée de l'organe vocal tend à rendre les sons auxquels elles doivent s'attacher; car, si l'on observe avec attention, l'on verra toujours l'ensemble de nos facultés concourir au produit de chacune d'elles. Ainsi, de ce qu'un homme, d'ailleurs convenablement organisé, serait privé de l'usage des signes, on ne pourrait peut-être pas dire, rigoureusement parlant, qu'il n'a que des perceptions : il lui reste encore le foyer où se fabriquent les idées, et les matériaux dont elles se composent; et il serait possible qu'il en eût du moins quelque ébauches tronquées, quelques rudiments fugitifs. Mais comment le constater? et combien ce chétif produit, s'il a lieu, est loin de ce que nous appelons *idées*.

Il faut se défaire d'un préjugé bien nuisible à la vérité dans les recherches de ce genre, celui qui, sans qu'on y prenne garde, fait toujours supposer, dans les sujets qu'on prive hypothétiquement des signes, une intelligence aussi active et aussi étendue qu'est la nôtre, exercée par leur moyen. De ce que nous sommes habitués à concevoir des collections de perceptions ou idées, que les signes mettent sans cesse à la portée de notre esprit, nous croyons que notre esprit les eût également saisies sans les signes. Mais ce n'est pas cette prévention qui doit nous suffire ; et quand les idées nous viendraient sans l'usage des signes, il faudrait encore chercher par quelle voie elles nous arrivent. Or, c'est ce qui jamais n'a été expliqué, et ce qui est inexplicable aux yeux de ceux qui comprendont ce que c'est qu'une idée.

Il y a plus : en supposant, s'il était possible, une langue toute composée de mots propres, cette langue n'exprimerait pas encore d'idées ; elle n'aurait que des abstractions immédiates et individuelles, elle n'exprimerait que des perceptions, elle serait la plus imparfaite des langues. C'est ce défaut qu'on remarque dans le langage des enfants, qui commencent toujours par n'avoir que des notions d'individualités. Mais les mots qu'ils ont employés comme propres deviennent bientôt communs, par l'insuffisance de l'esprit, qui ne peut embrasser, retenir et nommer séparément les inombrables rapports de l'organisation humaine avec toute la nature. Cependant, cette insuffisance même, au moyen des signes par lesquels les perceptions s'agglomèrent en idées, est ce qui donne à la pensée cette prodigieuse étendue, et lui fait combiner par masses les relations de son être, pour en tirer les lois générales qui composent les corps de doctrines appelés *sciences* ; c'est aux signes communs qu'elle doit la possibilité de saisir des ensembles, et de voir l'univers entier lui-même comme un tout.

L'idée est toute fictive, quoiqu'elle ait une base réelle; parce qu'en s'élevant sur les perceptions elle ne conserve rien de ce qui les différencie, mais seulement ce qu'elles ont de commun, et n'offre par conséquent rien qui existe en corps dans la nature; à peu près comme la Venus de Médicis présente l'image de la beauté parfaite, qu'on ne voit nulle part bien que les traits en soient disséminés par tout. Les idées correspondent aux généralités de la nature, soit; mais qu'est-ce que ces généralités? nos manières d'envisager les choses, et rien de plus. Ce sont des rapports extraits des individualités, et réunis en images intellectuelles dans les signes qui les représentent. Il n'y a pas de généralités palpables dans la nature, qui n'offre à nos sens qu'un ensemble d'individus enchainés les uns aux autres par des relations plus ou moins prochaines, dont nous avons fait des groupes abstraits, appelés idées. Et comment les avons nous faits? avec des signes; ou plutôt ce sont les signes qui, d'abord tout individuels, sont devenus généraux par l'accumulation de perceptions semblables ou individualités. Les idés sont donc toutes fictives, sans type dans la nature, comme sans existence hors des signes, sans lesquels elles ne subsistent plus qu'en éléments séparés, qu'en perceptions.

Je ne veux pas dire que le son d'un mot soit l'idée qu'on y attache : un corps matériel pourrait-il peindre identiquement ce qui n'existe pas matériellement ! Mais je veux dire que l'idée est inséparable de ce son, et qu'elle s'évanouit avec lui, parce qu'à ce son restent attachées toutes les notions constitutives de l'idée : d'où j'ai pu dire figurément que le signe est toute l'idée.

Concluons donc : C'est à la faculté dont jouit l'homme d'employer des *signes convenus* pour exprimer ses *perceptions* qu'il doit la faculté de créer des *idées* ; et il ne crée pas les signes parce qu'il a des idées, mais les idées résultent naturellement de l'usage des signes.

Cette opinion jusqu'alors n'a été avancée par aucun philosophe que je sache. Condillac, qui en a, je crois, le plus approché, ne va pas jusque-là. Dans son *Essai sur l'orig. des conn. hum.*, il a reconnu et fait sentir toute l'importance des signes pour le développement de la pensée ; il va même jusqu'à dire *l'absolue nécessité des signes*. Cependant cela ne le conduit pas à s'en servir pour expliquer la génération des idées premières. Ce qu'il dit de la perception n'est pas plus complet ; il ne l'analyse point, il la définit mal. Pour montrer que ce philosophe n'a point en effet connu *l'absolue nécessité des signes*, qu'il me soit permis de faire ici quelques citations tirées de ses ouvrages. Elles n'ont point pour but d'en rabaisser le mérite, mais de justifier une assertion qu'on pourrait croire une témérité de ma part.

Dans une note sur Locke, *Essai sur l'orig. des Conn. hum.* pag. 139. édit. in 12. de 1793. Condillac dit: „si ce philosophe avait vu qu'on ne peut réfléchir qu'autant qu'on a l'usage des signes d'institution, il aurait reconnu que les bêtes sont absolument incapables de raisonnement." Il suit de la

1°. qu'on ne réfléchit point sans signes.

Il dit aussi même page: „Des perceptions qui n'ont jamais été l'objet de la réflexion ne sont pas proprement des idées." Daprès cela, il faut réfléchir pour avoir des idées; et, comme on vient de voir qu'il faut des signes pour réfléchir, il s'en suit

2°. que les signes précédent les idées.

D'un autre côté, Condillac dit, même ouvrage, page 118, en parlant de l'opération par laquelle il prétend que nous donnons des signes à nos idées: „Cette opération resulte de l'imagination qui présente à l'esprit des signes dont on n'avoit point encore l'usage, et de l'attention qui les lie avec les idées." D'où il suit

3°. que les idées précédent les signes.

Et comme, d'après Condillac, pour avoir des idées, il faut réfléchir, il s'en suit

4°. qu'on réfléchit sans signes.

En rapprochant les quatre propositions deux à deux, on a:

On ne réfléchit point sans signes.
On réfléchit sans signes.
Les signes précèdent les idées.
Les idées précèdent les signes.

Je laisse à la perspicacité du lecteur le soin de comprendre comment „l'imagination présente à l'esprit des signes dont on n'avait pas encore l'usage, et comment l'attention les lie avec les idées." C'est l'erreur de tous ceux qui ont voulu expliquer l'entendement humain, de séparer toujours des phénomènes inséparables, tels que les idées et les signes, et de transporter à la faculté intellectuelle naissante des opérations qui n'appartiennent le plus souvent qu'à la pensée développée. Quoi qu'il en soit, voilà comme on s'embarrasse dans des propositions contradictoires, l'orsqu'on ne part point d'un principe fixe et certain.

Il faut aussi voir, même ouvrage, page 116 et autres, les définitions des mots *pensée*, *opération*, *perception*, *sensation*, *conscience*, *idée*, *notion*. Elle suffisent pour montrer que Condillac, malgré tout le cas qu'il fait des signes, n'en a réellement pas vu la nécessité dans toute son étendue.

Condillac dit, page 143 de l'ouvrage cité: „Il faut bien peu de chose pour arrêter les plus grands génies dans leurs progrès: il suffit d'une légère méprise qui leur échappe dans le moment même qu'ils défendent la vérité. Voilà ce qui a empêché Locke de découvrir combien les signes sont nécessaires à l'exercice des opérations de l'ame. Il suppose que l'esprit fait des propositions mentales dans lesquelles il joint ou sépare les idées sans l'intervention des mots. *) Il prétend même que la meilleure voie pour arriver à des connaissances, serait de considérer les idées en elles-mêmes; mais il remarque qu'on le fait fort rarement, tant, dit-il, la coutume d'employer des sons pour des idées a prévalu parmi nous. **) Après ce que j'ai dit, il est inutile que je m'arrête à faire voir combien tout cela est peu exact."

Je ne sais si Condillac est bien en droit de tenir ce langage, après avoir traité page 118 et suivante, „de l'opération par laquelle nous donnons des signes à nos idées." Si effectivement nous donnions par un acte subséquent des signes à nos idées, il est clair que nous aurions celles-ci avant d'avoir inventé des signes qui les représentassent; et, si nous les avions sans les signes, pourquoi ne pourrions nous aussi les combiner sans eux, du moins jusqu'à un certain point? Condillac prouve très-bien que cette combinaison ne peut avoir lieu sans les signes, page 123 et suivantes; mais, outre qu'il semble contradictoire que nous ayons, sans les signes, des idées dont nous ne puissions faire usage sans eux, il reste encore à démontrer comment ces

---

*) L. 4. c. 5. §. 3. 4. 5.
**) L. 4. c. 6. §. 1.

idées se forment en nous. Or, c'est ce que Condillac croit avoir résolu, quand il récapitule page 145. ce qu'il a dit antérieurement: „Nous avons vu que les notions abstraites se forment en cessant de penser aux propriétés par où les choses sont distinguées, pour ne penser qu'aux qualités par où elles conviennent. Cessons de considérer ce qui détermine une étendue à être telle, un tout à être tel, nous aurons les idées abstraites d'étendue et de tout."

Pour que cette solution fût complette, il s'agirait à présent d'expliquer comment „nous cessons de considérer ce qui détermine une étendue à être telle, un tout à être tel." Cette opération a bien l'air d'appartenir à une intelligence exercée par l'usage des signes à l'analyse et à l'abstraction; ou même ce mot *d'opération* exprime ici comment l'esprit voit ses idées l'orsqu'il les analyse, plutôt qu'il n'indique le procédé par lequel il les obtient: de sorte que Condillac lui-même, dominé dans ce cas par une illusion, regarde comme un acte générateur des idées ce qui n'est qu'une vue de l'esprit sur les idées; et il semble qu'il ne fasse que tourner dans un cercle vicieux, puisqu'il explique la formation des idées, qu'il croit antérieures aux signes, par un moyen qui suppose l'institution des signes.

Au surplus, il partage sur les idées, l'opinion de Locke, qui en expose la génération absolument de la même manière.

On ne doit donc pas s'étonner que J. J. Rousseau, malgré les explications de Locke et de Condillac, ait remis en question la génération des idées, en y mettant la formation des langues; car ni Locke, ni Condillac, ni personne que je sache, n'en avoit donné une solution satisfaisante. Jean-Jacques, à l'exemple de tous les philosophes, partant de la primogéniture des idées, fut arrêté par son génie-même, où d'autres n'avaient pas vu d'obstacles; il vit que l'existence des idées suppose l'usage antérieur des signes, et il fit en cela un pas qui l'eût sans doute conduit directement à leur véritable source, s'il n'eut été atteint d'une prévention funeste à toutes ses recherches, ou s'il se fût plus particulièrement occupé d'une matière qu'il ne traita qu'en passant. *)

On ne peut trop faire à Condillac le reproche d'avoir, à la manière des métaphysiciens, inutilement multiplié les facultés de l'entendement; et quoiqu'il se serve souvent des mots *conscience*, *attention*, *réminiscence*, *imagination*, *contemplation*, *mémoire*, *réflexion*, il ne les envisage jamais au fond que comme des manières d'agir de la même faculté: il les déduit toutes les unes des autres en partant d'une seule. Toutefois, il n'en fait pas toujours un usage bien clair, quand il les emploie à suppléer un principe dont rien ne peut tenir lieu en idéologie, celui des signes comme générateurs des idées et de certaines facultés mentales.

---

*) Voyer ce qui a été dit au chap. IV.

Presqu'au début de son *Essai sur l'origine des connaissances humaines*, (page 17 et suiv.) et avant d'avoir fait aucune mention des signes, Condillac expose *la génération des operations*) de l'entendement* dans l'ordre qui suit: *perception, conscience, attention, réminiscence, imagination, contemplation, mémoire, réfléxion etc. etc.* Mais, dans l'extrait raisonné *du traité des sensations* (page 469, même édition que ci-dessus) il dit: „j'essayai, en 1746, de donner la génération des facultés de l'ame. Cette tentative parut neuve, et eut quelque succès; mais elle le dut à la manière obscure dont je l'éxecutai."

Ainsi, Condillac a reconnu lui-même qu'il y a de l'obscurité dans cette partie de son *Essai sur l'orig. des con. hum.* et l'a avoué avec une bonne foi vraiment digne d'éloge. Il serait aussi déplacé qu'inutile de faire la moindre observation à ce sujet, s'il avait du moins indiqué la cause qui l'empêcha d'atteindre le but qu'il se proposait. Il ne le fait point; il parait seulement dire que pour être goûté en métaphysique, il est bon d'être obscur. Mais, pourquoi a-t-il été obscur, lui qui met tant de soin a être clair? Il se tait là-dessus; et la manière dont il résout le même problème dans le *traité des sensations*, n'explique pas mieux le vice de la solution qu'il en a donnée dans *l'Essai*.

---

*) Operations et facultés sont des mots employés tour à tour par Condillac, ce sont des idées corrélatives dont l'une emporte l'autre.

Dans *le traité*, c'est la sensation qui se transforme, et devient successivement, *mémoire, attention, comparaison, jugement, réfléxion etc. etc.* Cela est très vrai dans le sens que sentir est la condition *sine quâ non* de l'entendement; mais en faisant voir l'origine de ces facultés dans la sensation, à supposer que cela fût exact, il ne faut point en étendre l'exercice au-delà des perceptions, à moins qu'on n'y fasse concourir l'usage des signes conventionnels. Or, Condillac, d'un bout à l'autre de son second ouvrage, attribue à sa *statue* douée successivement d'un sens, puis de deux, de trois, de quatre, enfin des cinq sens, des idées abstraites, et des connaissances générales, qui sont evidemment le résultat de l'usage des signes ; et il n'est pas moins évident qu'il-lui transporte des manières de sentir et de juger qui ne conviennent qu'à une intelligence développée par la parole. Cette erreur est bien difficile à éviter ; car, comment ne pas prêter déjà quelque chose de nos habitudes intellectuelles au sujet que nous considérons dans des hypothèses qui même les excluent ? Et lorsque, n'ayant pas fait attention à la cause qui produit ces habitudes, nous raisonnons dans l'absence de cette cause sur des effets qui lui appartiennent, et que nous rapportons à une autre, il est impossible, malgré tous les efforts du génie même, de ne pas se fourvoyer.

Condillac devait montrer d'abord les progrès intellectuels de sa statue, jusqu'aux perceptions inclusivement, et aux combinaisons qui peuvent s'en faire; après quoi il devait s'arrêter pour lui faire créer les idées, et déduire de son nouvel état mental, les operations ultérieures de l'entendement. Loin de distinguer ces deux degrés, dont il est physiquement impossible que le dernier soit atteint par un être privé de signes conventionnels quelconques, et à plus forte raison une espèce d'automate pourvu d'une sensibilité tronquée, il déduit immédiatement de la seule sensation toutes les facultés de l'ame. Aussi, sa seconde tentative pour en expliquer la génération, outre le vice d'un principe passif, *) est encore restée imparfaite à un autre égard: elle suppose des idées qui n'existent point, et qui ne peuvent exister sans l'usage des signes. Les operations dont Condillac expose les progrès, ne sont donc appuyées sur rien; puisque sans signes les idées disparaissent, et que sans idées ces opérations et les facultés qui les executent, sont des suppositions toutes gratuites.

C'est ainsi qu'on attribuerait à tort à des êtres dépourvus de signes conventionnels et d'idées, la *conscience* ou connaissance explicite de ce qui se passe en nous à l'occasion de nos sensations, de nos pensées et de nos actions de toutes les époques.

---

*) La sensation, que Condillac adopte pour principe des opérations de l'ame, est passive, selon la judicieuse remarque de M. de Laromiguière.

Elle resulte d'une opération analytique inconcevable avant l'usage des signes. Pour qu'on puisse se dire : je sais ce que je sens, ce que je conçois, il faut avoir des idées que n'a point l'homme privé de tout langage ; il faut des habitudes intellectuelles qu'il est encore loin d'avoir après la création des premières idées. Sans doute, l'homme qui n'a que des perceptions, juge en conséquence de ce qu'il sent, de ce qu'il conçoit, puisqu'il n'a pas d'autre moyen de se conserver ; et tel fut toujours l'état mental des individus trouvés sans langage ; mais il ne peut faire de cela la matière abstraite de sa pensée, ni se dire : je sais ce que je pense. Il faudrait pour cet effet, qu'il pût détacher en quelque sorte sa pensée de son *moi*, qu'il eût les idées de ses opérations mentales, et l'habitude d'observer ces opérations, comme si elles étaient hors de lui ; il faudrait enfin que sa pensée pût se réfléchir sur elle-même : Or, ce dernier acte ne peut avoir lieu qu'au moyen d'un système d'abstractions dont les signes sont l'instrument nécessaire. Il en est de même des autres opérations de l'entendement qui dépassent le degré des perceptions : le germe en est inné avec l'intelligence ; mais il ne se développe qu'avec les idées, et par l'usage des signes. La faculté qui exécute ces nouvelles opérations, prend, selon les cas, les noms de *mémoire, imagination, réflexion, jugement, raisonnement* etc. etc.

Le défaut d'avoir trop étendu les opérations de l'enl'entendement sans y faire concourir les signes, ou sans avertir du moins qu'on en suppose l'usage établi, se voit déjà dans *l'Essai sur l'orig. de conn. hum.*, où l'auteur, page 45 et suivantes, parle subséquemment des signes comme étant *la vraie cause des progrès de l'imagination, de la contemplation et de la mémoire;* ce qui suppose que les opérations dont il s'agit, existent indépendamment des signes, et ce que l'auteur a complettement admis de fait dans *le traité des sensation*. Il détruit ainsi ce qu'il leur avait accordé d'importance dans *l'Essai*. Cela vient sans doute de ce qu'il n'y a point assez approfondi le principe de la nécessité absolue des signes pour la formation des facultés de l'ame qui s'y rapportent.

S'il eût reconnu ce principe dans toute sa rigueur il n'eût pas deux fois inutilement fait la même tentative. Il n'eût peut-être pas non plus imaginé sa statue, dans laquelle une existence isolée, le morcellement des sens et la privation des signes empêchent qu'on en fasse à l'homme une application directe. Le *traité des sensations* est incontestablement un chef-d'oeuvre d'analyse; il est rempli d'observations fines, et de vues profondes; il détermine avec une grande sagacité la fonction de chaque sens: mais ce n'est toujours qu'une hypothèse partielle; ce n'est pas l'homme, puisque ce n'est pas le jeu de l'ensemble organique.

Je ne fais point ces réflexions pour déprécier les ouvrages du fondateur de la science idéologique.

Ils renferment trop de choses utiles, trop de verités importantes, ils sont trop bien marqués au coin du génie, pour que de pareilles atteintes leur fassent tort. Mais il m'importait de faire remarquer que, faute d'avoir exposé d'abord la génération des idées par les signes, l'idéologiste le plus clair, et le plus ferme sur ses principes qui ait jamais écrit, est tombé lui-même dans des embarras, et dans des dissertations vagues qu'il est impossible à tout autre d'éviter en suivant la même route.

Je ne ferai pas d'autres citations. Personne avant Condillac n'a scruté avec autant de soin l'entendement humain; et depuis, si l'on a donné de nouveaux détails, si l'on a systématisé les matériaux fournis par se philosophe, comme on partait toujours du même préjugé, il était impossible qu'on allât beaucoup plus loin, et même qu'on éclarcît ce qu'il a laissé de vague ou d'obscur sur la génération des idées. Aussi, des nombreuses définitions qu'on a données de celles-ci, et jusqu'à la plus mignonne de toutes, celle de Mr. de Massias *), aucune jusqu'alors n'a pu se fixer; et pourtant que d'essais et de combinaissons de mots pour définir ce phénomène!

Il est pénible, j'en conviens, à certains esprits d'attribuer à des sons les conceptions abstraites de l'entendement humain. Cependant, si l'auteur de

---

*) L'idée est une perception limitée dans une image.

la nature a pu répandre autour de nous tant de merveilles attachées aux plus simples ressorts, pourquoi lui refuserait-on la puissance d'avoir fait dépendre les développements de la pensée de l'articulation de la voix, ou de l'usage de signes quelconques ; surtout, quand il est évident par l'analyse même des idées, qu'elles n'ont pu naître que de là ; et, que d'autre part, il est de fait et on convient qu'elles ne peuvent se combiner et s'étendre que par là !

Plussieurs philosophes, pour n'avoir pas découvert complettement à quoi nous devons nos idées, n'en ont pas moins fort-bien aperçu ce qu'elles contiennent ; et le phénomène, resté sans solution par rapport à son origine, a été bien analysé dans sa nature. D'ailleurs l'état de la pensée en général, et en particulier celui des sciences qui ne touchent point immédiatement à l'intellectuel ou au moral de l'homme, prouve suffisamment qu'on pouvait se passer de connaitre cette origine. La logique elle-même a pu se traiter sans cela, puisqu'il n'y est question que de la combinaison et de l'ordonnance de matériaux qui existent positivement, et qu'on connait, quelle que soit la source d'où ils sortent.

Cependant, si l'on veut remonter au principe qui fournit ces matériaux ; si las du prestige qui leur fit assigner des causes incompréhensibles, et enfanta tant de vains systèmes, on désire chercher dans l'homme ce qui peut y donner lieu aux idées, et remettre en harmonie les phénomènes de son intelligence avec les organes de son corps; si comprendre le matériel du langage, et y découvrir la source des prodiges de la pensée sous les noms de conscience, de mémoire, d'imagination etc., est d'un interêt quelconque; je pense que la route sur laquelle j'ai placé bien ou mal quelques jalons, pourra conduire à ce but.

Peut-être pourrait-elle aussi mener à un autre but non moins désirable, celui d'apprécier les écrits des philosophes, souvent admirés pour ce qu'ils ont avancé de faux, ou mal compris dans ce qu'ils ont dit de vrai. Les langues sont le recueil de toutes les connaissances des hommes. L'idéologie qui les explique et enseigne la valeur du matériel qui les compose, fait déjà éviter bien des méprises; et quand, de plus, elle s'appuie sur le jeu physiologique de l'organisation; qu'elle tient compte de l'échelle graduée des facultés animales; enfin qu'avec des données suffisantes elle embrasse l'ensemble de la vie intellectuelle, elle devient un creuset où la verité se dégage de bien des erreurs.

Enfin l'idéologie démontre l'influence salutaire ou funeste que doit avoir la parole sur l'intelligence humaine, en lui communiquant des lumières étendues dans les idées, et en l'exposant à faire de ces idées un usage utile ou pernicieux à la raison.

En effet l'homme réduit aux seules perceptions

serait, comme les autres animaux, borné à la comparaison de quelques individualités strictement relatives à sa conservation; comme eux, il ne pourrait errer que dans le cercle étroit de connaissances positives, presque toujours vraies, et liées entre elles par des rapports sur lesquels il n'y a guère à se méprendre : mais avec les idées, dont chacune recèle des éléments communs à mille autres, il peut faire les plus bizarres alliances, s'il quitte un instant le fil des vraies analogies dans ses raisonnements. Et combien de motifs pour le lui faire quitter! L'idéologie fait donc sentir le besoin d'habituer son esprit à une marche conséquente et méthodique, qui le préserve des écueils du sophisme, et des écarts de l'imagination; et, sans doute, ce n'est pas là le moindre de ses bienfaits.

Quoi qu'en disent les partisans de la métaphysique, je doute que l'étude de cette science conduise au même résultat. Le fait est contre elle, puisqu'elle se divise presque en autant de systèmes divers qu'il y a de métaphysiciens un peu distingués; et que l'effet de ces systèmes, bien loin de mettre l'esprit en garde contre ses propres égarements, le précipite dans tout ce qu'il y a de plus vague, de plus inutile, de moins probable, pour ne rien dire de plus. On pourrait à bon droit appeler cette science dans bien des cas, le délire de la raison humaine; car notre nature est si flexible, qu'elle nous rend capables de discuter très-sérieusement les plus ridicules extravagances, et de placer grâvement la folie des idées à côté de la sagesse des intentions.

Quoi qu'en disent encore les métaphysiciens, l'idéologie, telle que j'ai cherché à la faire comprendre, pour être fondée sur la constitution physique de l'homme, et dictée par le simple bon sens, n'en serait pas moins une bâse plus solide que des hypothèses à donner aux considérations les plus sublimes où puisse atteindre l'esprit de l'homme, soit dans la morale soit dans la réligion. Peut-être même y aurait-il quelque chose de plus grand, de plus admirable, de plus profondément réligieux à démontrer ainsi ce que l'homme peut devenir par le seul développement des organes dont la divinité la pourvu.

Enfin, quoi qu'en pensent les psychologistes, il semble que pour lier dans l'entendement l'actuel au primitif, pour exposer la chaine des opérations de l'ame, il est nécessaire de savoir ce que sont les idées, et de commencer par l'extrémité inférieure. On peut bien sans cela, constater l'actuel à certains égards, en réfléchissant sur ce qui se passe au dedans de nous; mais si l'on veut le comprendre, je ne crois pas que cela soit possible en partant de l'extrémité supérieure de la chaine. L'actuel est en grande partie acquis avec des forces qui elles-mêmes sont acquises, mais à notre insu, et qui semblent avoir toujours coexisté avec nous, comme la conscience, la réflexion, la liberté etc. On est donc naturellement porté à les regarder commer primitives, et à expliquer par leur moyen l'actuel, dont elles font partie, qu'elles ont aidé à produire, mais dont elles ne sont point la cause primitive; et c'est ce qui arrive à tous ceux qui suivent cette marche rétrograde. L'intelligence humaine revêtue de la puissance d'action et de création que nous lui voyons aujourd'hui, voilà le primitif où ils s'arrêtent, sans faire attention que ce prétendu primitif est lui-même un résultat éloigné. Le vrai primitif, c'est la sensibilté animale armée de ses moyens organiques non-développés; moyens qu'on peut constater avec exactitude, aussi bien que leur produits, en étudiant les faits, en observant la nature sans prévention, et à partir de ses premiers mouvements.

En général, c'est ce galimathias de facultés auxquelles on a recours faute d'un principe certain, c'est le sens versatile et inexact de la plupart des mots employés dans les livres de philosophie, qui en rendent la lecture si fatigante, si ennuyeuse, si stérile; car il faut d'abord se mettre la mémoire à la torture pour retenir toutes ces choses, après quoi on y met vainement son esprit pour les concevoir: de sorte qu'on ne gagne guère à la lecture de ces sortes d'ouvrages qu'un dégoût qui en éloigne à jamais.

De-là résulte l'erreur qu'en phiosoqhie, chacun peut se faire un système à sa guise. Comme si la constitution de l'homme ne présentait pas des faits généraux invariables! Comme si sa vie intellectuelle et morale n'offrait pas des phénomènes constants!

En vérité une pareille opinion est bien triste, puisqu'elle prouve une ignorance presque nécessaire sur un sujet, où il semble cependant qu'on peut se faire des idées vraies, et où il serait si avantageux de les avoir. La diversité des systèmes philosophiques à toutes les époques, appuie cette opinion de toute l'autorité de l'expérience, et fait croire une cause éternelle à tant de divagations. Or, quelle est cette cause? probablement la difficulté d'observer ce qui se passe en nous; et puis, sans doute, des circonstances inhérentes à l'homme en société. Il n'entre pas dans mon sujet d'énumérer ces dernières; et quant à la difficulté de s'observer soi-même, elle est passée en dogme dès la plus haute antiquité.

La question des idées agite dans ses fondements tout l'édifice intellectuel. Avant Locke, elle n'avait été traitée que par l'imagination, sur laquelle les philosophes se sont mis à cheval pour parcourir les espaces imaginaires. *) En poësie, on peut monter Pégase; en idéologie, il faut se tenir près de la terre et des faits. Aussi, ne résulta-t-il souvent des plus sublimes efforts, que des visions. Condillac eût fixé la science: il manqua son but pour n'avoir pas creusé jusqu'à fond le principe de l'influence des signes; et la question resta encore indécise en partie, puisqu'il prouva simplement qu'il faut sentir

---

*) Voir le *traité des systèmes* par Condillac et *l'histoire comparée des systèmes de philosophie* par M. Dégérando.

pour avoir des idées, mais qu'il ne démontra point la génération des idées. Arrêté par cette difficulté, j'ai pensé que les sensations et les signes, combinés, pouvaient seuls la résoudre. Trop-isolés jusqu'alors dans la science, j'ai essayé d'en montrer la connexion nécessaire, et d'expliquer par leur concours le phénomène de l'idée. Heureux si j'ai rencontré juste, et si je provoque l'attention d'un plus habile sur cette matière importante, que je n'ai fait qu'ébaucher.

CHAPITRE IX.
Corollaires.

Il suit de tout ce qui précède:

1°. Les sensations, ou modifications de l'ame, contiennent des images et des affections; des images et des affections, réunies ou séparés selon les circonstances, sortent des perceptions, c'est-à-dire les notions individuelles tirées de tout ce que nous sentons; les perceptions analogues, attachées à des signes communs, donnent les idées premières; et celles-ci attachées également à des signes plus généraux, produisent les idées complexes, qui, à leur tour et par un procédé semblable, deviennent plus complexes encore: voilà la gradation naturelle de la génération des idées. A partir de la perception, c'est un véritable échelonnage, qui s'opère uniquement au moyen des signes ou mots. Ainsi l'idéologie ne peut-être une science vraie, qu'en faisant concourir l'institution du langage à l'explication des phénomènes intellectuels dont la physiologie découvre les matériaux dans les sensations.

L'idéologie et le langage sont deux choses inséparables, et l'on ne peut pas plus expliquer les langues sans les idées que les idées sans les signes. Presque toutes les erreurs de la métaphysique et les incertitudes de la grammaire viennent de l'isolement de l'une et de l'autre. Vues dans l'absence de leurs éléments, ou des moyens par lesquels elles se forment, les idées complexes semblent ne plus appartenir en rien au physique de l'homme. On leur cherche donc une origine qui en soit indépendante, et c'est de-là que découlent les pompeux amphigouris de la métaphysique, et les obscures controverses de la morale. D'un autre côté, les signes, séparés des idées, ne sont plus dans la phrase qu'un assemblage arbitraire de formes insignifiantes; dès qu'il n'y a plus de raison idéologique, il n'y a plus de raison grammaticale.

On voit par là ce qu'il faut penser de ces traités d'idéologie dans lesquels on ne parle pas même des signes; où l'on suppose que les idées premières sortent des seules sensations, ce qui est déjà une erreur; et où l'on n'a plus aucun moyen de découvrir la génération des idées complexes d'un certain ordre, ce qui les fait croire, ou innées, ou conçues par un être simple, appelé ame : deux nouvelles erreurs qui font de la science un cahos d'obscurités, et de l'homme un sujet inexplicable et contradictoire.

On voit également de quel mérite peuvent être ces nombreux traités de grammaire, dans lesquels l'ignorance de ce que sont les idées, et des rapports qu'elles peuvent avoir entre elles, empêche de savoir même à quoi servent les mots; et par conséquent de les analyser, de les classer : d'où il résulte qu'après avoir étudié plusieurs langues par principes, on ne sait en général pas un mot des principes des langues. Si cette assertion parait hardie, qu'on interroge les plus forts rhétoriciens de Collége, ils répondront victorieusement pour moi. Mais, dira-t-on, à quoi bon cette étude raisonnée des lois du langage? A ceux qui feraient cette question par dédain, je n'ai rien à répondre, si ce n'est qu'ils sont alors bien dupes d'obliger leurs enfants à passer huit ou dix années à cette étude, pour n'y rien comprendre; pour ceux qui la feraient de bonne foi, je répondrai que cette étude bien faite est un cours continuel de logique.

On distingue en grammaire la proposition et le jugement. On dit que celui-ci est l'acte de l'esprit qui juge et affirme la convenance ou la disconvenance des idées comparées, et que la proposition exprime ce jugement par des mots; au fait, ce n'est qu'une même chose : il n'y a de différence que celle qui se trouve entre une opération cachée et une opération visible, s'executant l'une et l'autre au moyen des mots exprimés ostensiblement dans la proposition par la voix ou par l'écriture, et tacitement retracés par la mémoire dans le jugement. Le jugement ne se fait point mentalement sans les signes, et la proposition n'est pas seulement la peinture physique d'une opération métaphysique; elle est le jugement lui-même, dont les termes sont devenus manifestes, de cachées qu'ils étaient. Je le répète ici, une opération métaphysique est une chimère pour la raison humaine; la pensée ne s'exerce que par des moyens physiques, et notre condition ici-bas nous empêche même d'en imaginer d'autres. La pensée ne serait plus humaine; si elle sortait de notre nature terrestre, elle seroit divine, et n'aurait plus de limites: nous serions des dieux.

Cependant la science sépare spéculativement la proposition et le jugement, la phrase et la pensée. Cette distinction*) est utile, parcequ'elle fait la part de la grammaire, et celle de la logique. Les signes, en tant que formes intellectuelles ou idées, et abtsraction faite des formes matérielles ou mots, sont du domaine de la logique; les signes, en tant que formes matérielles, et abstraction faite des formes intellectuelles, sont du ressort de la grammaire. Mais comme les formes matérielles des signes sont des-

---

*) Voyez au chap. VIII.

tinées à reproduire la liaison des idées qu'ils renferment, la grammaire devra toujours consulter ces liaisons pour reconnaître et constater les lois du langage ; de sorte que la grammaire qui détermine la forme et la place des mots dans la phrase, ne fait que calquer son travail sur celui que la logique fait avec les idées. Ainsi, toute analyse grammaticale doit être raisonnée ; c'est-à-dire, qu'il faut chercher, dans la fonction respective des mots, leur nature et leur classe ; dans les rapports des idés qu'ils expriment, leur concordance et leur dépendance ; en fin, dans le besoin de tracer convenablement le tableau de la pensée, les règles qu'on appelle de construction.

Une proposition peut être fausse logiquement, et exacte quant à la grammaire ; mais l'analyse qu'on en fait sera toujours raisonnée, si elle a pour but de démontrer la liaison observée ou omise des formes matérielles et de leur arrangement, avec la combinaison juste ou vicieuse des formes intellectuelles.

On voit par là que l'idéologie est la base de la grammaire ; et que la grammaire exige un usage continuel du raisonnement, sur les choses qui touchent de plus près à l'origine de nos connaisances. Mais, si l'on veut savoir jusqu'à quel point l'étude des langues peut influer sur le développement de la raison, on doit consulter l'ouvrage vraiment neuf, piquant et aussi plein de sagacité que de logique, de Mr. Alexandre Lemare, intitulé : *Cours théoriqae et pratique de langue française.* Il semble avoir été dicté par le génie du langage, s'il est permis de s'exprimer ainsi.

J'ai dit que l'idéologie est la base de la grammaire: elle est aussi celle de la logique, comme on le verra dans le N°. suivant.

———

2°. L'idéologie est la base de toute philosophie. Pour développer cette idée, qu'il me soit permis de reprendre les choses d'un peu haut.

Philosophie, radicalement, signifie amour de la sagesse. Ce dernier mot est de la famille du latin *sapere*, sentir, goûter, *apprécier*. Ainsi, la philosophie, rappelée au sens étymologique, est l'amour, le désir d'apprécier les choses, de saisir le vrai, et embrasse par conséquent l'universalité des matières sur lesquelles s'exerce l'esprit humain: arts, sciences, littérature, langues, tout est de son ressort. Cependant, comment renfermer tant d'objets divers dans les limites d'un cours d'étude? le tenter serait aussi absurde qu'inutile.

Mais, si la philosophie étend son domaine sur tout ce qu'il est donné à l'homme de connaître, l'homme n'a qu'un instrument pour connaître; c'est son intelligence: et voilà l'objet spécial d'un cours de philosophie. Mobile et flexible à l'infini, cette intelligence a pourtant des lois générales invariables, parcequ'elle est finie dans sa nature ou dans ses moyens; et ce sont ces lois dont la philosophie s'occupe.

L'entendement de l'homme est liée à son organisation physique: il est donc indispensable d'avoir au moins sur cette organisation toutes les données relatives aux fonctions des facultés de l'ame, telles que sur les organes de l'instinct et sur ceux de l'intelligence; car les opérations de l'un et de l'autre, concourant sympathiquement au même but sont nécessaires pour expliquer l'ensemble de la vie intellectuelle. De-là, 1mo *un traité des sensations* considerées dans leurs rapports avec l'exercice de l'intelligence; 2do sur ce fondement primitif et à l'aide des signes ou mots, s'élève la théorie de la formation des idées, ou *l'idéologie*. 3^{io} de l'observation des procédés naturels suivis dans la formation des idées, et dans leurs combinaisons, sortent les règles du raisonnement, ou la *logique: sensations*, *idéologie* et *logique* sont les trois divisions auxquelles se rattachent tous les points de vue qui servent à expliquer l'homme intellectuel.

La philosophie, comme on voit, est la science du développement de la faculté de penser. Elle remonte à l'origine de nos connaissances; elle en établit la chaine, dont elle attache le premier anneau à la sensation, et parcourt progressivement les autres jusqu'aux abstractions les plus éloignées. En ramenant les phénomènes de la pensée à leurs principes, en présentant les formes successives des produits de la sensibilité, et les combinaisons auxquelles ces formes donnent lieu, elle met à nu le jeu de nos ressorts intellectuels; elle fait apercevoir à l'esprit les procédés que la nature lui dicte tacitement dans ses opérations, et perfectionne ainsi l'instrument de nos connaisances; elle répand enfin la lumière et la méthode sur tous nos ouvrages.

L'esprit humain procède toujours de même; ce sont les mêmes facultés, les mêmes moyens appliqués à des objets divers, ou au même objet considéré différemment. Toutes les sciences, tous les arts ont donc, dans leur marche, une partie commune qui les assimile pour la forme, de même que le foyer unique d'où ils portent leur donne à tous, pour ainsi dire, des liaisons de famille qui les tiennent unis par le fond des choses. De-là, l'épithète *philosophique*, appliquée à toute manière de voir qui, embrassant les rapports généraux et essentiels des choses, écarte les accessoires, et va droit au vrai. C'est aussi ce sens que nous avons donné au mot *philosophie* dans son acception la plus étendue, mais que nous avons restreint pour fixer la science sur son objet immédiat.

Si donc la Philosophie est d'une application universelle, c'est qu'elle est la connaissance d'un instrument qui s'applique à tout.

De-là il suit que l'effet d'un cours de philosophie n'est pas seulement de conduire l'esprit avec sûreté dans l'exploration d'une branche quelconque de nos connaissances, mais aussi de montrer l'affinité et la filiation des différentes parties du savoir humain, toutes créées par le même agent et par des procédés ana-

analogues; de provoquer dans l'esprit le besoin de lier entr'elles toutes nos idées, à mesure qu'elles nous arrivent; et de substituer à ce faux et vain désir de savoir qui entasse sans choix de faits isolés ou hétérogènes, cet amour vrai de connaitre, qui voit tout parcequ'il procède avec ordre, qui explique tout parcequ'il lie tout.

Cet effet sera également de faire sentir que l'instruction élémentaire surtout consiste moins dans le nombre des objets que dans le choix et la méthode; que savoir peu mais avec suite, c'est savoir beaucoup, parce qu'à ce peu viennent se rattacher successivement toutes les notions nouvelles, et former cette chaine indissoluble d'idées au moyen de laquelle un esprit juste peut, au besoin, descendre aux principes des choses, ou s'élever à son gré à toutes les hauteurs de la science.

De-là il suit encore qu'un Cours de philosophie est toujours le complément nécessaire des études, soit pour coordonner les connaissances acquises et leur donner cet ensemble sans lequel il n'y a pas de vraie science, soit pour rectifier un travail incomplet ou erroné, soit pour ouvrir l'esprit à de plus hautes conceptions.

Enfin, il suit de-là que c'est à la philosophie qu'est dû cet esprit de saine critique, ce jugement impartial qui n'a jamais pour but que la vérité; car l'habitude de tendre au vrai une fois prise, cette disposition se lie si intimement aux besoins de l'esprit qu'il en résulte une sorte de conscience intellectuelle qui repousse tout ce qui ne porte point le caractere de la verité.

On sent par tout ce qui précède qu'il n'est point ici question de cette philosophie dans laquelle, laissant de côté la nature et les faits, on part d'hypothèses sans fondement, pour s'égarer dans des disputes aussi ridicules et souvent aussi impies que nuisibles aux progrès de la raison.

Si ce tracé rapide d'un plan de philosophie offre des résultats positifs, c'est à l'idéologie qu'il le doit, puisque c'est sur l'idéologie qu'il est assis.

3°. Nous ne pouvons avoir *d'idées* sans le secours de nos organes extérieurs. En effet, celui qui en serait privé ne connaitrait ni l'usage de la parole, ni celui de signes quelconques; comment donc aurait-il des idées, qui ne peuvent exister sans signes? Qu'on réfléchisse un instant d'ailleurs au faible développement dont serait susceptible une intelligence privée de tous moyens de communication avec la nature, et l'on sentira qu'un être, réduit à sa seule sensibilité interne, ne serait en quelque manière qu'une môle sentant plus ou moins, mais ne pensant guère plus qu'une huitre ou un polype. Le *sentiment moral* n'existerait pas dans un pareil être; car, si la racine de ce sentiment est au-dedans de nous, son développement tient aux organes qui nous mettent en rélation avec nos semblables. Le *senti-*

ment de l'exercice de nos facultés n'existerait pas davantage, puisque, sans ces mêmes organes, nos facultés resteraient inertes. *Le sentiment de rapport* serait anéanti par la même cause ; et il ne resterait du *sentiment-sensation* que ce qui tient à l'organisation interne. Ainsi, les quatre sources assignées à nos idées par un écrivain très-distingué de notre époque, (Mr. Laromiguière) seraient à très-peu près totalement taries. Selon moi, elles le seraient sans exception ; car plus de signes, plus d'idées.

Sans doute, lorsque l'entendement a acquis un certain degré d'exercice et de connaissance, l'organisation interne devient une source d'idées. C'est ainsi que l'enfant, modifié d'abord par le sentiment pénible mais vague de la faim, peu-à-peu perçoit un sentiment plus distinct ; et finit par avoir une idée lorsque, l'usage des signes lui étant devenu familier, il attache ce sentiment personnel à un mot exprimant le même sentiment chez les autres. Nous avons ainsi beaucoup d'idées qui nous viennent du jeu de l'organisation intérieure comme origine, mais qui sont toujours le produit d'une intelligence mise antérieurement en action par le jeu de l'organisation extérieure.

Au surplus, vouloir assigner des sources distinctes aux idées, en séparant telle partie de l'organisation de telle autre, en morcelant pour ainsi dire la sensibilité, c'est évidemment se jeter dans l'erreur. L'homme intellectuel, étant un tout, un système, ne s'expliquera jamais que par l'ensemble de ses moyens organiques. L'analyse doit examiner à part chacun de ces moyens, pour en reconnaître les fonctions et le degré d'influence; mais il faut les réunir pour expliquer les phénomènes qui sont le produit du concours de tous, tels, par exemple, que *l'idée*.

4°. L'éducation intellectuelle, comme l'éducation physique, doit commencer avec la vie, puisque l'intelligence de l'homme commence avec l'usage de ses moyens organiques. Cependant elle doit être d'abord, pour ainsi dire, toute négative; et les efforts qu'on fait pour accélérer les progrès de la faculté de penser dans le premier âge, ne tendent le plus-souvent qu'à les retarder, ou à leur faire prendre des directions vicieuses.

Dans les premiers temps de la vie, l'éducation intellectuelle ne peut se rapporter qu'aux sensations. Mais les sensations sont le principe de tout d'éveloppement ultérieur; tout s'élève sur ce fondement primitif, dont l'influence est telle que deux organisations supposées parfaitement semblables donneront les plus énormes disparités à l'intellectuel et au moral, par la seule différence des premières sensations. De-là, l'importance d'observer la marche de la nature dans l'exercice primitif des moyens organiques l'homme.

On conçoit qu'un être tombant du sein de sa mère dans un monde où tout est nouveau pour lui, jusqu'à l'air qu'il respire; un être dont tous les sens extérieurs ont été jusque-là aussi inertes qu'inutiles à sa vie; on conçoit qu'un tel être, surtout dans l'espèce humaine dont l'enfance débile se prolonge si loin, est obligé de faire un long et pénible apprentissage de tous ses moyens organiques, avant de se trouver en harmonie avec les objets extérieurs, et d'en apercevoir les qualités. Il faut que l'enfant s'attache long-temps aux choses qui frappent ses sens; il faut qu'une répétition continuelle des mêmes impressions attire a bien des reprises son attention vers ces mêmes choses, pour que l'image ou le sentiment s'en imprime dans son cerveau encore tendre et mobile.

On voit souvent, dans les premiers temps de la vie, l'enfant attacher ses regards sur certains objets, et rester inattentif aux moyens de distraction qu'un mal-adroit empressement s'obstine à lui offrir. Aussi, ce qu'il lui faut à cette époque, c'est du repos, du calme, un petit nombre d'objets propres à exercer ses sens par leur simplicité et par leur relation avec ses besoins ordinaires; mais jamais ni agitation, ni mouvements brusques, ni cris, ni sons disproportionnés à la consistance de ses organes. Les enfants, élevés de cette manière, paraîtront moins vifs, moins spirituels; ils auront peut-être moins de notions que les autres: mais en revanche, ils saisiront mieux les rapports des choses; et plus tard, leurs idées plus nettes seront le fruit de leur intelligence et non point le produit d'une vaine mémoire ; ce qu'ils sauront, leur appartiendra. D'un autre côté, l'ame, livrée à des sensations plus continues, sera plus intimement modifiée : de-là, des sentiments plus profonds, plus stables, plus forts, d'où naitront plus facilement toutes les vertus qui décorent l'humanité.

Ce n'est pas ainsi, je le sais, que souvent, dans le monde, on élève les enfants. A peine voyent-ils, qu'on leur fait passer rapidement sous les yeux mille objets bizarres, sans même leur donner le temps d'en reconnaître aucun ; avant qu'ils distinguent les sons, on les étourdit par des charivaris effroyables ; quand ils n'ont besoin que de repos, on les agite, on les tourmente ; lorsqu'ils sont dans un état de calme qui favoriserait les premiers mouvements de l'intelligence, on provoque dans leur cerveau un degré d'excitation qui en trouble toutes les fonctions ; on leur parle un langage qu'ils n'entendent point, on leur fait répéter ce qu'ils ne peuvent ni concevoir ni prononcer ; enfin, on les couvre, un peu plus tard, d'un tissu de formes qui annoncent d'avance tout le vide auquel leur ame est condamnée pour le reste de leur vie.

Pour peu que l'organisation ne soit pas heureuse, cette éducation préliminaire peut avoir les suites les plus funestes : elle détruit le germe de cette attention indispensable à tous vrais progrès de la faculté intellectuelle, de cette attention qui, toutes choses égales d'ailleurs, met seule de si énormes différences entre les hommes sous le rapport de l'instruction, de la capacité, et fait, selon les degrés, d'une part des esprits justes, étendus, solides, de l'autre des êtres legers, superficiels, incapables d'aucune vue profonde, et cachant, sous quelques formes extérieures, une véritable nullité.

L'instituteur qui aurait le talent de cultiver l'attention de son élève proportionnellement à ses forces, et de lui donner le plus haut point d'intensité possible, posséderait le premier secret de l'éducation intellectuelle; comme c'en est le vice le plus pernicieux d'interrompre sans cesse cette attention, dont l'effet naturel est de concentrer toute l'action de l'entendement sur un objet, pour le pénétrer dans tous les sens. Faute d'une attention assez soutenue, la plupart des produits de cette faculté sont avortés, même chez des gens doués de beaucoup d'esprit.

Ceux qui savent que le système intellectuel repose en entier sur la sensation, que ce système consiste dans une chaine d'opérations et d'idées dont les premières servent naturellement à déduire les autres, et que les premiers anneaux de cette chaine s'établissent dès que l'organe de l'intelligence est en action; ceux-là n'ont pas de peine à sentir combien il importe que les opérations primitives de l'esprit soient exactement faites, et par conséquent combien l'attention qui y préside doit être ménagée, soutenue, fortifiée, bien plutôt qu'interrompue et distraite.

En effet, l'enfant, dont l'ame est rapidement modifiée par une foule d'impressions diverses, n'est assurément pas capable, avec l'imperfection de ses organes naissants, de saisir et de fixer tous les rapports qui se présentent. Il est ému, mais il ignore la cause de ce qu'il sent; ou s'il l'apperçoit, une émotion nouvelle l'a bientôt fait disparaître, avant qu'il ait pu prendre une notion assez distincte de la sensation et de sa cause, pour en graver le sentiment dans son cerveau. Ainsi accoutumé, dès la première époque de la vie, à ne rien sentir profondément, à ne rien voir clairement, à glisser perpétuellement sur ses sensations, il contracte des habitudes de légèreté et d'étourderie, se paie des mots, se contente de notions incomplettes, d'apperçus superficiels etc. etc.; et quand l'âge vient de réfléchir sur ses propres idées, il ne peut faire un seul pas assuré, parce que le fond sur lequel il marche n'a rien de solide.

Cette partie de l'éducation exige déjà, comme on voit, de bien grandes précautions. Les difficultés de l'enseignement positif ne sont pas moindres.

Les premières acquistions de l'intelligence sont des faits sensibles. Rien de spéculatif ne peut s'établir d'abord dans l'esprit de l'homme, car il n'existe pas de spéculatif pour l'homme avant les faits. Toute instruction qui commence par des raisonnements est donc erronée; c'est de la fantasmagorie qui ne présente à l'imagination des enfants que des formes bizarres et fugitives. Après quinze années d'un enseignement mal commencé, et continué sur de fausses bases, on n'a fait pour l'ordinaire que leur enfler la mémoire de mots sans idées, et de combinaisons sans jugement. Beaucoup de gens répètent ces vérités, mais n'en conçoivent presque jamais l'application; et tout en les proclamant sans cesse, ils ne persistent pas moins dans l'aveugle routine qui multiplie les mots, les règles et les raisonnements, comme si cet attirail pouvait être utile sans les faits! Aussi, les enfants les plus obsédés de leçons pédagogiques sont communément les plus incapables, toutes circonstances égales d'ailleurs, parce que leur intelligence, toujours embarrassée de choses mal digérées, ne s'exerce point avec fruit.

C'est le defaut ordinaire de l'éducation des riches, des grands, des princes. On les surcharge de maîtres et de leçons, de manière à ne pas leur laisser le temps de travailler seuls. Il résulte de là bien des inconvénients: 1mo. de porter l'attention sur trop d'objets à la fois, ce qui en détruit les ressorts au grand préjudice de toutes les facultés de l'ame; 2do. de n'avoir ni système, ni ensemble; d'où il arrive qu'au lieu de s'appuyer, les leçons se nuisent entr'elles, et font marcher l'esprit sans direction fixe; 3^{tio}. d'habituer les élèves à ne rien faire sans l'appui du maître, ce qui leur rend l'esprit paresseux, la réflexion et le travail pénibles, et leur fait croire qu'ils savent, tandis qu'ils ne savent pas; 4to. d'empêcher les maîtres eux-mêmes de juger la force des élèves, et par conséquent de graduer la marche des études: d'où il arrive presque toujours que les maîtres vont par saccades, tantôt en avant, tantôt en arrière, et n'enseignent véritablement rien.

Quelles que soient la méthode qu'on suive et les matières qu'on enseigne, il faut que les élèves réfléchissent et travaillent à part soi. Le maître ne peut que classer, graduer, diriger, redresser; il ne peut donner l'instruction toute faite; il ne fait que présenter avec ordre les matériaux, et montrer par des exemples ce qu'on doit en faire: c'est aux élèves à retenir ces matériaux, et à les travailler en particulier.

Il est de fait, et j'insiste sur cette observation, que nous n'avons pas réellement une idée, pas une connaissance qui ne soit notre ouvrage; et toutes celles qui nous sont offertes par le secours d'autrui ne nous deviennent véritablement propres, qu'après que notre esprit se les est expliquées par celles que nous possédons déjà. Hors de là, elles sont des erreurs, ou elles sont nulles. Si donc nous ne savons rien qui soit bien à nous, comment acquérir de nouvelles connaissances? Qu'on juge d'après cela de l'importance des premiers pas dans l'instruction, des précautions à prendre dans le choix des matières, dans leur distribution, dans le degré de vitesse de la marche des études.

Les inconvénients dont je viens de parler ne rendront pas sots ceux qui sont nés spirituels, mais d'abord ils empecheront de réparer les torts d'une organisation moins heureuse; et puis les idées nettes, les connaissances vraies, le jugement, les intentions droites etc., qu'est-ce que tout cela devient, dans les uns comme dans les autres, à la suite d'une instruction vicieuse? Et qu'est-ce que l'esprit pourvu de quelques rapsodies incohérentes, en comparaison d'une raison ferme, éclairée, que donne toujours les bonnes études, sans exclure les qualités brillantes de l'esprit? accessoire qui d'ailleurs n'est estimable qu'autant qu'il s'appuie sur un fond de connaissances solides, et sur un jugement sain. Et qu'on ne croye pas qu'il s'agisse pour cela d'être savant: il suffit de bien savoir ce qu'on sait, et de pouvoir se rendre compte de la manière dont on l'a appris. Ce but atteint est le plus précieux effet des études, parce que dès-lors il n'y a plus un seul effort de perdu, et que la pensée, désormais affranchie de son embryon, sait aller aux connaissances nouvelles par des voies certaines.

On croit beaucoup apprendre aux enfants, en leur parlant beaucoup, et en les faisant beaucoup parler; c'est une erreur. Ce sont là tout au plus les premières leçons d'un insipide caquet, ou, si l'on veut, d'une faconde verbeuse, mais non de la véritable éloquence, qui consiste à approprier l'expression à des pensées justes et à des images vraies.

Il faut exciter et exercer l'intelligence des enfants, mais par des faits qui frappent les sens, plutôt que par des discours qui s'adressent à la raison; ou, ce qui revient au même, il faut provoquer l'exercice de la raison par des faits.

Dès que les signes sont en usage, il y a sans doute chez l'enfant un certain degré de connaissances spéculatives ou abstraites; mais, si l'on voulait observer, l'on verrait que les mêmes signes, employés par l'enfant et par l'homme fait, expriment des choses bien différentes; et c'est ce qui rend l'art d'enseigner si difficile. On s'étonne quelquefois, après de longues et belles explications, de voir l'enfant prouver, par une question ou par une réponse, qu'il n'en a pas entendu un seul mot, et l'on accuse alors son intelligence. Il n'y a pourtant ici en défaut que celle du maître, qui aurait cru pouvoir inculquer des idées telles quelles avec des mots, sans s'embarrasser des antécédents.

L'expérience et la réflexion pouvant seules faire connaître à la longue la totalité des éléments d'une idée, les enfants n'ont presque jamais d'idées complètes. Il y en a même qu'ils ne peuvent point comprendre du tout, parce qu'ils n'ont pas encore acquis celles qui les précèdent: telles sont les idées complexes en général. Aussi, toute instruction prématurée vicie l'entendement, en lui faisant exécuter des opérations auxquelles ses ressorts ne sont pas encore préparés. Il faut observer l'engrènement successif des rouages, sans quoi tout est confondu, quand tout n'est pas arrêté. Ce dernier résultat est préférable; et c'est ce qui arrive aux jeunes têtes destinées à penser fortement: elles repoussent, comme par instinct, le verbiage indiscret et maladroit avec lequel on croit mettre la science dans l'esprit, comme l'on met des mots dans la mémoire.

Les mots ont toujours un sens propre et radical, mais l'analogie leur donne souvent un sens figuré: c'est ce qu'on appèle un *trope*. Le langage le plus ordinaire est plein de ces sortes de figures. Toutes les fois qu'un mot pris de cette manière a besoin d'être expliqué, c'est par le sens propre qu'il doit l'être; car l'élève apercevra facilement l'analogie de celui-ci au figuré. Au contraire, si le mot est expliqué selon le sens accidentel où il est pris, il ne donne à l'élève qu'une notion vague et partielle; et le même mot exigera une explication nouvelle, chaque fois qu'il se présentera sous un nouveau sens figuré. Ce n'est pas là tout l'inconvénient; il n'y a pas de procédé indifférent dans l'instruction, et c'est surtout des opérations primitives de l'intelligence que résultent ses progrès ultérieurs: or, toutes les notions partielles possibles, tant qu'elles sont isolées, n'ajoutent aucun véritable échelon à nos connaissances; elles ne servent qu'à nous jeter dans les voies de détail, et souvent à nous égarer; c'est en se groupant autour d'un centre, en se généralisant, qu'elles nous donnent des vues étendues, qu'elles nous font porter des jugemens justes, et qu'elles nous conduisent à la vérité. Habituer les esprits à saisir ce centre et à y rattacher tous les rayons qui en partent, est donc un procédé aussi utile que l'autre serait nuisible. J'ai fait cette observation sur les mots : la carrière de l'enseignement, dans toutes les parties, en offre à chaque pas de semblables pour qui sait réfléchir.

Pour inculquer aux enfants des idées nouvelles, il faut donc, en se réglant toujours sur le degré d'intelligence, offrir autant que possible les éléments fondamentaux de chacune, et en montrer la liaison avec ce qui est déjà connu. Les accessoires viendront d'eux-mêmes s'y attacher peu-à-peu, à mesure que l'occasion s'en présentera. Mais les idées offertes en quelque sorte de côté, c'est-à-dire en présentant l'accessoire ou l'accidentel au lieu de l'essentiel et du radical, conduisent presque toujours à un jugement faux. Il vaudrait encore mieux qu'une idée vraie fut reçue simplement dans la mémoire s'il était possible, qu'une idée inexacte dans l'esprit: car l'expérience finira par mettre au jour la première, qui peut rester en attendant comme en dépôt; mais quelles fâcheuses conséquences n'aura pas la seconde, en servant de point de départ pour aller à mille autres de plus en plus inexactes, jusqu'à ce qu'enfin on arrive à l'absurdité! Et cette absurdité, les uns y resteront attachés comme au pilori; les autres, pour s'en défaire, seront obligés de démolir, s'ils en ont la force, tout l'échafaudage intellectuel sur lequel elle repose.

Ordinairement on se hâte trop dans l'éducation, et l'on perd tout au moins, comme je l'ai dit plus haut, le temps qu'on croit gagner par cet empressement indiscret. On donne aux enfants une apparence de maturité qui ressemble à ces primeurs sans goût, ou à ces fleurs inodores, fruits insignifiants arrachés par l'impatience de jouir à une saison marâtre. Chaque chose pour être bien, doit venir en son temps. On voit tous les jours de ces petits prodiges de douze ans n'être plus rien à trente. Cela tient à deux causes, dont l'une est indépendante de l'éducation, et dont l'autre est plus ou moins dans l'éducation.

D'abord, une organisation délicate et faible amène quelquefois une chétive précocité, de même qu'un végetal languissant porte des fruits hâtifs mais imparfaits, parce qu'il manque de sève pour en nourrir et pour en développer avec vigueur l'enfance et la jeunesse. L'esprit humain présente le même phénomène; et, avant de croire qu'un avancement précoce soit un avantage, il faut en étudier le caractère et les circonstances. Il y a de ces petits vieux de quinze ans qui jugent avec une sorte de maturité, et se conduisent avec prudence; mais, qu'on y regarde de près, on trouvera communément en eux quelque chose d'étroit, d'arrêté, d'égoiste, et l'on n'y verra ni goûts vifs, ni passions, ni élan, ni semsibilité expansive, ni indépendance d'esprit, rien enfin de ce qui caractérise l'âge de l'adolescence: c'est pour ainsi dire une maturité desséchée.

En second lieu, une organisation favorable mais trop flexible, peut avoir les mêmes résultats, par le vice d'une éducation mal entendue. Mettre sans cesse les idées de l'homme à la place de celles de l'enfant; vouloir lui suggérer des sentiments qui supposent des connaissances qu'il n'a pas, et qu'il ne peut avoir; rompre la chaîne de ses connaissances toutes de fait, pour lui en communiquer de spéculatives, qui ne peuvent jamais s'établir que lentement et à la suite des premières; en un mot, le jeter hors de la sphère de son âge et de ses facultés: tel est le train ordinaire du métier qu'on nomme pédagogie. On parvient ainsi à donner à l'enfant une sorte de système intellectuel et moral factice, qui n'est point à lui, et qui l'empêche d'en composer un qui lui appartienne; on lui imprime la régularité d'une machine dans les choses ordinaires de la vie, mais on le rend incapable de penser et d'agir fortement dans les circonstances difficiles ou seulement nouvelles qui sortent du cercle où l'a placé une éducation de mots et l'habitude de mouvements commandés; et l'on fait quelquefois ainsi avorter les plus heureuses dispositions.

Je sais qu'on parvient souvent à couvrir l'ignorance d'un vernis qui satisfait à la fois l'impatience
des

des parens, le petit amour propre des élèves, et assure même la réputation du maître. Mais le but de l'éducation n'étant point de faire briller les hommes à douze ans pour les rendre nuls à trente, l'objet d'un enseignement raisonnable sera toujours de mettre dans l'esprit des élèves les faits sur lesquels seuls, soit dans les langues, soit dans les sciences, peuvent s'élever les vraies connaissances; en suite de lier ces faits les uns aux autres par une marche graduée et conséquente; en un mot, de rendre les élèves capables de juger et de s'instruire eux-mêmes au moyen des matériaux qu'on leur a donnés, et de l'esprit d'investigation dont on leur a fait prendre peu-à-peu l'habitude. Enfin, ce qu'il importe de donner aux élèves, ce ne sont pas des fragments décousus qu'ils retrouveront partout, dans la littérature, dans l'histoire, dans toutes les lectures qui leur tomberont sous la main; c'est un cadre de principes sur chaque branche de nos connaissances, dans lequel viennent s'arranger avec ordre toutes les notions nouvelles, à mesure qu'elles s'offriront dans le cours de la vie.

L'enseignement à bâton rompu est déplorable. Toute connaissance qu'on veut mettre isolément dans l'esprit ne s'y arrête point; ou, si elle s'y arrête, ne fructifie point. Pour devenir partie intégrante de notre savoir, il faut qu'elle s'y enchaîne par des rapports; et ces rapports ne viennent pas avec elle, mais ils doivent courir au devant d'elle, par la précaution qu'on a eue de ne la point offrir sans avoir établi les antécédents.

J'appèle enseignement à bâton rompu celui qui manque de méthode et de suite dans chaque partie, ou d'harmonie entre toutes. Un plan d'étude, ce n'est pas la liste distributive des heures du jour entre des leçons qui absorbent sans fruit le temps des élèves; et les leçons ne consistent pas non plus à battre les buissons, et à sautiller à travers les objets. Un plan d'étude est un ensemble mis entre les différentes matières d'instruction, et approprié non seulement à ces matières et au but déterminé d'une certaine éducation, mais à toutes les circonstances où se trouve l'élève qu'on veut former; or, pour cela, il faut connaître les lois suivant lesquelles procède et se développe l'homme physique, intellectuel et moral. Ce que j'appèle leçons, c'est une chaîne de principes offerts aux élèves avec des applications assorties qui les leur fassent comprendre, et leur en montrent l'utilité. Je ne disconviens pas qu'on ne puisse, sans tout cela très-régulièrement consommer les jours de la jeunesse. Quant au résultat, on aura formé de ces hommes vulgaires qui au fond ne savent rien, mais qui, ayant entendu parler de tout, sont en état de répéter quelques mots des leçons du maître sur le premier sujet venu. Et il faut l'avouer, il y a là de quoi contenter bien des gens.

Il n'y a de véritable instruction que celle qui dure, et il n'y a d'instruction durable que celle qui résulte de la culture méthodique et graduée de la raison. Hors de là, l'enseignement n'est rien, ou est fort peu de chose; car, à supposer qu'on pût donner un certain degré de connaissances en semant au hazard des paroles et des leçons, on aurait toujours manqué le but essentiel, qui est de rendre l'esprit habile à s'instruire dans tout et partout. Mais, pour enseigner, il ne suffit pas de savoir, ni même d'exposer méthodiquement les matières; il faut, avant tout, avoir observé la marche de l'esprit humain dans ses développements progressifs. Il est assez facile de se donner un air capable en traitant des choses sur lesquelles on est brisé devant des enfants muets d'ignorance, ou étourdis par de grands mots; ce qui est difficile, c'est de se mettre à leur portée pour ne leur dire que des choses proportionnées à leur intelligence, de les conduire graduellement d'une connaissance à une autre, en leur donnant le sentiment de leur force, l'habitude d'en faire un bon usage, et le plaisir de découvrir eux-mêmes ce qu'ils ignorent au moyen de ce qu'ils savent déjà. Il résulte de-là non seulement une instruction positive et vraie, mais une raison exercée, capable de s'étendre dans la suite sur toutes les voies qu'auront ouvertes les rudiments de l'éducation, et que pourront ouvrir plus-tard toutes les circonstances de la vie.

Beaucoup de méthodes ont été inventées pour instruire la jeunesse, et plus vite, et plus sûrement; et il ne faut pas douter qu'on ait obtenu des améliorations à bien des égards. Parmi ces méthodes, je crois qu'on doit se défier de celles qui donnent trop au mécanisme, comme de celles où l'instruction élémentaire consiste en leçons pûrement orales. Les premières habituent l'esprit à des formes compassées qui en restreignent les ressorts ; dans les secondes, le maître marche presque toujours seul, et arrive au bout de la carrière que les élèves n'ont pas fait quatre pas assurés ; ou, s'il parvient à en trainer quelques-uns comme à la remorque, il les voit s'arrêter, dès qu'il les abandonne à eux-mêmes.

Il est encore une chose remarquable au milieu de l'engoûment qu'on a quelquefois pour les procédés nouveaux, c'est d'y retrouver la routine toujours dominante, et de voir des maîtres disserter pompeusement sur les sciences, la philosophie, ou la littérature, devant des élèves qui ignorent même les plus simples éléments du langage. Cette contradiction de vouloir enseigner à des enfants ce qu'ils ne peuvent entendre, et de ne pas les instruire de ce qui est à leur portée, et de ce qui doit faire la base de toutes les études, ne vient-elle pas du défaut d'observation, ou des calculs du charlatanisme? On peut être fort instruit, et manquer de méthode pour communiquer son savoir; mais vouloir mettre dans de jeunes esprits ce qui ne peut y entrer, assurément c'est du charlatanisme ou de la bêtise.

Une instruction proportionnée aux ressorts naissants de l'intelligence, qui nous conduit de la connaissance des faits à celle des règles, nous habitue à donner une base à nos recherches, à mettre de l'ordre dans nos idées et dans nos raisonnements ; qui nous familiarise avec la théorie et avec la pratique de l'instrument universel de nos connaissances ; une pareille instruction est celle qui résulte de l'étude bien faite d'une langue. Il n'y a pas de système qui la supplée, il n'y a pas de matière qui puisse la remplacer, parce que la langue, étant la création la plus immédiate de l'intelligence, se trouve plus à la portée des premières explorations de celle-ci ; et l'on ne peut s'abstenir d'un sourire amer, lorsqu'on voit, sous les noms d'exercice de pensée, d'idéologie, occuper l'esprit des enfants d'abstraction, qu'il leur est physiquement impossible de comprendre. Il est des choses qu'il faut avoir senties de fait, pour les concevoir spéculativement ; et c'est pour cette raison que les enfants ne peuvent raisonner sur certaines choses morales, faute d'expérience ; il en est d'autres auxquelles ils ne peuvent atteindre, parce qu'ils n'ont pas celles qui les précèdent, et sans lesquelles les premières ne sont pour eux que des illusions, ou des mots vides de sens : or, faire travailler l'enfance sur de tels matériaux, c'est pervertir l'ordre de la nature ; c'est plus que perdre le temps, c'est fausser l'intelligence par des efforts disproportionnés ; c'est en tronquer les mouvements, parce qu'ils s'exécutent sur des notions incomplettes ; c'est en arrêter les développement ultérieurs, en lui ôtant tout point d'appui. De-là, un jugement faux, et l'ignorance même au milieu d'un fatras de notions sans ensemble et sans principes.

Est-il besoin de répéter ici ce qui a été dit tant de fois des thèmes ou amplifications? Quel peut être le fruit d'un travail où l'élève, sur un mot ou sur un canevas donné, et le plus souvent étranger de tout point à son esprit, est obligé de composer une dissertation, ou une description, ou même un discours? Comment fera-t-il ce que l'experience et le savoir réunis auraient quelquefois peine à exécuter? il faut cependant qu'il écrive, il faut qu'il remplisse sa tâche; et, à la place des idées qu'il n'a pas, il accumule des lieux communs, il cadence des phrases, et le voilà rhétoricien. Mais, au fond que résulte-t-il de-là? l'habitude de parler sans rien dire, et l'erreur de se croire éloquent, lorsqu'on n'est que verbeux. N'est-il pas plus convenable d'exercer le jeune âge à acquérir des idées justes, que de lui faire délayer les siennes, encore rares et incomplettes dans un insignifant verbiage? Au lieu de thèmes, qu'on occupe les élèves de traductions, d'analyses, de résumés. Les traductions donnent du style; les analyses du raisonnement; les résumés de la concision.

La traduction littérale (autant que possible) est l'exercice le plus profitable au développement de l'intelligence. Elle apprend le sens des mots, leurs fonctions, leurs rapports de toute espèce; elle dissèque la phrase, montre les propositions qui la composent, et fait voir leur enchainement logique et grammatical; enfin elle met à découvert les différences et les analogies de la langue qu'on traduit et de celle dans laquelle on traduit. Ce procédé préliminaire dispose l'esprit à ce qui s'exécute dans l'analyse et dans le résumé d'un discours, d'une pièce dramatique, etc., où l'on décompose, non plus des phrases, mais le discours lui-même, pour en offrir les points capitaux, et pour les faire ressortir dans un cadre plus serré. Quelques versions bien travaillées, quelques analyses faites avec soin donnent plus de style aux élèves que toutes les amplifications dans lesquelles ils se tourmenten à gonfler de mots des périodes vides de sens. Au mérite d'enseigner à écrire, cette méthode joint celui d'apprendre à penser, deux choses inséparables par le fait, et qu'on ne devrait point isoler dans la pratique de l'enseignement. L'art du rhéteur est nul, sans l'art du logicien. Des pensées vraies, des images justes, une diction correcte et un peu de chaleur d'ame; voilà le fond de toute éloquence, le reste est du rhéteur; mais on sent que les premières données sont indispensables.

Quiconque a étudié philosophiquement une langue, a senti l'importance de la traduction littérale; toute personne de sens qui voudra y réfléchir, l'apercevra facilement; et, quant aux autres, ce serait perdre son temps que vouloir la leur faire comprendre par de plus longs détails.

Je le répète, c'est par les faits qu'il faut commencer. Par exemple, quant aux langues, il est de fait que leur matériel se compose de sons simples et de sons articulés, représentés par ce qu'on appèle des *syllabes;* et que celles-ci, quelquefois seules, le plus souvent combinées, forment les mots : il est donc nécessaire de savoir syllaber pour orthographier et pour lire ; et comme la versification dépend du nombre ou de la mesure des syllabes, c'est une raison de plus pour en observer la composition, si l'on veut comprendre le mécanisme du vers. On a honte de descendre à de pareils détails ; mais n'y est-on pas forcé quand on voit confondre la décomposition des mots en syllabes avec leur décomposition en partie radicale et en partie finale, et appliquer cette dernière à l'enseignement de la lecture? Il vaudrait mieux en vérité que certaines gens suivissent bonnement les sentiers battus de la routine, que de philosopher en aveugles sur les langues.

Il est également de fait que la totalité des mots de la langue française, par exemple, se divise en neuf classes, dont chacune a sa fonction particulière, et cinq des règles de lexigraphie; que quatre de ces classes sont invariables; que, parmi les cinq autres, les substantifs se rangent sous deux catégories de genre, sous quatre de pluralisation; les adjectifs sous douze catégories de féminisation, sous trois de pluralisation au masculin, et sous une seule au féminin; que les verbes, sous cinq catégories, se partagent en transitifs et en intransitifs; qu'ils jouissent d'un nombre déterminé de lettres finales, propres à marquer le temps, la personne, le nombre, le mode etc. etc.: or, voilà ce que j'appelle en grammaire des faits; et comme il est notoire que c'est sur ces faits et autres semblables que les théories grammaticales se sont élevées, je dis qu'il est indispensable de commencer par là l'étude des langues.

Mr. Ordinaire, ancien recteur de l'université de Besançon, inspecteur des études à Paris, s'occupe de l'organisation d'un système d'enseignement pour les langues anciennes. C'est à l'institution Morin qu'il en fait l'application sur des classes nombreuses, dont les succès positifs et bien constatés lui mériteront sans doute la reconnaissance publique. Mais, M. Ordinaire connait la constitution de l'homme; il a étudié et suivi le développement progressif des facultés intellectuelles, constaté les procédés réels par lesquels ces facultés s'exercent et s'étendent; enfin il a vu la source, les moyens, la chaine de nos connaissances; et, avec de pareils antécédents, auxquels d'ailleurs M. Ordinaire joint une expérience de trente années dans l'instruction publique, il est permis de fonder une école nouvelle, et de prétendre à la confiance de ses concitoyens.

L'étude des langues anciennes a toujours été regardée à juste titre comme la base d'une bonne éducation, et comme l'occupation la plus convenable à l'enfance. Outre qu'elle peut se graduer selon tous les âges, elle exerce en même temps toutes les facultés, la mémoire, le jugement, l'imagination, le goût; et, quand elle est bien faite, elle a de plus le mérite inappréciable d'ouvrir les voies à la science idéologique. Elle tient donc à tout, et par sa liaison avec l'idéologie, et parce qu'elle met sous les yeux des productions de toute espèce, l'histoire, la poésie, l'éloquence etc. Malgré l'imperfection des méthodes, ceux qui apprirent les langues dans leur jeunesse, toutes choses égales d'ailleurs, eurent toujours un avantage marqué sur les autres.

A ces réflexions générales, si l'on ajoute que plusieurs langues de l'Europe sont filles du Latin, et lui doivent un grand nombre de leurs mots, de leurs locutions, de leurs ellipses; que la littérature des nations qui parlent ces langues porte plus ou moins l'empreinte de la littérature romaine: on concevra combien l'étude du Latin, en particulier, peut influer sur l'éducation. Sans doute il est plus agréable, et d'une utilité matériellement mieux sentie de savoir une langue vivante qu'une langue morte; mais comme moyen de développement, l'étude du Latin est incontestablement bien préférable pour des Français, des Italiens, ou des Espagnols, à celle de toute autre langue, soit morte, soit vivante. Si ceux qui s'élèvent contre les classes de latinité, faisaient attention à tout ce qu'une bonne méthode pourrait en faire sortir d'utile à la jeunesse; ils rabattraient au moins les trois quarts de leurs déclamations contre un ordre d'étude que l'expérience des siècles a confirmé comme le meilleur, malgré ses défauts et ses abus. C'est assurément une grande erreur de condamner à cette étude une nombreuse portion de la jeunesse, dont les années pourraient être employées beaucoup plus utilement; mais il n'en reste pas moins vrai pour ceux que leur goût, leur fortune et leur capacité appèlent à cultiver leur esprit à fond, qu'ils doivent ne point négliger un préliminaire qui joint à l'avantage de mettre en mouvement toutes les facultés, celui de nous faire approfondir la connaissance de notre langue maternelle.

Les langues sont le plus régulier, le plus beau, le plus vaste monument de l'esprit humain; elles présentent à la fois tout ce qu'un être intelligent peut déployer d'invention et de logique: Pourquoi faut-il que, par une fatalité inconcevable, l'enseignement en soit presque toujours livré à la routine, et trop souvent même à l'ignorance! Il semble qu'on ne fasse étudier les langues mortes elles-mêmes que pour en obtenir l'usage, c'est-à-dire pour les lire ou pour les parler; et dans ce travail, c'est la routine, après dix ou douze années de fatigue et d'ennui, qui met à même d'entendre Horace et Démosthènes: car d'imaginer qu'on étudie les langues par le raisonnement et pour le raisonnement, ce serait une grande erreur.

L'enfance, dira-t-on, n'est pas tout-de-suite en état de raisonner sur les principes des langues; je le sais, et c'est pour cela que M. Ordinaire commence, comme partout ailleurs, par employer cet âge à l'acquisition du matériel des langues.

La différence, c'est qu'il le fait utilement et à fond par la classification méthodique et la mise en tableaux complette de ce matériel; de sorte que la mémoire fournit sans embarras les mots qu'elle tient en dépôt, à mesure que le besoin s'en fait sentir, et que le jugement peut les arranger en propositions, d'apres les rapports exprimés par leurs formes respectives. Les vieilles méthodes enseignent aussi ce matériel, mais confusément, sans ordre de classification ni d'analogie, sans mise en tableaux; et quant aux nouvelles, inventées la plupart par un charlatanisme borné, elles ne consistent souvent qu'en des niaiseries, comme d'enseigner la géographie en faisant chanter les élèves, ou de renuméroter les mots dans une distribution arbitraire.

La différence encore, c'est que la méthode de M. Ordinaire, tout analythique par l'effet même de ses premiers procédés et de sa théorie des règles bâsée sur les cas, conduit de l'usage des formes à la connaissance raisonnée de la fonction générale et de fonction accidentelle des mots, et par conséquent à celle des rapports des idées et de leurs combinaisons; de sorte qu'en découvrant tout l'artifice du langage, elle prépare les esprits à la génération des idées, à la logique, à l'étude de toutes les sciences quel qu'en soit l'objet.

La différence enfin, c'est que la méthode des

classifications raisonnées est l'acheminement vers la généralisation des idées ; genre d'operation qui centuple toutes les forces de l'esprit, et sans laquelle il n'est jamais que subalterne.

Ainsi, la méthode de M. Ordinaire s'accorde avec la nature, qui commence par des faits dans tout ce qu'elle nous enseigne ; mais elle tient à l'art, parce qu'elle range ces faits par catégories pour faciliter le travail de la mémoire. Elle montre les mots enchaînés dans la proposition par des rapports de formes, pour en faire connaître la fonction et l'usage ; et la nature est encore ici le guide qu'elle se plait à suivre, puisque ces rapports de formes ne font qu'exprimer ceux des idées. Enfin de la connaissance des rapports que l'art a réunis par groupes séparés, elle tire les règles de la grammaire.

C'est donc d'un ensemble de procedés dictés à la fois par la nature et par l'art, que résulte l'excellence de la méthode de Mr. Ordinaire. Aussi, sur cent élèves sortis des colléges, dix sont des sujets parcé que la nature les a poussés en dépit des obstacles, et qu'une heureuse organisation fait qu'on s'instruit partout ; tandis que, par la méthode de Mr. Ordinaire, de cent élèves, au moins soixante-dix sauront les langues qu'ils auront étudiées, et plus que cela, seront sur le chemin de toutes les acquisitions de l'esprit.

Si les langues sont généralement mal enseignées,

on peut en dire autant de beaucoup d'autres objets des études élémentaires. Toute science descriptive, comme la géographie par exemple, doit commencer par la masse de l'objet décrit, et s'effectuer par l'analyse ou décomposition: c'est la marche de la nature, qui offre toujours à nos yeux des touts, dont l'attention nous fait ensuite apercevoir les parties constitutives. Il semblerait d'abord que c'est aller au rebours du principe qui veut qu'on procède du simple au composé, c'est le contraire; car le simple ici, c'est le tout, qui ne devient composé qu'à mesure qu'on en distingue successivement les parties. Il ny a pas à craindre que l'esprit ne puisse embrasser la totalité de l'objet: cette totalité se dessine ici comme une image, et non comme une pensée; et cette image une fois reçue et fixée par l'aspect fréquent d'un globe ou d'une mappemonde, les grandes divisions viennent s'établir d'elles-mêmes à la simple vue; de celles-ci on passe aussi naturellement aux autres, et l'on arrive insensiblement aux plus petits détails, sans effort, sans confusion, et en rattachant toujours chaque partie au tout dont elle dépend. On passe ainsi de l'image totale mais simple, à l'image totale mais complexe. Au contraire, si l'on commence par le voies de détail, l'élève manque de point de ralliement, il ne conçoit ni position, ni ensemble, il n'a que les fragments épars d'un tableau, il ne voit rien, il ne sait que des nomenclatures. Cela est connu, pourquoi le redire? pourquoi? c'est que tout en le connaissant, on agit le plus souvent comme si on l'ignorait; et qu'après deux ans de géographie, les trois quarts des élèves ne savent pas même la position relative des continents.

Au reste, il en est de la géographie comme de l'histoire, elles ne s'enseignent à proprement parler ni l'une ni l'autre; et si les cours d'études ne sont en général que des méthodes propres à diriger l'esprit dans l'investigation de toutes les choses sur lesquelles il doit s'exercer, c'est surtout à l'égard de ces deux sciences que cela est vrai. Je ne vois pas de différence entre le maître et le livre qui enseignent tous deux les détails de l'histoire ou de la géographie, si ce n'est qu'il est plus avantageux à l'élève de lire l'un, que d'écouter l'autre; car, quelqu'imperturbable que soit la mémoire du maître, elle ne sera jamais un répertoire aussi complet que les pages d'un bon livre. D'ailleurs la géographie et l'histoire sont l'affaire de toute la vie, et ne se limitent pas dans les bornes d'un cours, fût-il de quatre, de huit ans, ou même plus. Il ne faut donc pas avoir la puérile prétention de les enseigner directement, mais s'en tenir au but raisonnable de montrer comment on doit étudier l'une et l'autre.

Pour la géographie, la forme du globe, ses divisions naturelles d'abord, et politiques en suite, son double mouvement, ses rapports avec le ciel, le tracé naturel des cercles, l'explication des latitudes et des longitudes; pour l'histoire, le cadre chronologique des grands événements, l'enchaînements des causes et des effets en général, et quelques exemples particuliers suivis dans les détails, afin d'indiquer le mode de critique propre à l'histoire: tels sont, je crois, les points fondamentaux de l'enseignement pour ces deux sciences. A ce moyen, il n'y aura plus d'efforts de perdus pour les élèves, tout aura d'avance sa place marquée dans le cadre de leurs idées, viendra s'y ranger avec ordre, et accroître la somme de leurs connaissances. C'est en posant des bâses pour l'instruction à venir qu'on alonge la vue des élèves, et c'est en voulant leur donner la science toute faite qu'on la rétrécit. Tout enseignement qui n'a point pour effet d'étendre aux yeux des disciples le cercle des choses ignorées, et en même temps de les mettre sur la voie des découvertes, est une opération de manœuvre indigne du nom d'enseignement.

Le but des premières études en général est encore moins d'apprendre les choses qui en sont l'objet, que de former le jugement et de disposer l'esprit à un travail régulier et facile dans tout ce qui doit l'occuper plus tard; et c'est à trouver des méthodes qui remplissent ce but que doit s'attacher l'innovation. Passer du connu à l'inconnu sera toujours la première règle à observer, mais il faut beaucoup d'attention pour découvrir ce qui est réellement connu des l'élèves, et ne pas leur attribuer faus-

faussement une notion parce qu'on l'a soi-même dans l'esprit, ou parce qu'ils disent l'avoir saisie ; il faut quelquefois, par un retour sur sa propre enfance, s'emparer de la chaine d'idées qui les a conduits au résultat qu'ils croyent comprendre, voir si le premier anneau en est bon, et comment tous les autres ont été successivement attachés jusqu'au dernier.

Ce n'est pas qu'on doive espérer de faire immédiatement tout concevoir, sans jamais enjamber sur des choses inaperçues. Cette marche serait d'une lenteur inouie ; elle est même impossible aux yeux de l'homme qui sait que si tout se lie dans l'entendement, cette liaison n'est pas toujours successive dans sa formation, du moins selon l'ordre de nos méthodes, quelque perfectionnées qu'elles soient.

Il faut donc, dans bien des cas se contenter de poser de loin en loin des jalons, qui, replaçant l'esprit sur la bonne voie, lui servent à parcourir sûrement, dans la suite, les intermédiaires. C'est même là le résultat désirable de l'ensemble des études ; car il ne faut pas croire, pour le redire encore, qu'elles donnent des connaissances finies : elles ne donnent que des éléments, et des méthodes pour développer ces éléments ; et ceux qui se bornent au premier de ces objets manquent infailliblement le point essentiel de l'éducation. Il ne suffit pas de mettre l'esprit en mouvement, il faut lui imprimer une direction juste et forte, par le tracé même des opérations primitives, et par l'habitude des voies de déduction. Mais, dans l'enseignement comme dans le reste, c'est au temps, s'il est possible, à nous apprendre à marcher droit, à force de faux pas. La perfectibilité est lente; les générations, ou plutôt les siècles sont les degrés qu'elle gravit péniblement. Trop heureux quand elle ne retrograde pas!

5°. La langue et la pensée sont deux phénomènes qui, dans leur commencement, leurs progrès, leur perfection, leur décadence, marchent toujours parallèlement. En effet, la pensée consiste dans le rapprochement logique et la combinaison artificielle des idées, comme la langue consiste dans l'assemblage grammatical des signes; or, les signes et les idées sont unis par des liens indissolubles : donc la pensée et la langue ont entr'elles des relations analogues à celles des idées et des signes. Toute altération de la pensée doit donc se communiquer à la langue, et reciproquement. On dirait même, avec plus d'exactitude, que ces deux phénomènes sont si intimement unis qu'on n'en peut séparer qu'idéalement l'existence. Cette vérité, prouvée par le raisonnement, l'est aussi par les faits. Pour s'en convaincre, il suffit de comparer les phases des langues de Rome et d'Athènes avec l'état intellectuel des Romains et des Grecs aux mêmes époques; on les verra toujours dans une correspondance parfaite. Ces deux idiômes, après avoir paré les plus belles conceptions des hommes des couleurs les plus vraies, les plus riches, les mieux assorties, ne servent plus guère, dans leur dégénération du moyen âge, qu'à exprimer des arguties, des subtilités, des controverses; qu'à peindre des idées fausses ou exagérées.

L'explication des singulières innovations qu'on donne en littérature pour un genre nouveau sortirait peut-être assez-naturellement de l'histoire de la pensée humaine. Je n'ai pas la prétention de faire cette histoire; je vais seulement, puisque l'occasion s'en présente, tracer en passant quelques vues rapides, qu'on prendra pour ce qu'elles valent.

Les productions appelées *romantiques* présentent, du moins selon le génie de notre littérature et de notre langue, le double caractère de la bizarrerie des conceptions, et de la bizarrerie du style. L'un est le romantique des choses, l'autre celui des mots. L'origine en est la même : c'est la raison qui se détériore, en même temps que la langue se corrompt.

Le romantique des choses, trop-évidemment contraire au sens commun, est suffisamment réfuté pas tout ce qu'en ont dit les littérateurs de bon goût. Le romantique du style paraît avoir échappé jusqu'alors à une analyse sévère et philosophique. Son origine et sa nature bien expliquées suffisent pour faire comprendre le genre tout entier; car le romantique des choses n'est qu'une manière plus générale de mal raisonner et de mal écrire. Il faut se souvenir que je parle toujours d'après le génie de notre littérature et de notre langue.

Les langues doivent toujours commencer par être très-métaphoriques, à cause de leur pauvreté à l'époque de leur enfance. A mesure qu'elles se forment et qu'elles avancent vers la perfection, elles quittent plus ou moins ce caractère selon le naturel des peuples qui les parlent, pour devenir plus exactes, plus propres, chaque chose, chaque idée acquérant un signe particulier, autant que cela est possible. Le métaphorisme est déjà, dans le principe, une sorte de romantique du style; mais un romantique raisonnable, parce qu'il est dans la nécessité des choses, et amené par l'analogie.

Dans le perfectionnement graduel des langues, on voit la pensée s'exerçant à saisir et à rendre toutes les impressions que l'homme reçoit immédiatement de la nature, et tous les rapports essentiels de son existence. C'est ce qu'on peut constater par l'examen des langues depuis leurs premiers développements jusqu'au moment où elles sont fixées, sauf les exceptions qui resulteraient de l'influence des langues étrangères, dont le mélange peut agir en bien ou en mal, selon les circonstances. Et quoique la différence des climats et des lieux imprime toujours aux hommes des manières de sentir différentes, un genre de vie et de besoins particuliers, cependant il est probable que tout dans les langues marche d'abord d'après des lois générales uniformes, que tout conserve le fil d'une analogie claire et vraie; car la langue n'a servi jusqu'alors que de moyen pour travailler sur les faits acquis d'une sensibilité encore neuve : et c'est sur ces faits que s'élève peu-à-peu ce beau monde idéal, toujours d'accord avec la nature sur laquelle il s'appuie, avec la raison qui le créa; idéal dont une langue bien faite est la véritable expression.

Mais quand les faits primitifs sont à peu près épuisés, que l'imagination a parcouru en tous sens le cercle de ses explorations dans le monde réel; alors le besoin de nouvelles sensations, l'ambition d'innover pour jouir, lui fait chercher ailleurs de nouveaux champs à exploiter. Ne trouvant plus à l'extérieur d'aliments qui lui plaisent, elle se replie sur elle-même, et se renferme dans son domaine acquis. Là elle se repait d'abstractions, qu'elle combine de mille manières; et comme ces combinaisons s'exécutent avec des symboles (mots) déjà loin des types originels, (impressions de la nature) il en résulte souvent des pensées bizarres, vagues, ou obscures, et plus souvent encore des images de mots dépourvues de sens. Car perdre de vue la nature, c'est quitter le fil d'Ariane.

La langue, ainsi détournée, contribue à corrompre la pensée, qui, à son tour, réagit sur la langue par des effets semblables; et c'est là que l'imagination va prendre les matériaux d'un nouveau monde idéal, dont la langue est la base mobile, au défaut d'une nature immuable désormais négligée: c'est de-là que nous semblent sortir les productions romantiques, la plupart nécessairement empreintes de ce vague, de ce mystérieux, de cet obscur, qui caractérisent le genre. En effet, pour le rédire encore, ce n'est plus sur les faits primitifs, sur les impressions de la nature que s'exerce une sensibilité en quelque sorte blasée; c'est sur des signes, sur des symboles. Au lieu de partir, comme chez les classiques, du réel pour abstraire et idéaliser, elle part de l'idéal déjà établi, pour idéaliser d'avantage. Mais le fil de l'analogie des choses lui échappe, parce que les choses ne lui font plus présentes; elle s'abandonne à l'analogie des mots qui la trompent, parce que les mots, quelque exacts qu'ils soint, ne peignent déjà plus les choses identiquement, et reçoivent mille nuances diverses de l'imagination de ceux qui les emploient. La métaphore, dans l'origine, peignait énergiquement les idées par des images physiques, ou les choses matérielles par des images abstraites, en conservant toujours la trace des rapports primitifs; maintenant elle peint des abstractions avec des abstractions: ce n'est plus la métaphore simple, c'est un échafaudage de métaphores.

Il faut cependant reconnaître qu'il peut sortir des beautés réelles de ce travail fait sur la langue, et sur la pensée subtilisée, toutes les fois que, dans leurs combinaisons, les idées et les signes n'ont pas été monstrueusement accouplés par une imagination sans règle. Mais, alors, que devient le romantique?

il rentre dans le classique ; car celui-ci ne repousse ni les abstractions les plus élevées, ni les nuances les plus fines de la pensée et du sentiment, ni les expressions les plus figurées, ni le style le plus métaphorique ; pourvu toutefois que rien ne sorte du vraisemblable, et ne choque ni la raison, ni le bon goût. Le domaine du romantique se trouverait ainsi réduit à l'absurde, au barbarisme et à l'amphigouri, en un mot à l'altération de la pensée, et à la corruption de la langue.

On a dit que la littérature est l'expression de la société ; que le romantique est l'expression de la société nouvelle : cette définition, romantique elle-même puisqu'elle a besoin d'un commentaire pour être entendue, est effectivement très-vraie dans un sens. La littérature montre l'état de la langue et de la pensée, qui répondent elles-mêmes aux phases de la civilisation ; et lorsqu'on voit la langue quitter les routes ordinaires qu'elle a suivies dans ses progrès de perfectionnement, pour chercher des expressions, des tours et des ornements hors de l'analogie des choses, il semble qu'on puisse en conclure que l'esprit est atteint d'une véritable maladie, dont l'invasion complette sera sans doute plus ou moins retardée selon les circonstances, mais peut-être jamais combattue victorieusement. La langue française semble être arrivée à ce terme de décadence pour la littérature. Le premier écrivain français de l'époque est le chef de l'école romantique. La langue lui doit des richesses; elle devra peut-être à ses imitateurs la corruption dont elle est menacée. *)

Au reste, toute langue est exposée à une décadence plus ou moins rapide. Toute langue est aussi plus ou moins propre à ce qu'on appelle le *romantique;* et même il est possible qu'une langue se trouve telle que ce défaut, si c'en est un pour elle, en soit inséparable à toutes les époques. Cette dernière réflexion développée d'après une connaissance approfondie des langues, conduirait peut-être à porter un jugement plus philosophique sur les littératures des différents peuples; peut-être, par exemple, les Allemands s'offusqueraient-ils moins des rigoureuses lois de notre théatre, et serions-nous, à notre tour, plus indulgents pour ce que nous appelons les inconvenances et les invraisemblances du leur. On peut trouver dans le génie de chaque langue le principe et la solution de bien des choses. Cette idée appliquée à la philosophie amenerait sans doute des résultats analogues. Le génie d'une langue, en se dessinant dans ses productions, doit imprimer son cachet au fond même des choses. Je ne veux point dire que la langue mette la pensée à couvert de tout reproche, mais seulement qu'on peut trouver dans la langue la raison de beaucoup de défauts qu'on reproche à la pensée.

---

*) L'idée générale de ce qui précéde m'a été donnée par un homme de beaucoup d'esprit et de goût.

„Si nous comparons, dit Condillac, (Essai sur l'orig. des conn. hum. pag. 298.) le français avec le latin, nou trouverons des avantages et des inconvénients de part et d'autre. De deux arrangements d'idées également naturels, notre langue n'en permet ordinairemeut qu'un; elle est donc, par cet endroit, moins variée et moins propre à l'harmonie. Il est rare qu'elle souffre de ces inversions où la liaison des idées s'altère; elle est donc naturellement moins vive. Mais elle se dédommage du côté de la simplicité et de la netteté de ses tours. Elle aime que ses constructions se conforment toujours à la plus grande liaison des idées. Par là elle accutume de bonne heure l'esprit à saisir cette liaison, le rend naturellement plus exact, et lui communique peu-à-peu ce caractère de simplicité et de netteté, par où elle est elle-même si supérieure dans bien des genres. Nous verrons ailleurs combien ces avantages ont contribué aux progrès de l'esprit philosophique, et combien nous sommes dédommagés de la perte de quelques beautés particulières aux langues anciennes. Afin qu'on ne pense pas que je promets un paradoxe, je ferai remarquer qu'il est naturel que nous nous accoutumions à lier nos idées conformément au génie de la langue dans laquelle nous sommes élevés, et que nous acquérions de la justesse à proportion qu'elle en a elle même davantage."

A ces réfléxions si vraies et si claires, je prendrai la liberté d'en ajouter quelques autres.

Deux choses sont à distinguer *) dans le matériel d'une langue pour comprendre son génie: la partie physique des mots, et leur partie idéale. C'est sur le premier de ces objets que porte le passage de Condillac. Mais, sans parler des circonstances qui tiennent au physique des mots, et qui influent nécessairement sur les constructions, les ellypses, etc. et par suite sur le tour d'esprit de ceux qui s'en servent; en laissant aussi de côté les idées accessoires que des causes particulières font ajouter aux mots; je pense que la langue dont les mots expriment des idées moins déterminées et moins générales, est la plus imparfaite quant aux progrès de l'esprit philosophique, fût-elle revêtue d'ailleurs des formes les plus avantageuses à tous égards. Pour bien juger de l'influence d'une langue sur la pensée, il me semble donc qu'il faut descendre jusqu'à la valeur intrinsèque des idées attachées aux mots; car c'est là sans doute qu'est la première cause de l'influence du langage sur la pensée; et ce qui tient aux formes, ce qu'il y a d'accessoire dans les idées, n'exerce qu'une influence secondaire. Peut-être dira-t-on que les idées attachées aux mots sont déjà du ressort de la pensée, et que j'ai tort de parler de leur influence comme si elle était celle de la langue: je prie le lecteur de se souvenir que, pour moi, les mots sont les idées, et que par conséquent je ne puis voir les

---

*) Cette distinction a déjà été faite au chap. VIII.

idées que dans les mots, dans la langue. Sans doute, ce n'est pas la faute de la langue si les peuples qui la parlent attachent aux signes dont elle se compose des idées vagues ou incomplettes; mais, quand ces idées sont telles par l'acception généralement reçue et fixée, la langue n'est pas moins frappée d'un vice radical.

Sous le point de vue dont il s'agit, la totalité des mots d'une langue peut se diviser en quatre classes: 1°. ceux qui, sous la forme substantive, expriment les collections des êtres physiques, comme *pierre, arbre, poisson;* 2°. ceux qui, sous la forme substantive, adjective, et verbale d'idées premières, expriment les qualités, états et actions des êtres physiques, comme *arrêté, dormir, blanc, labourer, adresse* etc.; 3°. ceux qui, sous la forme substantive, adjective, et verbale d'idées complexes, expriment des notions plus abstraites, comme *modifications, divin, raisonner* etc.; 4°. ceux qui, sous la forme pronominale, prépositive, adverbiale, articulaire, et conjonctive, expriment des idées accessoires aux autres sortes de mots, et les relations que ceux-ci ont entr'eux dans l'acte de la parole, comme *je, vous, se, soi, très, prudemment, lorsque, après que, ce, un, quatre, plusieurs, quelque* etc.

La première classe et la quatrième ne peuvent différer dans les langues que par les formes, ni par consequent influer que par là sur l'exercice de la pensée. Les mots de ces deux classes expriment des choses qu'on ne peut voir autrement qu'elles ne sont, et des rapports, des accessoires également saisis par toutes les intelligences.

C'est dans la seconde classe et dans la troisième qu'on doit chercher le génie logique de la langue, si l'on peut ainsi parler; car c'est là que les conceptions de l'esprit étant susceptibles de plus ou de moins de clarté et d'étendue, les mots expriment des idées plus ou moins déterminées, plus ou moins générales. C'est là qu'on peut voir, comme à la source, le vague ou la précision dont une langue est susceptible, sauf les circonstances attachées aux formes des mots.

Les mots de ces deux classes, pris dans deux langues quelconques, ne se correspondent presque jamais pour le sens; ce qui prouve que les peuples qui parlent ces langues n'attachent point à ces mots les mêmes éléments idéologiques. Or, c'est non seulement de la vérité de ces éléments, mais c'est surtout de ce qu'il contiennent d'essentiel au sujet, que résultent la justesse et la profondeur des idées. Les éléments idéologiques, pris dans les accessoires du sujet, ne donnent plus l'idée complette de ce sujet; ils n'en présentent qu'une face, ou plusieurs faces. Le remède, pourra-t-on dire, c'est d'avoir d'autres mots qui peignent les autres faces du sujet: ce remède serait celui d'une langue verbeuse, faite pour l'esprit de détail, et non pour l'esprit philosophique, qui embrasse ses conceptions d'un coup d'œil, et les peint d'un trait. De cette manière, une langue pourrait être riche par le nombre des mots, et pauvre par leur valeur. Il s'ensuivrait aussi qu'en général surchargée de verbiage dans ses productions, elle serait moins propre à peindre des masses qu'à dessiner des parties. Si ces réflexions sont vraies, elle font assez sentir ce que valent les prétentions de ceux qui répètent, sans doute pour l'avoir entendu dire, que telle langue est plus riche que telle autre, par la raison qu'elle a plus de mots. Cette opulence pourrait bien n'être que celle d'un homme qui se croirait plus riche que son voisin, parce qu'il aurait en menues pièces ce que celui-ci possèderait en lingots. Il est quelquefois curieux d'entendre raisonner sur les langues des gens qui n'en connaissent que les signes, sans jamais s'être avisés d'en considérer les idées.

Ceci ne veut pas dire que l'usage d'une telle langue, si elle existe, exclut le génie; mais seulement qu'elle lui oppose des obstacles sous certain point de vue. Moins une langue a de mots génériques et d'idées complexes, moins elle est propre à la philosophie, qui consiste surtout à réunir en faisceaux les notions de détail, qu'une raison ordinaire laisse éparses parce qu'elle n'en voit pas le lien commun.

Cependant, il faut reconnaître qu'une langue qui, par le matériel de ses mots, fixe successivement l'attention sur les parties ou sur les accessoires de chaque sujet, a l'avantage de faire descendre l'esprit dans l'examen de bien des circonstances qui lui échapperaient sans cette ressource. L'inconvénient serait que la manie de trop s'appesantir sur les détails empêchât de les réunir en blocs, et d'en former des idées totales. Et c'est effectivement ce qui doit arriver plus ou moins même au génie, qui ne peut toujours lutter efficacement contre l'obstacle de la langue joint à celui des habitudes intellectuelles. Il y a donc, de part et d'autre, avantage et inconvénient; la question serait de savoir s'il y a compensation ou inégalité dans les résultats; et cette question me paraît si vaste qu'il ne m'appartient point de la décider d'une manière générale. Il semblerait, au premier coup d'œil, qu'une langue telle que je la supposais tout-à-l'heure, est plus favorable à l'analyse, et par conséquent aux progrès des connaissances; mais qu'est-ce que l'analyse sans la synthèse? à quoi bon décomposer, si ce n'est pour recomposer? qu'est-ce que des vues partielles, si elles ne conduisent à des connaissances générales? Ces deux opérations, analyse et synthèse, sont donc inséparables dans les théories scientifiques, comme au fait elles le sont plus ou moins dans la pratique journalière; et la langue qui favoriserait l'une aux dépens de l'autre, serait toujours un instrument imparfait.

Pour bien apprécier, sous le rapport des idées, deux langues faites, dont les productions portent un caractère distinct, il faudrait analyser dans l'une plusieurs familles de mots à idées complexes, faire la même opération dans les familles correspondentes de l'autre, et comparer les résultats. Mais cela exigerait une connaissance approfondie et pour ainsi dire infuse des deux langues; il faudrait avoir été élevé dans l'une et dans l'autre, sans quoi ce qui tient au sentiment échapperait de toute nécessité dans celle des deux qui ne serait point la maternelle.

Quoi qu'il en soit, en se tenant aux notions qu'on a sur ce sujet, et en se fondant sur le principe d'analogie, la teinte originale des productions littéraires d'un peuple doit déjà se reconnaitre dans les mots de sa langue; et, si l'on y fait attention, l'on verra que la nature et la couleur des pensées ont déjà leur germe dans l'idéal des mots. Qu'aux différences nées du matériel des langues dans l'expression de la pensée on ajoute celles qui tiennent à l'idéal des mots, et la question de savoir si les langues sont traduisibles, si vivement agitée dans les journaux français il y a environ vingt ans, se présentera du moins dans tout son jour. Pour moi, si j'osais hazarder ici mon opinion, elle serait en général négative; parce qu'avec des couleurs différentes et diversement combinées, il est impossible de faire des tableaux pareils.

On trouve, dans les langues, des mots qui se sentent plutôt qu'ils ne se définissent; les notions qu'on y attache sont de sentiment plutôt que de raison. La langue qui a le plus de ces mots doit être la plus vague dans la pensée, précisément parce qu'elle est la plus vague dans les idées; de même que la langue qui est la plus vague dans la pensée, doit être celle qui a le plus de ces mots, toutes circonstances égales d'ailleurs. Toutefois, il résulte de-là des jouissances qui, pour n'être pas susceptibles d'analyse, n'en sont pas moins quelquefois délicieuses, n'en remplissent pas moins l'ame de sentimens sublimes; et, sous ce rapport, une pareille langue a bien son mérite. Mais je la crois moins favorable qu'une autre an progrès de la philosophie, à moins qu'on n'appelle de ce nom la poésie métaphysique.

Je dois encore observer que si le temps peut modifier en bien les idées d'une langue à peu-près faite, comme tout dans une langue est d'accord, pour que cette amélioration ait lieu, il faut qu'elle porte à la fois sur l'idéal des mots, sur leur arrangement, sur leur composition matérielle, sur l'ensemble de l'expression. Or, c'est ce qui n'arrive qu'à la suite des siècles, et ne se fait jamais que par analogie, c'est-à-dire en partant du positif établi; d'où il suit que rien n'est plus difficile qu'une révolution de ce genre. Ce ne sont ni les littérateurs, ni les philosophes, c'est le concours des circonstances physiques et morales d'un peuple qui crée le matériel et l'idéal de sa langue; et c'est en conséquence de ces deux objets que plus-tard les écrivains supérieurs lui impriment son caractère, et la fixent. Si donc le matériel et l'idéal sont vicieux, et ils peuvent l'être de bien des manières, il faut que la langue

gue et la pensée restent également plus ou moins défectueuses.

Il semble, d'après ce qui précède, que faire le procès au romantique dans certaine langue, ce pourrait bien être le faire à la langue elle-même et à la nature des choses. Autant vaudrait reprocher à un peuple son organisation, et sa manière de sentir. Mais on peut sans doute, et on doit protester contre les innovations de ce genre qui répugnent trop au génie de la langue où elles cherchent à s'introduire; et c'est ce qu'a fait l'académie française par l'éloquent organe de Mr. Auger.

Les Français, nés grands imitateurs parce qu'ils sont nés mobiles et sensibles, doivent assez naturellement chercher à reproduire dans leur langue les charmes qu'ils ont goûtés dans une autre; tandis que le peuple phlegmatiquement sensible qui leur aura procuré ces jouissances adoptera moins facilement les formes et les couleurs d'une autre littérature que la sienne. Chez les Français, dont le naturel est plus flexible, la langue plus que l'esprit peut-être, repousse le romantique; chez leurs voisins où le romantique est indigène, et la langue et l'esprit s'éloignent également de ce que nous appelons le classique. En effet, la langue de ce peuple, toute septentrionale, lui appartient en entier quant au fond; ou si elle doit quelque chose à d'autres langues, celles-ci sont comme elle filles du nord. Elle a donc un caractère d'originalité constamment en harmonie avec le tour d'imagination des hommes qui la parlent. Au contraire, le français formé des débris d'idiômes barbares du nord, et surtout de la langue d'un peuple civilisé du midi, a retenu presque tout de cette dernière, soit par la prépondérance qu'une langue faite a naturellement dans la concurrence sur d'autres qui ne le sont pas, soit par les circonstances polytiques et religieuses où se trouvèrent les Français. Les Romains avaient en quelque sorte latinisé les Gaules.

Ainsi, chez nous la langue a presque une autre source que la nation; et il doit, indépendamment des circonstances de climats et autres, résulter de-là pour les Français une mobilité de goût qu'on ne voit pas chez leurs voisins. Les littératures anciennes du midi ont dû leur servir de modèle, à cause de leur langue et des circonstances qui y tiennent; les littératures modernes du nord ne doivent peut-être pas nous rester tout-à-fait étrangères, à cause de notre origine et de notre position géographique.

Mais à qui appartient-il de fixer ici des limites? Le raisonnement pourrait les dicter, que la seule force des choses les poserait toujours

Pour ceux qui aiment les rêveries d'une imagination vague, et l'exaltation concentrée des sentiments, le romantique doit avoir des charmes indéfinissables comme la source d'où ils sortent; ceux qui préfèrent les plaisirs d'un esprit juste et d'un beau idéal assis sur une raison sévère s'en tiendront sans doute au classique: et quant aux matières sérieuses, l'un sera plutôt l'élément de la poésie métaphysique; l'autre, la terre natale de la philosophie bâsée sur les faits organiques.

Je ne sais pas les langues modernes, et je ne puis faire la comparaison d'aucune avec la mienne; j'ai donc été obligé de m'en tenir aux déductions de mes principes, et à de simples analogies. Mais si j'ai bien raisonné, je ne dois pas m'être trop écarté du vrai. Au reste, voilà le jugement que je hazarde, moi français*; celui d'un Allemand sera probable-

---

*) Un Allemand fort instruit me traduisait, il y a quelque temps, un passage de Herder. Je lui dis tout étonné: c'ést un poéte que vous traduisez là; „Non, me répondit-il, c'est un philosophe; mais tout philosophe ne doit-il pas peindre comme un poète?" Quelques instants après, il ajouta: „L'homme est comme la lune, il a deux faces, dont l'une se voit, et dont l'autre est cachée; et cette dernière est du ressort de la philosophie spéculative."

Un autre Allemand, aussi très-cultivé, me disait un jour: „La vie de l'homme a deux pôles, l'un qui pose sur la terre, l'autre qui se cache dans le ciel." D'où il concluait que la philosophie qui a le premier pour objet, est séparée de celle qui a rapport au second.

Cependant, un publiciste-philosophe de la même nation m'écrivait à peu près à la même époque: „Il y a autant de philosophies qu'il y a des langues." Je crois avoir découvert le principe de cet mot profond, et je suis heureux de m'être rencontré avec celui de qui je le tiens.

ment tout autre, et peut-être aurons-nous raison tous deux, chacun par rapport à soi. Le jugement tient ici de part et d'autre à des circonstances matériellement différentes; et, dans ses habitudes intellectuelles, le Français pourra ne trouver que de pompeuses divagations, où l'Allemand admirera la profondeur et le sublime des pensées; comme l'Allemand pourra ne voir qu'une philosophie commune et bornée, où le Français trouvera les principes de toutes les lois de la pensée et de la morale, de tous les phénomènes de l'esprit et du cœur.

Cet n'est pas que je veuille préconiser la philosophie française aux dépends de celle des Allemands. Hors de l'école de Condillac, la nôtre est assez maigre de substance, et, dans cette école même, on lui reproche quelque chose d'écourté qui n'explique pas tout l'homme. Elle s'appuie trop sur la sensation extérieure, d'où elle semble vouloir tout tirer immédiatement; elle ne fait pas assez sentir le pouvoir de la pensée et du sentiment moral s'exerçant dans le domaine intérieur : elle néglige de proclamer cette flamme divine qui exalte toutes les facultés de l'ame, et allume dans l'homme l'ardent amour de la vérité, le feu sacré de la vertu. A cet égard les Allemands sont bien au-dessus de nous; et s'ils n'ont su trouver la source et développer les progrès des idées et des sentiments qu'en sortant des données connues, leur philosophie n'en est pas moins sublime. Honneur donc aux écrivains de cette nation qui relèvent ainsi la dignité de l'homme.

Outre le physique et l'idéal des langues, qui se forment l'un et l'autre par des causes naturelles et polytiques, la diversité des philosophies nationales, tient ou peut tenir encore subséquemment à bien d'autres circonstances variables, qu'il n'est pas de mon sujet d'exposer ici. J'observerai seulement à l'égard des deux premières, qui partout doivent aussi plus au moins différer, que toute doctrine sur l'entendement humain, pour être vraiment philosophique, ne doit point être exclusive; qu'il y a autant de doctrines particulières qu'il y de langues, parce qu'il y a autant de langues que de modes naturels d'exister et de sentir parmi le genre humain; que si les peuples d'Afrique, par exemple, se civilisaient assez pour avoir un jour des doctrines à eux, ils les concevroient infailliblement differentes de celles de l'Europe; qu'enfin la philosophie, pour mériter ce nom, au lieu d'attribuer aux opinions de tel ou tel peuple une valeur absolue qu'elles ne peuvent avoir, doit chercher dans la nature des hommes et des choses le principe de toutes les opinions, parceque c'est de-là seulement qu'elle pourra jeter sur toutes un coup d'œil appréciateur, et en tirer l'ensemble d'une théorie universelle et irréfragable. On pourrait dire, en un sens, que la philosophie doit être cosmopolite. Toute philophie restreinte aux opinions d'un pays est fausse, parce qu'elle conclut du particulier au général, parce qu'elle juge de l'homme par une faible fraction des hommes. Le genre humain, non plus au moral qu'au physique, n'est point tout entier dans tel ou tel pays, il est de toutes les contrées de la terre, et reçoit partout forcément l'empreinte des circonstances dont l'auteur des choses a voulu l'environner; et les prétentions des peuples à la prééminence de leur philosophie, le plus souvent ridicules et petites, annoncent moins la hauteur de la science chez eux, que la prévention des hommes qui la cultivent. *)

On peut juger par les considérations générales ci-dessus que la question des idées telle que je l'ai traitée, mène à toutes celles qui ont la pensée et les langues pour objet. On y rattacherait la rhétorique aussi-bien que la logique, la grammaire et la philosophie, puisque c'est toujour le même objet vu sous d'autres faces.

La création des idées par le moyen des signes

---

*) Un Français, Mr. C. Villers, loin de sacrifier à la vanité nationale, s'est fait une petite renommée chez les Allemands par son admiration pour leur philosophie, et par le mepris dont il cherche à couvrir celle de ses compatriotes. C'est une assez mince célébrité que celle qn'on obtient par des flatteries d'une part, et par des injures de l'autre. Du reste, il parait que Mr. C. Villers a été dominé par des instérêts personnels, ou circonscrit dans les bornes du préjugé: il faillait autre chose pour s'ériger en juge dans ces matières.

démontre nettement la nature et la source de leurs éléments constitutifs ; et ces éléments une fois connus comme résultat de la sensation, il est facile, en appuyant sur ce principe, d'apercevoir, dans les modifications de la sensibilité, la cause primitive de la différence qu'on remarque entre les langues et entre les littératures.

Je reviens sur la différence élémentaire des idées. Si l'on a remarqué qu'un autre climat et une autre nature, en donnant des sensations nouvelles, impriment à la pensée une couleur jusqu'alors inconnue, et à l'usage de la langue quelque chose de neuf, de pittoresque ou même d'étrange, comme on le voit chez les grands écrivains qui ont voyagé dans les contrées lointaines, a plus forte raison doit-on croire à l'influence des mêmes causes sur l'idéal d'une langue née au milieu de ces causes. Cependant, je ne crois pas que les idéologistes aient jamais envisagé la question des idées et des langues sous ce point de vue ; et quant aux psychologistes, ils n'avaient garde d'y songer, puisque, dans leur système, l'ame accouche des idées sans que le corps s'en doute. Il était peut-être même assez difficile que les premiers fussent conduits à ce point de vue par le chemin qu'ils ont suivi en exposant la génération des idées.*)

---

*) J'ai remarqué au Cap. VIII, que ce procédé n'est point naturel, qu'il suppose d'ailleurs l'usage établi des signes, et fait tomber dans le cercle vicieux si bien démontré par Jean-Jacques.

Cette génération, exécutée selon eux par la réflexion qui nous ferait écarter ce qu'il y a de particulier dans les perceptions, pour n'y voir que ce qu'il y a de commun, les jette trop vite dans le travail de l'abstraction, les empêche d'appuyer sur la valeur totale des perceptions, dans lesquelles ils ne voyent plus tout-de-suite que des éléments tronqués par la pensée. Or, ce n'est qu'en s'appesantissant sur la nature des perceptions et sur les causes qui les diversifient de peuple à peuple qu'on peut remarquer la différence des idées dont elles sont les éléments.

On peut regarder comme une chose de fait que les idées d'une langue, et surtout celles que j'ai rangées dans la seconde classe et dans la troisième, diffèrent de celles d'une autre, comme les mots de ces deux langues diffèrent entr'eux. Et, non seulement il y a des idées qu'un peuple ne conçoit point de la même manière qu'un autre, parce qu'il sent autrement que lui; mais il y en a dont il manque tout-a-fait, parce qu'il n'est point en situation de rien sentir qui y soit rélatif. Dès-lors, quelle diversité dans la pensée et dans l'expression, sans qu'on doive le moins du monde s'en étonner!

La philosophie, l'éloquence, la poésie, toutes les productions littéraires tirent de-là primitivement leur goût de terroir, et la teinte des climats; et les sciences, les arts, sortis de la même source avec les langues, sont aussi d'accord avec l'idéal des signes.

Ainsi, ce qui est jugé pour une langue ne l'est

point pour une autre; le romantique peut être aussi naturel aux langues du nord, que le classique à celles du midi; la métaphysique elle même doit n'être point vue du même œil dans tous les idiômes, elle peut prendre racine ici, et n'avoir là qu'une existence précaire.

On a donc trop généralisé cet axiôme que les hommes sentent partout de même; que les langues ont toujours à peindre le même fond d'idées: car, en nivelant ainsi les choses, on est tombé dans l'erreur des idées absolues; d'où il est résulté que chaque nation ne jugeant les idées des autres que par les siennes, qu'elle croit universelles, s'estime seule instruite et raisonnable, éloquente et poète. Il est encore résulté de-là bien d'autres erreurs en morale et en polytique.

―――

6°. Les animaux n'ont pas d'idées; ils n'ont et ne peuvent avoir que des perceptions, puisqu'ils ne jouissent pas de l'usage de signes convenus. Cependant il semblent quelquefois se conduire d'après des notions générales, et l'on serait tenté de leur croire des idées. Par exemple, lorsqu'un animal entend le cri d'alarme de son espèce, il agit comme s'il avait l'idée de *danger*; car la sensation qu'il éprouve ne lui retrace rien de déterminé, et il parait se conduire d'après une connaissance générale; soit en cherchant à se soustraire au péril qu'il ne voit pas encore, soit en portant du secours à ceux qui y sont exposés, et dont seulement il a entendu le cri de détresse. D'après cela, on pourrait croire que ce cri n'a fait que réveiller l'idée de danger, et que c'est en conséquence de cette idée que l'animal agit. Toutefois ce n'est pas là le mobile de sa conduite, et en voici la raison.

La sensation éprouvée est essentiellement du ressort de l'instinct, puisque le cri d'alarme, entendu pour la première fois ou pour la centième, est suivi des mêmes mouvements; d'où il résulte que ces mouvements ne tiennent point à une connaissance acquise, mais à une disposition intime de l'organisation. Ainsi, le cri d'alarme, reçu par l'un des organes de l'intelligence, agit d'abord sur ceux de l'instinct; ceux-ci réagissent par sympathie sur les organes de l'intelligence, qui met en jeu les moyens de conservation; et tout cela, sans que l'individu ait eu besoin de l'idée qu'on lui supposait. Excité à la défiance, saisi de crainte, animé par la colère, en un mot entraîné par le genre d'émotion que la nature a rendu l'effet nécessaire d'un cri sur sa constitution, l'animal cherche son salut, ou vole au secours de son semblable, par un mouvement aussi involontaire que l'a été le cri qui l'avertit ou l'appelle. Il n'y a dans son action ni réflexion, ni calcul; il obéit à une impulsion native, et si l'intelligence dirige ses mouvemens, ce n'est pas elle qui les commande. Dans des circonstances analogues, on voit aussi l'homme obéir au sentiment plutôt qu'à l'intelligence; et c'est sans doute une garantie de l'efficacité des secours mutuels que l'exécution des actes de cette nature soit confiée à l'instinct, qui est irresistible et prompt, plutôt qu'à la raison qui pèse est délibère. Au reste, si l'on voulait, malgré cette explication bien simple, que ce fût toujours en vertu d'une *idée* que l'animal agît, il faudrait qu'elle fût innée, puisque la première fois qu'il agit en vertu de cette idée supposée, il n'a pas encore eu occasion de la créer.

Ceux qui ont été à même d'observer les actes des jeunes animaux sauvages avant qu'ils eussent acquis aucune expérience, ne diront pas avec Condillac que ces actes sont le résultat de l'exemple de leurs parents, et en quelque sorte le fruit de l'éducation; car ils auront remarqué sans peine que ces actes sont spontanés. Après cela, il ne faut pas douter, il est vrai, que l'expérience et l'exemple ne contribuent à leur donner toute l'extension qu'exige la sureté et la conservation des espèces et des individus.

Cependant, il est certain que ces dispositions innées s'altéreraient dans les mêmes espèces soumises, plusieurs générations de suite, à certaines circonstances permanentes; et les jeunes animaux sauvages de la même espèce qu'on voit farouches en certains climats, doux et familiers en d'autres, recevraient assurément des instincts contraires par la génération, si leur espèce respective était transplantée du pays de l'un dans celui de l'autre. C'est ce qu'on peut remarquer dans quelques animaux, qui, étant devenus jusqu'à certain point domestiques, ne transmettent plus à leurs petits les instincts farouches qu'on leur trouve dans l'état sauvage. Les mœurs en s'altérant impriment aux organes de la sensibilité d'autres mouvements; toute l'œconomie physique subit la même influence, et la génération même transmet de nouvelles inclinations, de nouveaux instincts. Les dispositions morales acquises peuvent donc modifier jusqu'au physique même des individus. Ces premières réflexions ouvriraient un beau champ d'analyse à la physiologie; je dois rentrer dans les limites de mon sujet, et je reviens au phénomène dont il était question.

Mais ce cri d'alarme, répété plusieurs fois, et les causes en étant venues à la connaissance de l'animal qui l'entend, ne doit-il pas en résulter chez lui l'idée que nous appelons *danger*; car enfin, ce cri, qui est toujours le même dans des circonstances pareilles, semble devenir autant un signe convenu, pour les animaux auxquels il échappe, que le mot *danger* peut l'être pour nous? Cela serait effectivement, si les animaux avaient, comme nous, l'usage volontaire des signes. Mais leur organe vocal, comme je l'ai observé au chapittre IV., appartient bien plus à l'instinct qu'à l'intelligence; et les signes, cris ou gestes, toujours uniquement déterminés par une sensation actuelle, restent pour eux sous l'empire immédiat de la sensibilité physique, et ne sont reproduits que par les mêmes circonstances. Ils ne sont point, comme il a été dit au chapitre VI., des sons qui aient un sens indépendant de la situation où se trouve l'individu. Ils ne peuvent donc representer tout au plus que des perceptions, et rappeler ce qui a été vu ou senti. L'animal ne les employant que dans des cas déterminés, par un jeu pûrement mécanique et indépendant de son intelligence, du moins quant à leur but, n'y attache aucun sens abstrait; ils sont un produit de la sensation, qui disparait avec elle; ils sont pour les animaux ce que sont pour nous les interjections, qui n'expriment pas proprement des idées, mais plutôt des affections vives, quoique vagues par rapport à leurs causes, qu'elles n'indiquent point d'une manière spéciale.

———

7°. L'oiseau qui fait son nid, le renard qui cache les restes d'une proie, sont-ils mus par l'idée d'un besoin à venir? je ne le pense pas d'avantage. Pour avoir les idées *besoin* et *avenir*, il faudrait qu'ils jouissent de l'usage des signes convenus et quand on voit le Caraïbe redemander le soir en pleurant le lit de coton qu'il a vendu le matin, sans songer qu'il en aurait encore besoin, peut-on supposer à des bêtes une prevoyance calculée que l'homme n'a pas dans un ètat de beaucoup supérieur à celui de la brute? C'est donc encore ici l'effet d'une impulsion instinctive qui provoque l'exercice de l'intelligence, et la fait concourir à des actes dont elle ne connait assurément pas explicitement la fin, bien qu'il soit probable qu'elle la pressente. C'est par leur caractère apparent de généralité et de prévoyance que ces actes ressemblent à ceux de l'intelligence humaine, et font supposer des idées où il n'y a effectivement que des déterminations instinctives. Ce n'est pas que l'intelligence n'y concoure, puisque leur exécution dépend de la liaison même des organes de la locomotion avec le centre cérébral; mais ils n'ont pas leur cause dans une connaissance explicite, dans des idées; ils l'ont dans le jeu d'une organisation intérieure agissant par des lois qui précèdent, dans ce cas, l'exercice de l'intelligence.

On pourra demander comment l'intelligence pressent une chose à venir sans l'avoir déjà connue, comme il arriverait au jeune oiseau dans un premier hymen lorsqu'il bâtit son nid, s'il en pressentait l'usage. Cette question est d'autant plus difficile à traiter qu'on ignore nécessairement toujours plus ou moins ce qui se passe dans l'intelligence des animaux. Quant à l'homme, cette faculté de pressentir a déjà quelque chose de bien mystérieux, qui lui vient de ce qu'elle procède moins des sensations tirées de l'extérieur que des sensations bien plus subtiles, bien plus fugitives, bien plus compliquées que produisent en nous les idées et les instincts combinés rapidement et à notre insu de mille manières diverses par la sensibilité; de telle sorte que le pressentiment chez l'homme parait séparé de toute cause extérieure, de tout motif connu, et ressemble à une divination. Pour ce qui est du pressentiment chez les animaux, on peut en affirmer l'existence à bien des égards, par exemple, par rapport aux changements de l'atmosphère; mais c'est un jeu pûrement physique de l'organisation. Dans les deux cas cités plus haut, et autres semblables, la chose parait bien difficile à expliquer.

Cependant, pourquoi l'oiseau, qui construit le berceau de sa future famille n'éprouverait-il pas instinctivement des sensations analogues au but de son travail? et puisque tout est gradué dans la nature, que les intelligences comme les corps ne diffèrent que par des nuances lorsqu'on suit la chaine de classement, pourquoi ne pas admettre, dans les animaux les plus intelligents, une disposition analogue à ce qu'on appelle pressentiment chez l'homme? Elle sera plus bornée, elle n'aura que des perceptions pour sujet d'exercice, pour but, que des visions de choses physiques; mais cela suffit pour trouver à des actes inspirés par l'instinct et dirigés par l'intelligence un motif au moins pressenti, et par là on lève l'espèce de contradiction d'une conduite que règlerait l'intelligence sans en prévoir la fin. Dire que l'animal, qui fait son gîte ou son nid, ne conçoit rien, il semble que ce soit méconnaitre les lois de l'organisation. D'un autre côté, affirmer qu'il conçoit de telle ou telle manière, ce serait témérité. Mais en disant qu'il pressent, on ne détermine rien, et il parait qu'on en dit assez pour faire entendre que l'intelligence de l'animal n'est pas étrangère au but des actes qu'elle dirige.

8°. C'est une étude fort difficile que celle des animaux, à cause du défaut de communication entr'eux et nous. Nous ne pouvons juger que sur des faits, et par analogie avec ce qui se passe en nous; or, les faits peuvent être souvent attribués à une cause pour une autre, comme les analogies peuvent nous tromper par la différence des organisations. Cependant, si les observations précédentes sont fondées, on doit en tirer cette conclusion strictement nécessaire, que la faculté de penser chez les animaux ne s'élève point au-dessus des choses sensibles. Mais ils pensent sur des perceptions, comme nous pensons sur des idées, selon toutefois la perfection de leur organisation respective.

La pensée de l'animal, ainsi restreinte, repose toujours immédiatement sur les organes des sens; et, chez des êtres dont la vie est presque pûrement sensitive, elle donne à ces organes un développement dont l'homme, en général, devient incapable par sa vie intellectuelle. D'ailleurs, au milieu des ressources de la civilisation, l'homme se sert moins de ses organes physiques pour se conserver; il n'a besoin d'avoir ni l'ouïe aussi fine, ni la vue aussi perçante, ni le goût aussi sûr, ni l'odorat aussi subtil et aussi étendu : l'état social supplée pour lui toutes

tes ces choses, tandis que la securité de l'animal dépend sans cesse et immédiatement de l'usage de toute ses facultés physiques. Cette observation peut servir à expliquer comment, chez les animaux, les actes de l'intelligence ressemblent souvent à ceux de l'instinct; comme leur intelligence agit toujours sur des choses positives et essentielles à leur conservation, elle acquiert une prestesse et une infaillibité qui semblent n'appartenir qu'à l'instinct.

9°. La mémoire, en général, est la faculté de nous rappeler ce que nous avons senti, connu, fait ou pensé. Elle est si essentielle à l'exercice de l'intelligence que, sans elle, celle-ci n'aurait pas de développement possible, puisque toute expérience serait anéantie; il n'y aurait plus d'intelligence proprement dite. Aussi, dans toutes les espèces douées d'intelligence, il y a mémoire plus ou moins. La mémoire et l'intelligence sont donc inséparables dans leur principe, quoique la culture et l'organisation particulière des individus les développent à des degrés bien différents dans le même sujet.

On peut remarquer que les animaux chez qui l'instinct domine le plus, n'ont presque pas de mémoire; et il est même propable que les espèces privées d'intelligence par défaut de centre cérébral, ne peuvent point en avoir du tout. C'est pour cela, sans doute, qu'on voit des animaux répéter mille fois les mêmes actes, sans que cela fasse expérience pour eux, bien que leur perte ou leur mal y soit plus ou moins directement attaché.

En supposant l'homme sans idées, la mémoire serait chez lui ce qu'elle est dans les autres animaux, sauf la proportion organique; elle n'aurait pour objet que des perceptions. Mais l'institution du langage et la création des idées ouvrent à la mémoire une carrière immense, et lui donnent une étendue, une activité prodigieuse, qu'on ne peut bien comprendre qu'autant qu'on a saisi la nature des idées, leurs liaisons mutuelles, en un mot leur génération par le moyen des signes.

La mémoire s'explique d'abord par la liaison des perceptions avec les objets, et entr'elles. Après la formation des idées, outre ce premier moyen de rappel, elle s'appuie sur les liaisons de celles-ci entr'elles, et avec tout ce que nous sentons.

D'après ce qui a été dit au chapitre IV., chaque mot est comme un foyer d'où partent en tout sens une multitude de notions aboutissant à d'autres mots, qui sont eux-mêmes de nouveaux foyers d'où sortent encore une foule de notions nouvelles; et toujours ainsi par une rotation qui fait parcourir incessamment le vocabulaire du langage. Un mot peut mettre en mouvement l'esprit sur une infinité de directions diverses. Que l'on prenne dans une langue tel mot qu'on voudra, toujours on trouvera plus ou moins la même propriété dans la réunion nominale de ses éléments idéologiques; et chaque idée aura toujours ses rayons, qui iront se confondre dans plusieurs autres idées.

Les idées d'une langue se tiennent donc par des liaisons non interrompues; et le mouvement de l'esprit sur ces idées, en quelque sorte circulaire, est indéfini et demeure indépendant, au moins pour un temps, de l'exercice de nos organes extérieurs. Je dis pour un temps, car il est certain que si cet exercice était supprimé, l'usage des signes se perdant bientôt, les idées s'évanouiraient aussi.

Pour faire solution de continuité dans l'esprit, il faut que l'action cérébrale soit totalement suspendue, ou profondément troublée. Mais, après la suspension ou le trouble, la chaine se renoue, comme il arrive dans le réveil, ou dans le calme qui succède au premier état. Cependant, lorsque le réveil est brusque, ou la cessation du trouble subite, on est encore un instant dans la solution de continuité, et il arrive qu'on se demande où l'on était, et ce que l'on faisait.

L'ensemble des idées ou mots d'une langue peut être considéré comme un réseau, ou comme un assemblage d'anneaux qui se tiennent, et que l'esprit parcourt en tout sens. Mais la chaine idéologique n'existe selon le sens du mot, c'est-à-dire comme une suite de chainons formant une ligne quelconque, que par le tracé de la route que fait l'esprit en passant successivement d'une idée à une autre, et, plus régulièrement, que lorque l'esprit procède avec méthode et avec réflexion, comme dans les sciences, dans des exposés de faits, dans des discutions raisonnées, etc.

Cette chaine se continue très-souvent à notre insu, et nous transporte, sans que nous sachions comment, d'un objet, d'une idée, à l'objet ou a l'idée quelquefois la plus disparate ou la plus conséquente. Dans ces instants, la réflexion parait sommeiller et ne plus présider à l'enchainement des idées, qui se fait alors par une affiliation d'analogies dont nous n'avons pas conscience. Les pensées qui nous apparaissent au sortir de cet état, le plus souvent bizarres et extravagantes, sont cependant quelquefois vraies, lucides, profondes, perspicaces, et en certains cas presque divinatoires. Le hazard entre pour beaucoup dans tout cela; mais il faut aussi tenir compte des dispositions actuelles du physique et du moral, qui font prévaloir, sans doute, certaines affinités plutôt que d'autres dans la succession des idées.

On sent que l'homme avec des idées doit être plus sujet que l'homme qui n'aurait que des perceptions à ces sortes de rêves en pleine veille; car les idées ont entr'elles des liaisons bien plus nombreuses que les perceptions, plus souvent détachées de l'exercice des sens, et par conséquent bien plus propres aux phénomènes qui s'exécutent au-dedans de nous sans une participation expresse de notre volonte.

Cependant il ne faut pas croire que ce soit toujours des éléments idéologiques communs aux idées, qui conduisent l'esprit de l'une à l'autre; ce sont très-souvent les circonstances qui les ont rapprochées, ou seulement au milieu desquelles elles se sont trouvées rapprochées; ou même elles se tiennent par cela seul qu'elles ont été une fois rapprochées. Très-souvent aussi, les perceptions actuelles ou remémorées servent de passage d'une idée à une autre; et, en général, les motifs de transition sont multipliés et variés à l'infini, comme les modifications de la sensibilité. Tout ce que l'homme peut sentir, faire, connaître et penser, est dans les mots; donc tout cela peut servir à lier les idées, à les rappeler, et dans mille combinaisons diverses.

D'après la distinction que j'ai faite du réseau idéologique et de la chaine idéologique, de la totalité connexe des idées d'une langue, et de la trace de l'esprit à travers ces idées, on conçoit que le travail de la mémoire consiste à reproduire une suite d'idées ou de faits que l'esprit a parcourus, et dont il s'est occupé particulièrement. Il n'est point d'effets de la mémoire dont on ne puisse rendre compte au moyen de ce qui vient d'être dit sur la liaison des idées; et quant aux degrés et aux caractères différents de la mémoire, ils tiennent sans doute à des accidents d'organisation qui se dérobent à nos recherches, et à des circonstances de culture dont l'observation montre chaque jour l'influence.

10°. La mémoire des animaux ne s'exerce que sur des perceptions. Celle de l'homme a de plus le vaste champ des abstractions à parcourir. Or, les perceptions des animaux sont presque uniquement relatives à leur conservation; celles de l'homme, outre ce but, tiennent à une multitude de spéculations plus ou moins éloignées de ses besoins essentiels. La mémoire des animaux, circonscrite dans un cercle plus étroit, reçoit donc encore un nouveau degré d'énergie par la nature même des choses qui sont l'objet de son action. Cette différence explique pourquoi l'animal est doué d'une mémoire si prompte, si sûre, et quelquefois si surprenante; tandis que cette faculté, chez l'homme, est souvent incertaine, obscure, fautive, ou même nulle dans les mêmes circonstances.

La différence des choses sur lesquelles s'exerce la mémoire a fait adopter le mot de *réminiscence* pour les souvenirs qui ne portent que sur des perceptions. D'après cela, on doit refuser aux animaux la mémoire proprement dite, qui est alors exclusivement réservée à l'homme, parcequ'il a seul des idées. Ces souvenirs de perceptions ne se conservent point, ne se réveillent point comme les autres, puisqu'ils manquent de signes de rappel. Aussi s'effacent-ils promptement, à moins qu'une affection profonde ne les prolonge, et ne se renouvellent-ils que par la présence des causes qui ont fourni les perceptions, ou par d'autres causes qui ont des liaisons avec les premières. Mais alors ils se reproduisent quelquefois avec une étonnante exactitude chez les animaux, comme j'en ai fait la remarque tout-à-l'heure ; et c'est ce qui fait reconnaître à ceux-ci, par exemple, les lieux où ils ont passé, avec une sagacité que l'homme a peine à concevoir, et dont il serait incapable à leur place.

Il paraît d'après les observations faites sur des individus de l'espèce humaine privés dès leur enfance de l'usage de la parole, qu'ils étaient aussi privés du souvenir de toutes les circonstances de leur vie qui précédèrent le moment où ils connurent les signes d'institution. Ce fait est remarquable, et appuie singulièrement l'opinion que j'ai tâché d'établir sur l'absence des idées dans l'absence des signes. Ces individus ne se souvenaient d'aucune chose, parcequ'ils n'avaient eu que des perceptions, qui s'effacent en se succédant sans cesse, et en ne s'attachant à rien. Ils étaient dans le cas, ou à peu près, des animaux pour qui en général le passé et l'avenir sont nuls, parce que des perceptions dans le passé ne sont plus, et dans l'avenir ne sont pas encore.

Mais les animaux, pourra-t-on dire, se rappellent souvent les perceptions qu'ils ont eues ; pourquoi les individus dont il s'agit ne se seraient-ils pas rappelé les leurs ? Sans doute, ils pouvaient, comme les animaux, et avant qu'ils eussent acquis l'usage des signes, avoir de tels souvenirs par le renouvellement des mêmes causes ; mais, lorsqu'on les interrogea, ils avaient passé en quelque sorte dans un nouveau monde, l'introduction des signes avait révolutionné leur système intellectuel; et il eût été difficile que ces individus, replacés dans les mêmes circonstances où ils avaient été avant leur nouvelle éducation, reconnussent les choses qui avaient eu même la liaison la plus étroite avec leur existence passée. Cependant cela est possible, il fallait en faire l'expérience.

On peut juger par ce qui précède combien le domaine de la réminiscence est borné en comparaison de celui de le mémoire, qui, s'appuyant sur les signes d'institution, parcourt les espaces, les temps et les faits; descend des idées aux sensations, remonte de celles-ci aux idées; embrasse, en un mot, tous les produits de la sensibilité animale à quelque ordre qu'ils appartiennent, de quelque date qu'ils soient. Si les animaux ont besoin de la même cause, ou d'une cause relative pour se rappeller une perception, nous nous rappelons très-bien, nous, dans l'absence de leurs causes, les perceptions que nous avons eues, par l'habitude que nous avons contractée, en faisant usage des signes, de porter l'action de notre intelligence sur les choses passées. Enfin, la mémoire, outre un domaine infiniment plus étendu, jouit encore d'une activité volontaire, dont la réminiscence est dépourvue, et qu'elle doit à la puissance des signes.

Si Condillac eût reconnu qu'il ne peut y avoir

d'idées sans signes, et s'il eût bien précisé le sens de ce mot *idée*, il eût été moins embarassé dans ses conjectures sur l'état intellectuel d'un jeune sourd-muet de naissance, qui commença à parler à vingt-trois ans. *orig. des Conn. hum. page* 131. *et suiv. édt. de* 1793. Il rencontre juste, guidé par le génie du vrai ; mais il discute vaguement, parce qu'il n'a point vu le principe de la vérité qu'il découvre.

11°. Les perceptions des animaux n'étant point et ne pouvant être fixées par des signes, il est clair que l'exercice de leur intelligence roule bien plus sur les rapports des choses qui les affectent actuellement que sur des souvenirs, puisque leurs souvenirs n'existant que par la provocation d'une cause physique, soit interne, soit externe, ils manquent nécessairement de tous ceux dont les causes ne sont pas reproduites. Dans l'homme, au contraire, les souvenirs sont provoqués très-souvent par les seuls signes institués. Ces signes sont très-évidemment aussi des causes physiques, mais d'une nature telle qu'enchaînés les uns aux autres par la liaison des idées qu'ils expriment et des perceptions qui sont les éléments de ces idées, ils donnent lieu à des opérations mentales qui semblent n'avoir plus rien de commun avec le monde matériel, etc. etc. etc.

12°. La génération des idées, telle que j'en ai donné la théorie, explique encore la bizarrerie des songes. En effet, puisque les idées sont le produit de la sensibilité animale, elles sont nécessairement en harmonie avec toute l'œconomie de cette sensibilité, et leur combinaison même doit en général rester d'accord avec les habitudes de la faculté de sentir; de manière que, dans l'état de veille et de réflexion, nous ne pensons point, même sur nos abstractions les plus élevées, sans que la sensibilité physique ne préside à nos opérations, et ne les rappelle sans cesse aux lois de la génération des idées, et aux analogies de la nature. Mais pendant le sommeil, tous les organes de la sensibilité sont plongés dans l'inertie, excepté le centre cérébral, dont les vibrations continuent quelquefois à cause de son excessive activité; et comme alors la sensibilité est privée du secours des organes qui lui font percevoir les vrais rapports des choses et des idées, elle fait de celles-ci des alliances bizarres, par ce qu'elles les combine hors des vraies analogies, dans lesquelles elle n'a plus de moyen de se maintenir.

Si les idées appartenaient à l'ame, comme l'ont prétendu certains philosophes, et comme le croit encore l'ignorance ou le préjugé, pourquoi l'ame ne penserait-elle pas avec la même justesse pendant le sommeil? Il semble au contraire que ses opérations devraient être exemptes d'erreurs, puisqu'elles sont à l'abri des illusions des sens, ou de leurs rapports souvent fautifs. C'est encore une des mille et une contradictions où tombent les partisants du spiritualisme absolu. Mais il faut les laisser à leurs visions; aussi-bien, en fait de vérité comme en matière de réligion, il y aura toujours un petit nombre d'élus.

———

13°. La haine, l'amour, l'irascibilité, la timidité, et autres dispositions semblables, effets immédiats de la constitution physique de l'homme, sont des sentiments essentiels, *primordiaux*. L'espérance, l'ambition, l'avarice, l'amour des arts, etc. etc., sortent de cette catégorie, et supposent des idées acquises; ce sont des sentiments *secondaires* par rapport aux premiers. Ce qu'on appelle *sentiment religieux* semble appartenir à cette dernière classe.

Adorer est un besoin de l'homme, mais quand et comment ce besoin se fait-il sentir? Il n'est jamais antérieur aux images abstraites ou idées, et il les accompagne toujours; il appartient tout entier à l'intellectuel, et n'est originairement le résultat propre d'aucune modification du physique de l'homme.

En effet, on n'a jamais reconnu la moindre trace du sentiment religieux chez les individus qu'une circonstance quelconque de position ou d'organisation avait privés de l'usage des signes conventionnels, et qui par ce défaut manquaient d'idées. Partout où l'on a trouvé le sentiment religieux établi, il existait déjà un langage artificiel, quelque grossier et quelque restreint qu'il fût, et par conséquent des idées acquises en proportion de ce langage. Or, les idées, comme j'en ai fait ci-devant l'observation, s'établissent dans l'esprit et s'y combinent par des moyens en quelque sorte secrets, et qui échappent en général à l'homme même civilisé. Les idées ne paraissent point dans bien des cas avoir une origine sensible; et la pensée elle-même s'exerce tacitement sous les signes, comme par une sorte de magie. Ces circonstances disposent naturellement l'homme à imaginer des causes occultes en lui et hors de lui, et le porte à leur attribuer les phénomènes et les événements de toute espèce dont il n'aperçoit pas les causes matérielles. C'est le résultat de la simple analogie, dont il suit ici le fil sans réflexion, sans calcul, et à son insu.

Lorsque, par l'abstraction et les signes, notre intelligence s'est remplie d'imagines intellectuelles ou idées dont nous ignorons la trace originelle; lorsque nous avons conçu certaines qualités telles que la force, la bonté, la vengeance, et qu'en suite nous apercevons des effets qui semblent dériver de ces dispositions, sans que nous voyions les êtres dont ils partent; il est tout naturel que nous en supposions de fictifs : car l'expérience nous a toujours conduits des effets à la recherche des causes dans l'intérêt nécessaire de notre conservation, et nous sommes tout préparés d'avance à concevoir ces causes au-delà du domaine des sens. L'admiration, la terreur, la reconnaissance, la curiosité ignorante, etc. etc., font le reste.

Voilà, ce semble, la première source du sentiment religieux chez des êtres que la culture de l'esprit et l'instruction n'ont pas encore élevés jusqu'à la conaissance raisonnée d'un dieu créateur, rémunérateur et vengeur, tel que nous le concevons.

Cette opinion établie sur les faits, assigne une bâse aux observations de Mr. B. Constant qui, dans le chapitre 1er. de son ouvrage sur la religion, parle de l'existence du sentiment religieux chez l'homme, et de son absence dans la brute. L'homme acquiert le sentiment religieux, parce qu'antérieurement il a des idées; l'animal manque de ce sentiment, parcequ'il est privé d'idées. C'est le prestige des idées qui mène au sentiment des causes occultes; ce sont les idées elles-mêmes qui fondent encore celui qui aurait simplement pour objet un être naturel, comme le soleil, la lune, etc.; car, bien qu'il ne faille que des sens pour remarquer ces grands corps, et ressentir leur influence, il faut des idées pour les envisager comme causes d'effets plus on moins éloignés.

Le sentiment religieux appartient donc tout entier à l'abstraction, c'est un effet secondaire de la constitution de l'homme. *)

---

*) Mr. de Sismondi (Revue encyclopédique, janvier 1826, page 24.) dit: „Nous irons peut-être plus loin encore que lui (Mr. B. Constant) en analysant le sentiment religieux, ainsi qu'il semble que nous devons le faire,

Mais, si le sentiment religieux n'est point primordial, en est-il moins un sentiment naturel, universel? Non, car ce n'est que par des accidents

au lieu de le regarder comme un attribut primitif de la race humaine. Nous trouverons alors que ce sentiment est le résultat nécessaire des passions conservatrices de notre espèce, l'amour, la crainte, le besoin d'aide, et le besoin de croire, auxquelles le monde fini ne suffit pas, et qui se jetent dans l'infini."

Sans doute on voit bien que ces dispositions, du moins les trois premières, subsistent chez tous les hommes, et précèdent le sentiment religieux; mais on ne voit en aucune façon comment seules elles lui donneraient naissance, ni comment elles nous meneraient des objets finis à l'infini, des êtres naturels à l'idée d'un Dieu invisible: c'est là la difficulté. Mr. de Sismondi, en partant des dispositions citées, croit la résoudre par une succession d'idées et d'affections qui peuvent conduire, il est vrai, l'homme civilisé à ce but, mais qui ont elles-mêmes besoin d'être résolues, comme n'étant point le produit immédiat de notre nature. De telle sorte que, si Mr. de Sismondi est allé plus loin que Mr. B. Constant, s'il a trouvé dans la nature intime de l'homme des antécédents au sentiment religieux, il n'a point montré la cause qui fait éclore ce sentiment; il a fait voir qu'il se rattache à des dispositions inhérentes à l'homme, il a pour ainsi dire légitimé le sentiment religieux aux yeux de ceux qui voudraient le repousser par tel ou tel motif, mais il n'en a point expliqué l'existence par le principe sans lequel il n'existerarait pas, par l'abstraction.

bien rares que l'homme est privé du langage et des idées, avec lesquels on l'a vu coexister à toutes les époques, et chez tous les peuples.

Le sentiment religieux n'étant point primordial, mais seulement universel, que peut-on en conlure sur la réalité de son objet? Le moins qu'on puisse en conclure, c'est sans doute que cet objet est une vérité morale incontestable, qu'aucune opinion sensée ne peut révoquer en doute. Le reste n'est pas du sujet de cet opuscule.

Il est aisé au surplus de reconnaître, dans cette origine du sentiment religieux, celle de toutes ses aberrations. Si le sentiment religieux était primordial, c'est-à-dire produit immédiatement par le jeu de l'organisation, il se retrouverait dans tous les individus indépendamment d'aucun développement intellectuel; il serait mieux déterminé dans son objet; il aurait une direction plus fixe, et dévierait moins; il ressemblerait à tous les sentiments primordiaux, dont la cause est physique, l'objet certain, le but connu. Mais le sentiment religieux n'est que secondaire, c'est-à-dire le produit de l'intelligence développé du moins jusqu'aux premières abstractions; et, par là même, il est vague comme la source d'où il sort, susceptible d'erreurs comme les idées, sans objet palpable, sans but physiquement avéré: de-là toutes les déviations de ce sentiment dans ses effets par rapport à la morale, qui doit être son vrai but; de-là la multiplicité et la bizarrerie, l'absurdité même des formes dont il se couvre au gré de l'ignorance, des préjugés, des passions; de-là enfin sa détérioration native ou acquise, sa corruption même, et par fois son anéantissement total. Tel est le sort de tous les sentiments qu'influence la pensée jetée sans boussole hors des voies humaines, et à plus forte raison le destin de ceux dont la racine, au lieu de s'implanter dans la nature physique de l'homme, s'arrête aux conséquences artificielles de cette nature.

Si Mr. de Lamennais eût remarqué cela, il en eût tiré sans effort la nécessité d'une révélation, et il eût évité de prêter de flanc à son adversaire. Mr. B. Constant a tiré bon parti de la fausse position de Mr. de Lamennais.

Quand on réfléchit sur les extravagances ridicules ou atroces que le sentiment religieux a inspiré de tout temps aux peuples de la terre, on serait vraiment tenté de croire le genre humain fou. Cependant, après avoir passé en revue les opinions bizarres et les coutumes sanguinaires ou insensées de la religion chez les sauvages, l'auteur*) célèbre cité plus haut, s'écrie: „Et l'on ne reconnaîtrait pas dans l'homme un être tout autre que le reste de la matière animée!" Il est vrai qu'il développe cette pensée par

---

*) Mr. B. Constant, page 306. de son ouvrage sur la religion.

par des considérations habilement tirées de la distinction du sentiment religieux et de sa forme, de manière à faire sortir d'un assemblage d'actes monstrueux et d'idées absurdes une conséquence d'un ordre si élevé. Mais le sentiment religieux et sa forme sont-ils deux choses si distinctes? Comment imaginer que le sentiment religieux tende vers un but, tandis que les formes par lesquelles il se manifeste tendent incessament vers un autre, surtout quand ces formes n'ont point encore été l'objet d'un calcul intéressé? Car les formes alors expriment évidemment le caractère et pour ainsi dire la substance du sentiment religieux; et, malgré toutes les distinctions possibles, il restera toujours contradictoire qu'un tel sentiment, émanant de la source qu'on lui assigne, se revête extérieurement de tant d'absurdités, toujours renaissantes chez les peuples où la révélation n'a point fixé l'opinion des hommes.

Mais l'exclamation qui vient d'être rapportée n'est qu'un mouvement oratoire; le sentiment religieux n'appartient pas plus à un être différent du corps que tous nos autres sentiments: il appartient à la matière animée; et comme il prend sa source dans des idées dont les sens ne peuvent redresser l'application, il est susceptible de toutes les erreurs attachées aux circonstances qui, dans ce cas, dominent les hommes. Je dis des idées dont les sens ne peuvent redresser l'application, parce qu'elles se rapportent à un empire qui n'a plus rien de commun avec le domaine de la vie et des sens.

Je ne puis me lasser de le redire : l'intelligence humaine développée par les signes devient en quelque sorte un monde séparé d'abstractions qui semblent exister sans la matière, et auxquelles pour cela on assigne une origine hors de la matière. Cette illusion est naturelle, séduisante ; jamais peut-être les hommes n'en seront entièrement guéris. Est-ce un bien ? est-ce un mal ? D'une part, c'est une source d'erreurs, de préjugés, peut-être de quelque chose de pis ; de l'autre c'en est une de sentiments et de vertus sublimes. . . . . Que de plus habiles décident la question sous le point de vue de la morale pratique ; pour ce qui est de la vérité abstraite en particulier, cette illusion est un dédale où l'on se perd en conjectures, en hypothèses, en raisonnements captieux, parce qu'une fois séparé de la base qui porte l'édifice intellectuel, on n'a plus que des effets sans causes ; et, comme on veut cependant trouver des causes, on prend pour telles des mots abstraits comme *raison, conscience* etc. etc., auxquels on attribue les idées, les sentimens, les déterminations et tous les actes réfléchis de la sensibilité. Pour n'avoir pas vu comment cette sensibilité s'élève du monde matériel au monde abstrait, on a donné à celui-ci des fondements illusoires ; et voilà la source des erreurs que depuis vingt siècles on agite de toute manière sans pouvoir les détruire.

Eh ! comment les détruirait-on, en laissant subsister le prestige qui les alimente ?

C'est pour la masse des hommes même cultivés une énigme inexplicable que l'intellectuel et le moral de l'homme. Des philosophes ont aplani bien des difficultés, rendu compte de beaucoup des phénomènes ; mais en négligeant de considérer la parole dans son influence et dans ses effets, ils ont méconnu le vrai moyen d'analyser complettement le cœur et l'esprit de l'homme ; ils n'ont pû signaler la cause du monde intellectuel et moral, si je puis ainsi parler.

Du moment où les idées commencent à s'établir par le moyen des signes, il en résulte une progression croissante d'effets nouveaux dans toute l'économie animale. Il est donc très-important de commencer par voir ce que peut être l'homme sans les idées, afin de rapporter à celles-ci les conséquences qui en dérivent, et que d'ordinaire on attribue à l'ame en tant qu'être simple et spontanément actif ; et il ne l'est pas moins de connaître la nature et la génération des idées, afin d'apprécier leur influence sur les produits ultérieurs de la sensibilité. Sans cette étude préliminaire, la philosophie n'est qu'un chaos, et la physiologie elle-même une science incomplette.

Les idées, filles de l'abstraction et des signes, développent en nous mille sentiments divers, mille passions qui ne fussent jamais nées sans elles. Le germe en existait, dira-t-on. Sous quelle forme ?

Je n'en connais aucune; je conçois seulement que nous sommes souvent disposés par notre constitution à sentir de telle ou telle manière, en vertu de telles ou telles idées que nous avons reçues par cette même constitution: tels sont le sentiment religieux, la compassion, l'amour de la patrie, etc. etc., qui n'existèrent jamais sans les idées. On dira encore: Je n'ai pas besoin d'avoir des idées, ni de penser pour éprouver ces sentiments. Eh! mon Dieu! il le semble, quand ils sont devenus un état habituel de la sensibilité; mais il faut bien qu'on ait pensé sur des idées, sans quoi on n'aurait pas plus ces sentiments que l'animal qui ne pensa jamais que sur des perceptions. Le raisonnement et les faits sont ici d'accord comme je crois l'avoir montré en commençant cet article.

La solution que j'ai donnée des idées par le moyen des signes, est donc la clef d'un grand nombre de problèmes, en ce qu'elle montre comment de l'homme matériel, armé de ses seuls moyens organiques, sort l'homme intellectuel tout entier, et même l'homme moral en quelque point; l'un et l'autre trop souvent méconnus à cause de la magie apparente des idées, et de celles des sentiments qu'elles engendrent en réagissant sur la constitution même où elles ont pris naissance.

Ces aperçus rapides, qu'on pourrait beaucoup étendre et multiplier, font assez voir la fécondité des ressources de l'idéologie. Cette science, par son objet même, tient à toutes les branches du savoir humain, aux principes desquelles elle enseigne d'abord à remonter; et l'étude qu'on en fait devient aussi importante, quand on procède avec la nature, qu'elle est inutile lorsqu'on la traite sur des hypothèses. Dans le premier cas, elle conduit à des opinions au moins sensées sur des phénomènes que, dans l'autre, la controverse métaphysique convertit en chimères ridicules, et souvent dangereuses. D'un côté, la simplicité de ces procédés, et le petit nombre de faits clairement établis d'où elle part, en font une doctrine intelligible, fondée sur la constitution même de l'homme; et, de l'autre, un appareil scientifique de mots dénués de sens, de facultés illusoires, de suppositions gratuites, en fait un assemblage de propositions contradictoires et parfois grotesques, que les esprits justes repoussent comme inutiles, que les sots accueillent pour se donner l'air de savoir quelque chose, et où trop souvent même des gens de beaucoup de mérite se précipitent et s'égarent, entraînés par leur imagination, ou séduits par les préjugés de l'école.

Je sais que la plupart des lecteurs nieront la liaison de ces corollaires avec le principe dont je les tire, et très-probablement le principe lui même; je sais aussi que cette matière exige trop d'efforts pour intéresser beaucoup de monde; et d'ailleurs elle suppose, pour être comprise, un concours de circonstance qui se rencontre rarement. Il faut, dans l'absence de toutes les opinions, de tous les systèmes, de tous les prejugés, de toutes les illusions, dans l'absence totale de toutes les acquisitions morales et intellectuelles, reprendre nos facultés à leur début, les suivre pas à pas dans leurs progrès successifs, et les observer avec soin dans leurs moyens naturels et artificiels de développement. Et quel homme, à moins qu'il ne soit entrainé par l'amour desintéressé du vrai, se livrera, même dans ces circonstances, à l'investigation d'une matière aussi ingrate par son but que fatiguante par sa nature ?

Toutefois, si j'ai soulevé un coin du voile qui couvre la vérité, j'aurai du moins mérité l'estime du petit nombre d'élus qu'elle laisse approcher de son sanctuaire.

DE
DIVERS SUJETS
DE
PHILOSOPHIE MORALE.

DE DIVERS SUJETS DE PHILOSOPHIE MORALE.

CHAPITRE I.

L'homme, comme tous les êtres, est assujetti à des lois appropriées à sa nature. Nature de l'homme reconnue par ses besoins et ses facultés. Analyse des besoins et des facultés. Libre arbitre absolu. Fatalisme. Perfectibilité. Sociabilité.

Tout, dans la nature, est soumis à des lois constantes, dirigé vers un but unique: la conservation de l'ensemble par l'harmonie de toutes les parties.

Les êtres insensibles sont ordonnés par rapport à cette fin générale et commune, et y tendent par la seule force de leur constitution physique. A l'existence des êtres animés sont attachées des séries d'actions produites par l'organisation particulière de chaque espèce, et calquées sur sa fin.

Placé à la tête de l'échelle de la vie, et faisant partie des productions de la nature, l'homme est donc aussi assujetti à une certaine manière d'agir relative à sa constitution; et si, d'une part, il est soumis par son être physique aux lois générales des corps, il appartient par sa nature *sensible, intelligente, sociable,* et *perfectible,* à un ordre de choses dans lequel il doit suivre des lois appropriées à cette nature, afin d'accomplir sa destination.

Ainsi, c'est à la nature de l'homme qu'il faut recourir pour comprendre les lois de son existence morale.

Des quatre dispositions que je viens de citer, *sensibilité, intelligence, sociabilité, perfectibilité,* et dont la réunion et l'étendue forment le caractère distinctif de la constitution humaine, trois sont suffisamment prouvées par le fait. Mais, si l'on voulait élever des doutes sur la sociabilité, comme condition essentielle de la nature de l'homme, la seule considération que l'homme est perfectible suffirait pour les dissiper. En effet, à quoi lui servirait sa perfectibilité dans un état d'isolement? Elle resterait inerte, et l'auteur de son être l'aurait doué d'une faculté inutile! Cependant on a essayé d'attaquer la sociabilité, et l'on a dit que l'homme est né méchant; que naturellement il est plus porté à fuir ses semblables qu'à les rechercher, etc. etc. L'homme né méchant et insociable! idée absurde et atroce: absurde, puisque, si elle était vraie, il eût été impossible que les sociétés humaines s'établissent; atroce, parce qu'elle sert de prétexte pour asservir les hommes.

L'homme est sensible et intelligent: delà le sentiment et la connaissance du bien et du mal. Il est sociable et perfectible: de-là le caractère particulier de l'un et de l'autre dans l'homme.

Comme être sensible et intelligent, l'homme tend continuellement à se conserver et à jouir; et cette tendance se manifeste par des *besoins* et des *facultés*. Comme être sociable et perfectible, il y tend par des voies qui sont particulières à son espèce, et constituent sa vie morale; et de-là le point de vue sous lequel il faut envisager ses besoins et ses facultés.

Les besoins de l'homme, excitations de sa nature, l'appellent sans cesse vers cette double fin de conservation et de bien-être; deux choses inséparables, puisque le plaisir est attaché à la satisfaction des besoins. Ses facultés, qui sont ses moyens d'y parvenir, lui montrent clairement le but vers lequel il doit tendre, et de quelle manière sa nature veut qu'il y tende.

C'est donc par les besoins et les facultés de l'homme qu'il faut, en morale, reconnaître sa nature et sa destination.

Par besoin il faut entendre une disposition organique qui réclame impérieusement la jouissance d'une chose nécessaire à la vie de l'individu, à son bien-être.

Les besoins de l'homme sont de deux espèces. Les uns, physiques, ont pour objet les choses indispensables à l'existence matérielle, telles que le repos, l'exercice, les aliments, etc. etc. Les autres, moraux, embrassent tout ce qui favorise la vie intellectuelle; c'est-à-dire la culture de la raison, les progrès des arts et des sciences, les liens qui unissent les hommes, ce qui étend et épure leurs affections mutuelles, agrandit leurs sentiments; en un *mot* tout ce qui constitue la civilisation humaine.

On ne peut nier que l'homme éprouve ces deux sortes de besoins, qui résultent de sa nature; ni que son bonheur dépende de leur satisfaction. Cependant s'il y avait quelque doute à cet égard, l'examen des facultés dont il est pourvu les aurait bientôt fait disparaître; à moins qu'on ne suppose, dans le créateur, l'intention absurde de donner à l'homme des facultés superflues, ou même pernicieuses.

Par faculté il faut concevoir simplement une disposition, une aptitude ou puissance, propre à un être quelconque, en vertu d'une certaine constitution qu'on appelle sa nature, ou sa manière d'être. Ce n'est que par ses effets qu'on peut connaître une faculté; et pour s'exercer, elle a besoin d'occasions et de moyens qui la mettent en action.

Il est facile de reconnaître, dans l'homme, deux sortes de facultés, comme on y a remarqué deux sortes de besoins. Les unes, physiques, effet immédiat d'une organisation sensible, ont pour objet la satisfaction des besoins correspondants. La plus simple attention suffit pour faire apercevoir toutes celles qui sont analogues aux besoins du même ordre; elles sont communes à tous les êtres animés, quoique dans des degrés différents, et proportionnées à leur organisation. Les autres sont intellectuelles, et, dans l'homme, d'un ordre bien supérieur à l'intelligence des bêtes, puisqu'elles embrassent une multitude de connaissances et d'affections morales dont celles-ci resteront toujours incapables. Par les premières l'homme se nourrit, s'accroît, se conserve, se reproduit, selon les lois de la vie animale; par les secondes il étend le cercle de son existence à tout ce que la pensée lui montre de vrai, de bon, de beau, et se place au-dessus de tous les êtres vivants.

D'après la manière dont nous avons présenté les besoins et les facultés, on pourroit nous supposer l'opinion que ces phénomènes tiennent à des organes différents. Nous sommes loin de cette idée, et nous regardons au contraire les besoins comme des excitations inséparables des organes de nos facultés; excitations sans lesquelles ces facultés resteraient inertes, puisque les organes en seraient inactifs. Le besoin de la faim est l'excitation d'un estomac qui digère, celui de connaître est l'excitation d'un cerveau qui conçoit. Tout organe est donc excité par sa propre vie, et cet organe excité donne naissance aux deux phénomènes appelés besoins et facultés.

Il suit de-là qu'on pourroit se borner à reconnaître l'existence de ces dernières, et qu'en s'éparant, par l'analyse, les besoins des facultés on n'a d'autre but que de montrer plus à decouvert et de rendre plus plausibles les motifs sur lesquels se fondent, comme on le verra plus bas, les droits et les devoirs de la morale, en les présentant sous l'idée pressante de la nécessité. Il suit encore de-là qu'on peut définir le besoin, un sentiment naturel qui provoque l'exercice d'une faculté; définition plus philosophique que celle donnée ci-dessus.

On a compris, sous le nom général de *raison*, toutes les facultés intellectuelles et morales, qu'on rappelle ordinairement à trois, savoir: *l'entendement*, la *volonté*, et la *liberté*. Ce sont là les trois éléments nécessaires pour les actions humaines, et c'est de leur combinaison que résultent les divers degrés de moralité.

1mo. Sous le nom *d'entendement*, on comprend toutes les opérations que l'esprit fait pour connaître; et toutes ces opérations consistent, de la part de l'esprit, à saisir les rapports des choses à nous et entr'elles, à se faire des idées exactes et conformes à ces rapports, enfin à comparer ces idées pour en tirer toutes les conséquences vraies dont elles sont susceptibles. Ainsi, le but de l'entendement est la connaissance du vrai, c'est-à-dire de tout ce qu'il importe à l'homme de savoir pour sa conservation et son bonheur.

L'entendement, en matière de choses morales,

est naturellement droit, c'est-à-dire que l'homme a en lui même tous les moyens de découvrir les verités qui l'intéressent. Nier cette assertion, ce serait prétendre que la nature lui a imposé des besoins qu'elle ne lui permet pas de satisfaire, et par conséquent l'a dévoué au malheur; idée aussi impie qu'absurde. Mais, pour conserver cette rectitude naturelle de jugement, il faut des efforts dont l'homme n'est pas toujours capable, et des circonstances dont il arrive souvent qu'il n'est pas le maître: une attention soutenue, une ame degagée de préjugés, libre de passions violentes etc. etc. Aussi, n'est-il pas étonnant que l'esprit humain soit sujet à de fréquents écarts, et qu'en fait de morale, il donne souvent dans de très-graves erreurs. Il est inutile de s'étendre d'avantage sur cette faculté. Son existence reconnue, et le but de ses fonctions bien compris, suffisent en morale; le reste appartient à l'idéologie.

Cependant, il existe encore, dans l'homme, un autre principe de direction, une sorte de faculté mixte qu'on pourrait appeler *instinct moral;* c'est cette sorte de sens par lequel il reconnait le vrai et le bon, avant même que son entendement les lui ait montrés. Ce sens n'a pas la lumière de l'entendement, mais il approche de la promptitude et de la sûreté de l'instinct. Il est difficile de l'analyser, parce qu'il semble tenir de deux natures, et a son germe dans la connexité intime du physique et du moral de l'homme. Il tient au physique par le sentir, au moral par son application et son but. Etablissons, s'il se peut, quelques notions claires sur ce sujet.

Nos sentiments et nos jugements procèdent de nos sensations, et nos sensations elles-mêmes sont analogues au genre de sensibilité attaché à notre nature. Nos sentiments et nos jugements, sortant d'une même source, se correspondent nécessairement dans leur action, qui tend au même but. Ils ont donc un rapport de convenance ou d'analogie qui nous conduit naturellement de ce que nous sentons à ce que nous devons penser, ou de ce que nous pensons à ce que nous devons sentir moralement; de sorte qu'il n'est pas étonnant que le sentiment détermine d'avance le mouvement de l'ame vers le but moral que montrera plus tard le jugement.

Nos affections et nos idées étant ainsi coordonnées par rapport à une même fin, il résulte de leur concours une habitude naturelle qui fait quelquefois passer l'homme brusquement de son sentiment à ce qu'il doit juger, avant qu'il ait eu le temps de la réflexion, ou même sans qu'il ait la possibilité d'apercevoir l'évidence; et voilà, ce semble, ce qu'on appelle instinct moral. Ce passage du sentiment à la connaissance du bon et au pressentiment du vrai, est d'autant plus naturel que nous commençons par sentir avant de penser; et cette même raison explique pourquoi l'enfant ou l'homme privé de lu-

lumières, a le sentiment moral du bien et du mal, avant d'avoir des idées nettes de l'un et de l'autre.

Il n'est pas nécessaire de pousser plus loin cette analyse; elle suffit pour montrer l'instinct moral comme un guide d'autant plus essentiel qu'un grand nombre d'hommes n'en ont pas d'autre dans une multitude de circonstances, et seraient sans cela exposés aux écarts les plus dangereux. Les phénomènes de la conscience offrent de fréquentes applications de ce sens ou instinct moral.

2°. La *volonté* est cette faculté active de l'ame par laquelle elle se porte vers un objet, vers une action, ou s'en éloigne, selon qu'elle les trouve convenables ou contraires à son bien-être.

Le bien est ce qui convient à la conservation, au bonheur, à la perfection de l'homme. Le mal est ce qui leur est contraire.

L'idée de conservation est définie par le mot lui-même.

Le bonheur est le sentiment intérieur de l'ame qui se complait dans la possession d'un bien.

La perfection de l'homme consiste dans un usage de ses facultés, conforme à sa destination, c'est-à-dire au développement de toutes ses vertus physiques, intellectuelles, et morales, dont le but est le bonheur d'un être sociable*).

---

*) Bien ou bien-être, conservation, bonheur, perfection, sont des idés qui rentrent les uns dans les au-

Le bien est donc l'objet constant des désirs de l'homme, celui vers lequel il a une tendance nécessaire. Il lui est impossible de ne pas aimer le bien en général, et de ne pas haïr le mal. Il est vrai que dans la pratique, il s'attache souvent au mal, et qu'il s'éloigne du bien; mais c'est qu'alors il y a erreur dans le jugement, ou violence dans les passions; c'est que le mal se présente sous la fausse apparence du bien, ou qu'un entrainement plus fort que la vérité nous porte vers le mal. Pour expliquer ces écarts de la volonté, il faut prendre cette faculté à son début, et la suivre dans ses développements.

Quand l'ame encore neuve ne connait ni ses facultés ni les objets, elle obéit d'une manière passive aux impressions qu'elle reçoit. Les besoins qu'elle éprouve déterminent son action, et les objets propres à sitisfaire ces besoins l'engagent par une sorte de sympathie et par le plaisir à les rechercher, comme ceux qui lui sont contraires l'avertissent par une aversion naturelle ou antipathie et par la douleur de les fuir. Ces indications sont nommées instincts, c'est-à-dire des impulsions irréflechies produites immédiatement par la constitution physique de l'être sensible. Telle est physiologiquement la première origine de la volonté. Mais l'instinct, dependant de l'organisation pûrement intérieure, quoiqu'il dé-

---

tres; et quand l'une est employée isolément, elle est sensée les renfermer toutes.

termine seul les premiers mouvements de la vie chez l'homme qui tombe au jour, reste néanmoins immédiatement soumis à la sensibilité physique interne, et n'est susceptible d'aucun développement intellectuel qui lui soit propre. Il faut donc, pour trouver le vrai principe d'une volonté libre, descendre jusqu'aux sensations qui mettent en jeu l'organe de l'intelligence.

Les instincts deviennent des passions, ou des mouvements refléchis et déliberés, lorsque, l'entendement étant déjà un peu éclairé, l'homme se porte vers les objets ou s'en éloigne par des motifs tirés de la connaissance même de ces objets, et de l'influence qu'ils peuvent avoir sur son bonheur : voilà le domaine de la volonté. On voit ici la différence entre l'instinct, qui dépend de lois pûrement mécaniques, qui est irrésistible et le même chez tous les hommes, et les passions, qui supposent une connaissance plus ou moins étendue, et qui varient d'homme à homme, et chez le même homme dans des circonstances différentes.

Enfin, les passions deviennent des habitudes ou mœurs, c'est-à-dire des états permanents de l'ame, produits par la répitition fréquente des mêmes actions. Ce pouvoir de l'habitude, qu'on a si justement regardée comme une seconde nature, n'a pas besoin de preuves. On sait assez combien il est difficile de la détruire lorsqu'elle est formée, et qu'en général elle décide plus nos actions que la réflexion et le jugement. On sent, d'après cela, combien il est important que la volonté soit, dès le principe, reglée sur les vrais intérêts de l'homme, et avec quel soin on doit la detourner de tout ce qui peut être nuisible.

3°. Une troisième faculté est la suite nécessaire des deux précédentes. L'entendement, sans la volonté, (en supposant qu'on pût les séparer) ne serait qu'une faculté spéculative; la volonté, sans l'entendement, ne serait qu'une force aveugle : mais la volonté, éclairée et conduite par l'entendement, tend à son but par des moyens que l'homme connaît, qu'il choisit, dont il aperçoit le rapport à la fin qu'il se propose. Cette faculté qui délibère et choisit entre plusieurs actions, entre plusieurs moyens, a été nommée *liberté*.

Il est aisé de reconnaître la dépendance de ces trois facultés, dont le concours est nécessaire pour produire une action morale. La volonté, par un premier mouvement, se porte à agir, elle est inclinée ou entrainée vers un objet ou une action; l'entendement montre cet objet, cette action, comme convenables ou contraires au bien de l'agent, comme conformes ou opposés à une loi : la liberté a lieu lorsque la volonté, placée en face d'une action à faire ou à éviter, se détermine par la considération des motifs que la réflexion lui présente. La liberté n'est donc que la volonté éclairée par l'entendement. Si l'homme n'était pas un être intelligent, il ne serait pas un agent libre, puisqu'alors il n'obéirait jamais qu'au mouvement de l'instinct, qui est irrésistible.

Il résulte de-là une distinction essentielle entre *les actes d'homme*, qui, étant l'effet nécessaire et immédiat de l'organisation physique, ne peuvent être du ressort des règles, et les actions délibérées, qui sont le produit de la volonté éclairée par l'entendement, et qu'on appelle *actions humaines ou volontaires*. Ces dernières seules sont du ressort des lois morales, parce qu'elles sont le produit de facultés dont l'homme peut diriger l'emploi.

Il est une seconde distinction qui consiste à séparer les actions *volontaires*, parce qu'elle seraient le produit de la volonté, de ce qu'on nommerait actions *libres*, comme venant de la liberté. Selon cette distinction, toute action libre serait toujours volontaire, mais toute action volontaire ne serait pas toujours libre. On cite pour exemples, 1mo un homme qui, de son propre mouvement, fait l'aumône à un malheureux : voilà l'action d'une volonté libre. 2do, un voyageur qui, attaqué par des brigands, sauve sa vie en leur abandonnant sa bourse; ou un magistrat qui, sous peine de la vie, condamne un innocent : voilà l'action d'une volonté qui n'est pas libre.

Cette distinction nous paraît un sophisme. La liberté est inséparable de l'exercice de la volonté dans l'homme qui jouit de l'usage de ses facultés bien ordonnées; et il n'y a pas d'action volontaire dans laquelle la liberté n'entre plus ou moins comme élément. Quand une action est totalement destituee de liberté, elle n'appartient plus à la volonté; elle est le produit d'un instrument passif, ou d'une détermination instinctive, dont les actes ne sont pas susceptibles de moralité. Dans le dernier des trois exemples cités, il peut y avoir liberté, mais plus ou moins, selon les circonstances; mais, s'il ny avoit plus absolument de liberté, soit par l'effet d'une violence physique comme dans le second exemple, soit par le trouble où une menace subite et terrible pourrait jeter l'ame, comme dans le dernier exemple; il n'y aurait plus également de volonté proprement dite, et l'on ne pourrait pas plus appeler l'action volontaire, qu'on ne peut la dire libre.

Cette remarque est propre à faire sentir le vice de ces distinctions subtiles et sophistiques dont trop souvent on surcharge une science. Celle-ci est une conséquence assez naturelle de la triple division que nous avons adoptée, quand on a la bonhommie de croire à l'existence réelle et effective de trois facultés différentes; division que nous avons suivie pour ne point trop nous écarter des idées reçues; mais que nous avons rectifiée en montrant le concours nécessaire de ses trois parties dans toute action humaine.

Telle est l'idée complexe sous laquelle il faut, en morale, concevoir la *raison*, qui rend l'homme capable de discerner ce qui lui convient, et d'y conformer sa conduite. Au fait, cette faculté est *une*, et les trois éléments dont on en compose l'idée, ne sont que trois points de vue sous lesquels on en considère les effets. La raison, vue seulement par rapport à ses effets intellectuels, est notre moyen de saisir le vrai, c'est notre *entendement*; vue par rapport à ses déterminations, c'est notre *volonté*; enfin vue quant à ses choix, c'est notre *liberté :* c'est toujours la même faculté qui connaît, qui délibère, qui veut. D'après cela, on voit que le mot *raison* peut être employé dans des acceptions diverses : le sens général de la phrase indique comment il doit être pris.

Reprenons maintenant quelques considérations générales sur la liberté morale de l'homme.

Cette liberté n'est assurément que la liberté commune à tous les êtres animés, mais étendue à tous les rapports de la vie morale de l'homme, et, par conséquent, bien supérieure à celle des autres animaux, toujours bornée ou à très-peu-près au seul matériel de la conservation. Elle ne doit s'entendre que de la faculté dont jouit l'homme de reconnaître ce qui est le plus convenable à son bien-être, et par suite de s'y conformer dans ses actions; car, en général, on ne peut supposer que la nature lui ait donné l'une de ces choses, en lui refusant l'autre. Ainsi, de même, qu'elle a doué l'homme de la puissance physique de satisfaire ses besoins de première nécessité, elle lui a aussi accordé la force d'intelligence et de volonté sans laquelle il ne pourrait reconnaître ses droits et ses devoirs, ni jouir des uns et se soumettre aux autres; et la vie sociale se compliquant d'une foule de situations diverses, la liberté de l'homme doit s'étendre dans la même proportion.

Toute autre manière d'envisager le libre arbitre, comme de le faire consister dans la volonté *absolue* d'agir ou de ne pas agir, par cela seul que l'agent veut ou ne veut pas, ne conduirait, si l'homme était doué d'une pareille faculté, à aucun état social, ni par conséquent à aucun état moral. L'homme, en effet, n'ayant, dans cette hypothèse, aucun motif de vouloir, n'en aurait pas eu d'avantage pour se réunir à ses semblables; et l'on ne peut concevoir le consentement au moins tacite, nécessaire à la formation des sociétés. En supposant les sociétés tout organisées, on ne voit pas encore ce qui garantirait l'accomplissement des devoirs de la part d'êtres qui n'auraient aucun motif de s' soumettre, puisque leur volonté serait sans frein. La raison le veut, dira-t-on; mais pourquoi la raison le veut-elle? On retombe ainsi dans la nécessité d'admettre des motifs, et l'on sort de *l'absolu*.

On ne peut donc regarder la liberté morale de l'homme comme *absolue*, non seulement parce que cela est faux, mais parce qu'une telle liberté est absurde. Il faut donc l'admettre simplement comme *relative*; étant le produit de l'entendement et de la volonté, elle en doit suivre les conditions. D'ailleurs, il est bon d'observer, à l'occasion de ce mot *absolu*, qu'il n'y a rien de pareil dans l'homme, excepté les conceptions abstraites de son esprit ; or, ce n'est pas de cela qu'il s'agit, mais bien des actes de sa volonté, qui est une puissance essentiellement *relative*, à laquelle se rapportent tous les phénomènes de la vie morale. Il n'en est pas ici comme des sciences mathématiques, où de principes absolus l'on passe à des conséquences semblables, en comparant des propositions abstraites.

Il faut reconnaître, d'après ce qui précède, que la liberté morale de l'homme n'est, comme on l'a déjà dit, que la liberté commune à tous les êtres animés et par laquelle ils se conservent, mais aussi supérieure à celle de ces derniers que l'entendement humain est au-dessus de leur intelligence. Il est impossible de concevoir la liberté morale d'une autre manière, même quand l'homme agit dans un sens opposé à cette définition ; car, alors, sa conduite est le résultat d'une cause qui le trompe, et non point le produit d'une liberté absolue qui serait en contradiction avec son existence toute relative. La nature n'a pu étendre la liberté morale au-delà des limites de la constitution humaine.

Mais, si l'homme n'a pas un libre arbitre absolu, il est donc dépendant, ses actions ne sont pas libres ; dès-lors il n'a plus ni mérite, ni démérite ; il n'est plus un être moral ; il n'est plus responsable : il est sous l'empire de la fatalité !

1°. L'idée de la liberté, telle qu'elle a été fixée

plus haut, n'emporte pas celle de fatalité. De ce que la liberté morale n'est pas absolue, il ne suit pas qu'elle soit nulle, mais seulement qu'elle a plus ou moins d'extension selon les circonstances où se trouve l'agent.

2°. On ne peut nier que l'homme tende nécessairement à la conservation, au bonheur; cette loi régit tous les êtres sensibles, je dirais presque toutes les productions de la nature. Il y tend par ses moyens physiques et intellectuels, auxquels répondent une multitude d'intérêts divers, et dont les contradictions apparentes n'empêchent point de remonter toujours, comme on le verra plus bas, à un motif primitif et unique, *l'amour de soi*. Sous ce point de vue, l'homme est soumis à la fatalité, si l'on veut qu'elle soit la tendance nécessaire vers le bien. Mais, s'il est écrit dans le livre de la nature qu'il suivra irrésistiblement les lois de son organisation, il entre dans ces lois qu'il se serve de son entendement comme moyen de conservation et de bien-être; et voilà ce qui fait sa liberté. En effet, l'homme embrassant, dans sa pensée, le souvenir du passé et la prévoyance de l'avenir; ayant la connaissance explicite du bien et du mal; sa raison lui montrant les voies propres à l'y conduire ou à l'en détourner, lui faisant apercevoir le résultat de ses actions sur son bonheur; enfin, ses lumières et l'expérience de la vie étant des motifs aussi-bien que ses penchants: il est clair qu'il n'est point entraîné aveuglément vers un but fatal; que la nature a fait pour lui autant qu'elle le pouvait en égard aux lois de ce monde; qu'enfin il conserve assez de liberté pour être responsable aux yeux de la société. Ce n'est pas là de la liberté absolue, mais ce n'est pas non plus de la fatalité. C'est un état moyen qui sert à expliquer toutes les chances de la vie, tous les phénomènes de l'existence morale, toutes les lois de la société; état bien différent de celui des brutes, dont l'intelligence ne va guère au-delà de la perception des choses sensibles, et qu'une volonté peu éclairée pousse directement à leur fin.

On voit par ce qui précède, quels sont les objets sur lesquels la liberté peut s'exercer:

1°. L'homme n'est pas libre d'aimer ou de ne pas aimer le bien en général: la volonté y tend nécessairement en vertu de sa propre nature. 2°. Il n'est pas libre de se rendre ou de se refuser à la vérité évidente: le caractère de l'évidence est d'entraîner d'une manière irrésistible l'assentiment de l'esprit. 3°. L'homme est libre dans le choix des biens en particulier, ou dans le choix des moyens qui peuvent le conduire à la possession de tel bien. 4°. En matière de jugement, il est libre de faire un choix raisonné entre diverses opinions dont aucune n'a pour elle l'évidence. 5°. L'homme est d'autant plus libre que son entendement est plus éclairé, car la liberté ne consiste pas dans l'indifférence ou l'indétermination, mais dans un choix que dirige la réflexion et que la raison approuve. 6°. Enfin, il sera d'autant plus libre qu'il contiendra, dans de justes bornes, les passions qui entraînent la volonté par des mouvements impétueux, ou la subjuguent par la force de l'habitude.

La liberté morale consistant essentiellement dans l'exercice de la faculté intellectuelle, il n'est pas étonnant que l'homme enchaîné par l'évidence, par l'amour du bien-être, et par l'aversion du mal, devienne libre à l'égard des opérations du jugement et du choix des biens; puisque, dans le premier cas, tout exercice de la faculté de penser est suspendu, et que, dans le second au contraire, l'entendement est en plein exercice. Et remarquons que ceci s'accorde merveilleusement avec les besoins naturels de l'homme, que le vrai et le bon peuvent seuls satisfaire, et que leur présence reconnue doit attacher nécessairement à sa conservation, à son bonheur. Si sa liberté s'étendait sur l'évidence, l'amour du bien, et l'aversion du mal, elle serait une imperfection de sa nature, ou plutôt une monstruosité, un principe destructeur, dont l'effet immédiat serait l'anéantissement de l'espèce humaine.

Ces principes sur la liberté morale de l'homme sont incontestables puisqu'ils sont liés étroitement à la nature de notre faculté intellectuelle, dont il est impossible de nier l'existence. Cependant, par opposition sans doute à la liberté absolue, que nous regardons aussi comme une absurdité, quelques philosophes ont soutenu l'opinion d'un fatalisme également absolu, en disant que dans tous les cas les actions humaines dépendent de causes nécessaires, puisque l'homme n'étant maître ni de son organisation, ni des objets et des circonstances qui l'environnent et agissent sur lui, ni par conséquent de ses idées, de ses penchants, de sa raison, qui résultent de tout cela, on peut toujours montrer sa volonté comme soumise en dernier ressort à l'empire de la nécessité.

En faisant même cette concession aux partisants du fatalisme, ils n'en seraient pas plus forts pour prouver l'arbitraire des lois humaines, combattre la verité du juste et de l'injuste, et rapporter tout au caprice des premiers instituteurs des peuples. Il suffit de leur opposer les considérations suivantes.

1°. Les besoins naturels de l'homme et ses facultés le portent invinciblement à vivre en société. L'état social ne peut se former, ni subsister sans un ordre qui protège son existence; cet ordre s'établit par le fait même de l'association: or, le but naturel de l'association étant la conservation, le bonheur, la sûreté des associés, tout ce qui est conforme à ce but est juste et bon, ce qui lui est contraire est injuste et mauvais, soit qu'il résulte ou non d'une cause nécessaire. Voilà la source où il faut puiser selon les cas les notions de bien et de mal, de juste et d'injuste, de mérite et de démérite.

2°. La connoissance du bien se forme, pour chaque individu, par l'éducation, l'experience, l'exemple, les lois; toutes choses nécessairement amenées par les relations sociales. L'obligation de pratiquer le bien résulte des peines naturelles et positives inévitablement attachées à son infraction. Ainsi, tous les motifs capables d'influer sur la conduite de l'homme, se réunissent pour modifier ses inclinations et ses idées selon les intérêts sociaux, dont les siens font partie. Déjà porté naturellement à se réunir à ses semblables, et à chercher dans un commerce de bienveillance et de services reciproques, les avantages qu'ils ne trouverait point ailleurs, il est donc suffisamment instruit sur ses devoirs. Cependant, il faut observer que si l'homme tend nécessairement au bien et à la vie sociale, (chose prouvée par sa nature et par le fait) il n'est pas un être parfait; qu'il est sujet à l'erreur, aux passions, à des écarts de toute espèce; qu'enfin une constitution malheureuse, une éducation perverse, de funestes circonstances, peuvent l'entrainer au crime, malgré sa tendance naturelle au bien, et le mettre en état de guerre avec ses semblables; que des-lors, si le sentiment de ses devoirs n'agit pas assez fortement sur lui pour le détourner du mal, la societé, dont l'intérêt l'emporte sur le sien, et qui a incontestablement le droit de se conserver, a aussi celui de le punir ou même de le retrancher de son sein. Il y aura injustice, s'écriera-t-on! Cela peut être;

mais que l'on tourne un instant les regards sur toutes les chances de la vie dans le règne animal: il faudra donc, sans cesse accuser la nature ou son auteur d'injustice! La terre offre partout des victimes! Tout ici-bas s'entrechoque et se dévore! Et pourtant, du sein de ce chaos, l'on voit sortir un ordre éternel; et c'est avec cet ordre que les lois morales doivent se mettre d'accord. Quoiqu'il en soit, peut-être la considération d'un entrainement involontaire plus ou moins marqué est-elle ce qui intéresse le plus souvent l'humanité en faveur des coupables; et, au contraire, on ne concevrait pas de supplices assez-atroces pour celui qu'une liberté absolue aurait conduit au crime, et qui pouvait maitriser son action par cela seul qu'il l'eût voulu.

Quoique cette hypothèse du fatalisme, comme nous venons de l'exposer, ne soit point contraire à l'ordre des sociétés, cependant il faut reconnaître que celle du libre arbitre est plus favorable à l'enseignement de la morale, l'état des choses étant nécessairement tel, qu'on doit présenter aux hommes des motifs plausibles, d'une application directe, plutôt que de leur exposer des considérations philosophiques dont ils ne sentiraient, pour la plupart, ni l'importance, ni la liaison avec leurs devoirs, et qu'ils pourraient interpréter selon l'intérêt de leurs passions. L'art aussi est utile dans la morale, si la verité en doit être le fondement; et, toutes choses égales d'ailleurs, moins les hommes verront d'excuses à leurs désordres, plus ils seront réguliers dans leur conduite.

Concluons donc : l'homme tend nécessairement à son plus grand bien ; il y tend de toutes les forces de sa volonté ; c'est la loi de tout être sensible. Il voit par l'entendement en quoi consiste ce bien ; il compare, il pèse les moyens qui peuvent l'y conduire d'une manière sûre et prompte ; il se détermine pour ceux qu'il croit les meilleurs. Tendre à un but que l'on connait, qu'on se propose ; y tendre par des moyens qu'on choisit, par des motifs réfléchis et calculés : c'est ce qu'on appelle être libre, ou capable de direction morale.

Nous avons examiné les facultés morales de l'homme d'une manière générale et abstraction faite des dispositions naturelles qui le constituent *sociable* et *perfectible*. Il est clair que ces facultés et ces dispositions sont ordonnées par rapport à une même fin, la conservation et le bien-être du sujet qui les réunit : il est donc essentiel, pour mieux comprendre cette fin, d'exposer ce qu'on entend par *sociabilité* et par *perfectibilité*.

Pecfectibilité, en general, est l'aptitude de tous les êtres vivants à développer leurs facultés d'une manière relative aux besoins de leur existence. La perfectibilité est donc d'autant plus étendue que ces besoins sont plus multipliés et plus compliqués.

Quoique la cause radicale des divers degrés de perfectibilité soit dans l'organisation même des espèces

ces et des individus, ce qui est très-propre, comme signe extérieur, à établir une juste distinction, c'est la différence des moyens de communiquer, de fixer et de transmettre les effets de cette perfectibilité. Plus ces moyens sont grands et faciles, plus la perfectibilité elle même est active, et plus elle s'étend par ses propres résultats. Ces moyens de communication et de transmission ont mis dans l'homme, la perfectibilité si fort au-dessus de ce qu'on remarque chez les autres animaux, qu'on a assigné à l'homme exclusivement ce caractère comme distinctif. En effet, l'homme est le seul être chez lequel les progrès individuels se communiquent par des sons articulés, se transmettent, s'accumulent et s'accroissent de génération en génération par des signes conventionels. Dans toutes les autres espèces animales, il n'y a pas de transmission; il n'y a au plus qu'une communication plus ou moins faible de connaissances plus ou moins bornées, et toujours relatives à la conservation matérielle: ce qui a fait rejeter l'idée de perfectibilité pour tous les êtres, excepté l'homme.

Cependant, en y regardant de près, l'on verrait que la perfectibilité de l'homme se dégrade progressivement à mesure qu'on descend l'échelle d'organisation, et se réduit à bien peu de chose, comparativement à nous, dans les dernières races humaines, presque aussi bornées dans le développements de leurs facultés intellectuelles que les animaux qui les suivent immédiatement.

Si l'on objectait que l'abrutissement et la stupidité de certaines races humaines ne sont pas l'effet nécessaires de leur organisation; que, placées dans des circonstances plus heureuses, elles deviendraient ce que sont les autres: on répondrait que les hommes sont partout avec le temps ce qu'ils peuvent et ce qu'ils doivent être; que des causes particulières ou accidentelles, ne produisant jamais que des effets partiels, ne peuvent être invoquées ici contre notre opinion; car il s'agit de distinctions générales dont chacune embrasse une multitude de peuples, pendant une multitude de siècles, et dans une multitude de circonstances différentes, au milieu desquelles ces peuples restent pourtant stationnaires. D'ailleurs l'histoire naturelle, aidée de l'anatomie comparée, montre d'une manière évidente l'état moral de chaque race constament en rapport avec sa constitution physique: le Malais, le Nègre, le Hottentot, peuvent il est vrai se perfectionner à notre manière jusqu'à certain point par l'exemple, ou toute autre cause morale qui leur serait apportée; mais, l'exemple supprimé, ils redeviendront, dans leur progéniture, ce qu'ils étaient avant l'exemple, comme ces animaux dont l'éducation domestique développe bien les facultés, mais sans pouvoir changer entièrement leur dispositions naturelles, qu'ils transmettent toujours à peu près les mêmes par la génération. S'il en était autrement, la fréquentation des Européens aurait déjà révolutionné ces peuples; mais l'exemple, n'agissant que sur le moral, n'a rien de nécessairement transmissible; ses effets sont éventuels et fugitifs, parce qu'ils n'ont point, pour première cause, un principe inné, organique, spontanément actif.

Si l'on disait encore que ces mêmes hommes transplantés sous d'autres climats, en Europe par exemple, se perfectionneraient avec le temps d'une manière durable, et deviendraient à la fin ce que nous sommes; il y aurait à répondre qu'ici, outre des causes morales permanentes, il en est une autre qui modifie intimement les corps; que l'influence du climat agissant sans cesse sur la constitution des individus, l'amélioration dont il s'agit n'infirme point notre sentiment, puisqu'alors les individus, au bout d'un certain nombre de générations, ne seraient plus précisément semblables au type de leur origine.

Quand on examine sans prévention tous les caractères moraux du genre humain, on trouve qu'indépendamment de toutes les autres circonstances, ils se détériorent dans les diverses races à proportion de la dégradation physique de celle-ci; en sorte que l'organisation plus parfaite du Blanc porte ces caractères à leur apogée, la constitution déjà très-inférieure du Noir ne lui permet plus d'arriver qu'à une demi-civilisation, et enfin la nature brute et imparfaite de l'Olivâtre le condamne à une vie presque pûrement sensitive.

En poussant encore plus loin ces idées, on voit que la perfectibilité, généralement regardée comme une faculté éminemment distinctive, non seulement n'est point départie dans la même mesure à toutes les races humaines, mais ne leur est pas exclusivement attribuée par la nature ; que, toujours en raison directe de la perfection organique, presqu'infinie dans l'homme blanc, limitée de plus en plus depuis le Chinois jusqu'au Papou, elle passe encore plus bornée de celui-ci aux singes, et à tous les animaux dans l'ordre de leur classement : d'où l'on voit ce qu'il faut penser de l'opinion de ceux qui, frappés sans doute de l'excellence des facultés humaines sans faire attention aux nuances progressives par lesquelles elles se lient au reste de la nature vivante, placent l'homme hors des limites et des lois physiques, et en font un être séparé, bizarre, contradictoire, inexplicable.

Ces réfléxions, qui paraissent étrangères à ce sujet, sont cependant indispensables si l'on veut bien connaître l'homme à l'intellectuel, et concevoir, quant au moral, la différence et la nécessité des diverses législations humaines. Je n'entends point qu'elles justifient ce qu'il y a, dans ces législations d'injuste ou d'atroce ; mais du moins elles servent à expliquer une infinité de choses qui paraissent absurdes au premier coup d'œil, et concourent à rendre compte du fait comme à établir le droit des coutumes et des lois des différents peuples de la terre.

Au reste, il ne faut pas borner l'idée de la perfectibilité humaine aux facultés intellectuelles ni aux facultés physiques de l'homme; mais on doit l'étendre également à ce qu'on pourrait appeler les facultés du cœur, c'est-à-dire à toutes les vertus sociales, dont le développement est aussi nécessaire au bonheur, que peuvent l'être la culture et la perfection de l'esprit et du corps.

Définissons donc la perfectibilité de l'homme, l'aptitude à développer toutes les puissances dont la nature l'a doué, d'une manière proportionée au genre d'existence auquel il est appelé par son organisation; et concevons que la perfectibilité impose à l'homme le besoin indispensable de cultiver ses facultés comme moyen de conservation et de bonheur, car toute aptitude est accompagnée du besoin qui en provoque l'exercice: ce qui pour le dire en passant, légitime les effets que font certaines peuples dans la vue de se procurer une liberté civile en rapport avec le degré de perfectionnement dont ils sont susceptibles.

On a donné le nom de sociabilité à l'idée abstraite de toutes les dispositions organiques qui portent l'homme à l'état social, et le rendent propre à cet état. L'existence de ces dispositions ne peut être contestée. En effet, s'il est évident que l'homme aspire au bonheur, que ce désir chez lui est aussi persévérant que vif, il ne l'est pas moins que, réduit à ses seules forces, il ferait des efforts impuissants pour y atteindre. Ce n'est pas seulement pour la défense et la conservation de sa vie que les services de ses semblables lui sont nécessaires; il le sont bien plus encore pour le développement de ses facultés intellectuelles, pour la perfection de sa raison, qui, sans une culture assidue, lui serait aussi inutile qu'elle devient précieuse lorsque l'instruction, l'exemple et l'émulation lui ont donné toute son étendue. D'ailleurs, en destinant l'homme à l'état de société, la nature l'a doué d'une constitution qui, sous tous les rapports possibles, le rend propre à cet état. Outre les facultés intellectuelles, on en trouve une nouvelle preuve dans tous les moyens d'union qui servent à rapprocher les hommes: la parole, dont le but est autant de communiquer les sentiments que d'exprimer les idées; la pitié, la sympathie, l'amour réciproque des membres de la famille, toutes les liaisons du cœur, toutes les affections généreuses, et cette foule de vertus civiles et patriotiques qui sont pour la vie morale de l'homme, des besoins de première nécessité. Ainsi, il faut regarder l'état de société comme l'état naturel de l'homme, puisqu'il est la condition indispensable sans laquelle toutes les puissances de son esprit et de son cœur ne pourraient se développer et arriver à leur but.

On conçoit que la sociabilité et la perfectibilité modifient indispensablement l'existence de l'homme, et impriment à ses besoins et à ses facultés une direction analogue à cette existence. On peut donc ajouter aux conclusions ci-dessus, que si l'homme tend au bien-être par sa nature sensible et intelligente, il y tend en qualité d'être sociable et perfectible. Et nous faisons ici une observation sur laquelle nous aurons lieu de revenir plus d'une fois : c'est que les facultés de l'homme aussi bien que ses besoins ne doivent s'estimer que par leur ensemble, et somme faite de toutes les circonstances de la constitution humaine. On les isole pour en reconnaître la nature et les fonctions particulières, mais il faut les voir réunies pour en apprécier les effets généraux, en apercevoir la fin, et établir l'évidence des lois morales.

De ces observations générales, il résulte que l'homme, faisant partie des productions de la nature, est soumis à des lois ; qu'en qualité d'être sensible, il tend au bien ; qu'en qualité d'être intelligent, il découvre en quoi consiste ce bien ; que ce bien est celui d'un être sociable et perfectible ; qu'un sentiment naturel, appelé instinct moral, l'attache à ce bien ; qu'en vertu de sa raison, il est moralement assujetti aux règles qui le dirigent vers ce bien, et, par conséquent, comptable de ses actions.

CHAPITRE II.

Amour de soi, ou mobile essentiel des actions humaines. Deux sortes d'intérêts dans l'homme: d'où les divergences apparentes de sa conduite par rapport à l'amour de soi.

L'homme naît avec des besoins, c'est un fait; il est également de fait qu'il naît avec des facultés analogues, destinées à y pourvoir; et c'est encore un fait qu'à la satisfaction des besoins est attachée non seulement la conservation de l'individu, mais aussi le plaisir, le bien-être, comme la douleur et la mort suivent la privation: voilà l'origine de *l'amour de soi*, sentiment qui est le mobile essentiel des actions de l'homme.

En effet, le premier mouvement, qui se manifeste dans l'homme avant même que sa volonté soit éclairée par l'entendement, c'est l'instinct naturel par lequel un être sensible tend à sa conservation, à son bien-être. A mesure que la raison se développe, ce sentiment, sans rien perdre de sa force, devient une connaissance plus distincte; l'homme, par la réunion de toutes ses facultés physiques, intellectuelles et morales, se porte vers le bonheur; et le bonheur n'est plus seulement pour lui dans la satisfaction de ces besoins naturels auxquels est attachée la conservation de l'individu: il est dans tout objet que les passions ou le jugement présente comme désirable, et que l'homme s'accoutume à regarder comme une partie aussi essentielle de son être, que les choses mêmes strictement nécessaires à sa vie physique.

Il est indispensable d'observer ce progrès qui étend l'existence de l'homme hors de lui-même, pour ne pas confondre l'instinct qui, pûrement sensitif et mécanique, reste soumis immédiatement à la constitution physique de l'homme, avec ce sentiment réfléchi et moral qu'on a nommé amour de soi, et qui excite le développement et réclame l'emploi de toutes nos facultés bien ordonnées. Nous disons bien ordonnées, parce que, hors de cette limite, ce n'est plus l'amour de soi qui dirige; c'est un penchant plus ou moins vicieux qui en a pris la place, et qui entraine l'homme hors de sa destination.

L'homme tend donc à soi, cela est de tous les êtres sensibles; il y tend par ses moyens intellectuels, et cela est d'un être intelligent. Mais, il serait absurde qu'il y tendît isolément et d'une manière exclusive, comme les êtres insociables, tandis qu'il n'est point appelé au même genre d'existence, que sa vie est toute de relation avec ses semblables, dont ses besoins naturels le font sans cesse dépendre. L'intérêt de l'homme n'est donc pas pûrement individuel et absolu, mais nécessairement et essentiellement relatif et social; et il ne faut pas prendre amour de soi, dans l'homme, pour synonyme d'égoïsme, sentiment injuste et exclusif par lequel l'homme s'isole de ses semblables, cherche son bien aux dépens du leur, ou voit son mal dans le bien dont ils jouissent. Mais, par amour de soi, il faut entendre le penchant naturel et éclairé qui porte l'homme vers tout ce qui doit, en général, favoriser son bonheur; et l'état de société étant dans ce cas, il faut bien, pour être conséquent à sa nature, qu'il suive par instinct et qu'il adopte par raison, les lois qui fondent cet état, dont l'égoïsme est le principe destructeur.

Il suit de-là que le principe d'amour de soi renferme non seulement les besoins d'un être sensible et intelligent, mais encore ceux d'un être sociable. Il renferme aussi ceux d'un être perfectible; car, de la perfectibilité résultent des besoins dont la satisfaction importe essentiellement à la conservation, au bonheur de l'homme. Ces besoins sont donc également consacrés par le principe d'amour de soi; et enfin, l'homme a, pour mobile de ses actions, un sentiment éclairé qui est le produit des quatre dispositions générales que présente sa nature. C'est toujours sous ce point de vue, et d'après cet ensemble de toutes les circonstances de la nature de l'homme qu'il faut envisager l'amour de soi. Hors de-là, ce principe devient défectueux et faux, et n'est plus applicable à l'homme.

On doit remarquer que si l'effet de la sociablité est de restreindre l'amour de soi par l'obligation de respecter dans les autres l'exercice des droits auxquels il donne lieu pour nous, celui de la perfectibilité est de donner aux droits la plus grande extension dont ils soient susceptibles, en égard à notre nature. L'amour de soi, qui résulte d'une sensibilité coordonnée à ces deux dispositions, doit rester d'accord avec elles, puisqu'autrement il repousserait une partie des besoins de la constitution humaine. Il est donc inutile de regarder la sociabilité en particulier, comme un principe séparé d'action; et si quelquefois on classe les actions humaines de manière à voir les unes comme conséquence de l'amour de soi, et les autres comme suite d'un principe de sociabilité, ce ne doit pas être dans la vue d'établir plusieurs principes, mais seulement de trouver à certains faits un motif plus immédiat. En effet, l'amour de soi, se compliquant d'une multitude d'éléments divers et même opposés résultant de toutes les situations sociales et individuelles, ne parait pas être, dans beaucoup de cas, la cause déterminante des actions; mais la réflexion et l'analyse ont bientôt démontré qu'à ce mobile seul se rapportent tous les actes de la volonté.

Cette assertion pourra sembler une erreur à quelques-uns, et paraître à la plupart le langage de l'égoïsme: elle est une vérité tirée de la nature même des choses.

Les sentiments de bienveillance et d'amour qui unissent les hommes ont leur origine dans la nature, c'est incontestable. Cette origine est indépendante de tout calcul, de toute spéculation; mais elle est intimement liée aux besoins naturels de l'homme comme être sociable et perfectible, et s'accorde par conséquent avec ses intérêts. Ainsi, si l'homme est bienveillant, s'il est aimant parce que la nature l'a formé tel, il ne reste pas moins vrai qu'il n'est tel, par le vœu même de la nature, que pour son propre bonheur: d'où il suit qu'en s'attachant à ses semblables jusqu'à les aimer quelquefois plus que soi-même, il ne fait que suivre l'impulsion de ses besoins, et marche dans la ligne de son intérêt; intérêt qu'il faut entendre d'un être perfectible et sociable, car on ne doit point perdre de vue que c'est dans l'ensemble des facultés de l'homme qu'il faut chercher l'origine et le but des sentiments et des actions de l'homme. Au reste, il n'est point ici question de distinguer superficiellement les divers motifs particuliers qui font agir l'homme: il s'agit de remonter à la source commune de ces motifs, quels qu'ils soient; et, pour cela, il faut scruter la nature humaine dans son total, en élaguant toute considération qui ne serait qu'accessoire à cette nature.

Cependant, est-ce toujours un motif d'amour de soi qui détermine les actions de l'homme? L'homme, dit-on, ne peut s'abstenir d'une action injuste qui lui serait profitable, et avec sécurité pour son honneur, que par la considération que cette action est injuste. Celui qui s'expose à périr pour sauver son semblable, celui qui sacrifie sa vie ou sa réputation pour sauver celle d'autrui, ne parait point non plus agir dans son intérêt propre: Ce n'est donc pas par amour de soi que l'un ou l'autre agit ou s'abstient, mais par sentiment du devoir, enfin par quelque motif étranger à son intérêt privé, puisque l'amour de soi, dans ce cas, devrait avoir un effet tout contraire. Voilà l'objection, nous allons tâcher d'y répondre.

D'abord, l'homme élevée dans un ordre de choses nécessaire à son existence doit regarder non seulement comme injuste, mais sentir comme contraire à son intérêt, ce qui est en opposition avec cet ordre de choses pour lequel il est fait, dans lequel il est né, où il a reçu son éducation, où il a contracté une manière de voir et où il s'est formé une conscience analogues aux lois sur lesquelles repose cet état. Il doit donc lui répugner de commettre une action qui déroge à ses habitudes sociales, aux lois de la justice qui est sa sauve-garde, au cri de sa conscience qui l'avertit d'une faute, enfin à son intérêt moral, contre lequel il ne peut aller sans se nuire à lui-même.

Il faut, en effet, distinguer, dans l'homme, deux sortes d'intérêts généraux renfermés également dans l'amour de soi: un intérêt matériel qui tient aux choses physiques, aux avantages extérieurs, et un intérêt moral ou d'opinion qui tient au sentiment des choses justes, honnêtes. Et il est de fait qu'en cas d'opposition entr'eux, ce dernier l'emporte souvent, et fait taire l'autre. Il devient alors le véritable intérêt de l'agent et lui montre le premier comme nuisible. Voilà dans quel sens on peut dire que l'homme qui s'abstient d'une action injuste mais très-profitable, est mu par un motif d'amour de soi ; c'est qu'en effet l'action ne serait pas réellement profitable, puisqu'elle blesserait les sentiments de l'agent plus qu'elle ne flatterait son autre intérêt. Il faut bien que cela soit ainsi ; car, si l'ordre et la justice, ainsi que toutes les vertus humaines, n'avaient leur principe dans la nature intime de l'homme, dans les besoins de cette nature, en un mot dans l'amour de soi, aucune loi positive ne fût jamais parvenue à les établir. Il n'est pas possible de concevoir l'homme agissant par un motif qui lui soit étranger; et, quelques efforts que fasse la métaphysique, elle ne prouvera jamais qu'un être sensible et intelligent puisse être mis en action par ce qui n'intéresse ni son bonheur, ni sa conservation ; ou, ce qui revient au même, par ce qui ne le touche pas.

Ce double intérêt sert aussi à expliquer beaucoup de cas dans lesquels nous sommes tenus envers les autres à des devoirs dont on n'aperçoit pas en eux les droits correspondants: C'est qu'alors l'un de ces intérêts combat l'autre, et nous impose, d'accord avec l'amour de soi, un devoir dont l'accomplissement est essentiel à notre vrai bien, qui fait toujours droit; de sorte que, dans ce cas, ce n'est pas envers un autre qu'on est obligé, c'est envers soi-même ; seulement un autre est encore l'objet de l'action après avoir cessé d'en être le motif, c'est-à-dire d'avoir droit à ce qu'elle se fasse.

En second lieu, celui qui s'expose à périr, qui sacrifie sa vie ou son honneur pour un autre, fait sans doute une action très-généreuse, quoiqu'on ne puisse dire absolument parlant que le motif en soit désintéressé. L'homme, par une disposition de sa nature sociable s'identifie avec son semblable, et partage ses affections; son imagination lui peint des dangers, et la pitié lui fait sentir des peines auxquelles il ne peut échapper lui-même qu'en délivrant ceux qu'il y voit exposés. A ce motif bien réel on peut en ajouter un second, c'est le besoin qu'éprouve l'homme de s'attirer l'approbation et l'estime des autres. Ce mobile est quelquefois assez puissant pour déterminer aux entreprises les plus périlleuses les hommes les plus froids, et porter les moins compatissants à des actes de bienfaisance. Enfin, on n'ignore pas que l'amitié, l'amour, et en général le sentiment profond d'une affection vive suffit quelquefois pour nous porter à sauver au dépens de notre vie, ceux qui en sont l'objet, ou pour nous engager même à faire le sacrifice de notre honneur à leur réputation.

Ainsi, le motif qui, dans toutes ces circonstances et autres semblables, fait agir l'homme de la manière la plus éloignée en apparence de son intérêt personnel, est toujours en dernier ressort un motif d'amour de soi. Mais ce motif diffère de l'égoïsme en ce qu'il détermine une action utile aux autres; et il constitue la générosité, le courage, le dévouement, la bienfaisance, l'amour de la justice, de la patrie, en un mot, toutes les vertus humaines, selon la nature des circonstances où se trouve l'agent; parce que l'action qui en est l'effet exige un sacrifice quelconque, et souvent d'un prix qui aux yeux du vulgaire parait au-dessus de toute récompense.

Cependant, si d'une part, l'homme vertueux renonce à certains avantages qni d'ordinaire subjuguent les ames communes; de l'autre, il est amplement dédommagé par sa propre estime, et par celle de ses semblables. C'est une jouissance d'opinion, pourra-t-on dire : soit; mais l'opinion qui a pour objet la vertu, ou, ce qui revient au même, le bonheur de la société, n'est point une chimère; et, puisqu'elle a sa source dans la nature de l'homme comme être sociable et perfectible, on doit la considérer comme un développement nécessaire de ses besoins et de ses facultés dans l'ordre social, et par suite, comme un élément de l'amour de soi.

Voila comment l'amour de soi, qui est notre première affection naturelle, s'étend, se modifie, et devient la source de toutes les vertus, des plaisirs les plus pûrs et de ce bonheur réel qui est la suite et la récompense des actions utiles aux autres; bonheur bien différent de celui que l'égoiste croit trouver dans ces jouissances exclusives qui resserrent l'activité de l'ame dans le cercle étroit des petits intérêts personnels.

Le bonheur d'un être sociable et perfectible,
s'étend

s'étend à tout ce que le développement de ses facultés bien ordonnées peut atteindre. Il n'est pas donné à l'homme de pouvoir y renoncer; tout, dans l'homme physique et dans l'homme moral, tend à ce but nécessaire. Vouloir en détourner l'homme, c'est vouloir le dépraver; le lui montrer hors de sa destination, c'est le corrompre: car si les moyens légitimes d'atteindre au vrai bien lui sont refusés, il s'efforcera d'y parvenir par des voies illicites, qui le conduiront à tous les vices, et à tous les crimes. Or, c'est ce qu'on remarque surtout chez les peuples dont la législation, fondée sur des intérêts exclusifs, fait dévier l'amour de soi de sa direction naturelle. C'est donc la plus grande des immoralités que de prétendre faire agir l'homme contre ce penchant indestructible de sa nature. Cette idée développée menerait loin en polytique; elle expliquerait en grande partie la dépravation des peuples mal gouvernés.

Ce principe est simple, il est d'accord avec la fin morale de la vie humaine, c'est-à-dire avec l'exercice des droits et l'accomplissement des devoirs, avec l'utilité particulière réunie à l'utilité générale; et nous l'avons adopté parce que, à l'avantage de se présenter sous une forme unique, il joint celui de montrer la véritable origine des lois morales dans les dispositions organiques de la constitution humaine.

CHAPITRE III.

Conséquences du chapitre précédent. Rapprochement des opinions de quelques moralistes. Distinction des deux espèces d'obligation. Epoque où commence l'obligation naturelle.

On a vu que l'homme naît avec des besoins ; qu'il naît aussi avec des facultés analogues destinées à y pourvoir ; que de la satisfaction des besoins résulte, pour un être sensible, le sentiment du bien-être ; que ce sentiment est l'origine de l'amour de soi ; que l'amour de soi, dans son commencement est l'impulsion naturelle qui porte l'homme, être sensible et intelligent, à la recherche de tout ce qui convient à sa conservation, à son bonheur, et lui fait repousser tout ce qui leur est contraire ; qu'enfin cette impulsion, dirigée par la raison, prend le caractère que la sociabilité et la perfectibilité lui impriment, et devient le désir éclairé de tout ce qui favorise le développement des facultés de l'homme, et la cause première de toutes ses actions.

Cela reconnu, il est aisé de voir que l'amour de soi est le principe régulateur de la morale et de la législation ; car, puisque l'homme ne peut agir et n'agit en effet qu'en vertu de l'amour de soi bien ou mal compris, c'est sur le vrai but de ce sentiment social que la législation doit régler les actions, que la morale doit tracer ses préceptes.

Les droits naturels de l'homme sortent des besoins dont la satisfaction importe à la vie, au bien-être de celui qui les éprouve. Or, l'amour de soi, tel que nous l'avons déterminé, est précisément la mesure régulatrice de ces besoins : donc il est aussi celle des droits qui en résultent ; et comme ces droits sont communs à tous, ils se limitent nécessairement eux-mêmes : d'où l'on pourrait déjà conclure que les droits et les devoirs sont également renfermés dans l'amour de soi. Mais il y a plus, les devoirs de l'homme naissent primordialement de ses besoins naturels ; et c'est par cette voie qu'il faut les faire rentrer directement dans l'amour de soi, afin de montrer ce principe dans toute sa rigueur.

En effet, le droit d'un individu ne constitue un devoir correspondant dans un autre, qu'autant que ce devoir est fondé sur un besoin commun à tous deux, c'est-à-dire sur un besoin dont la satisfaction est utile à l'un et à l'autre. Autrement, où serait la garantie naturelle de celui en faveur du quel le droit serait établi ? Cette garantie ne peut être que dans le besoin de celui qui est chargé du devoir, dont on ne conçoit en général l'accomplissement possible qu'autant que l'homme y est porté par les besoins de son genre d'existence. Ainsi, l'on est directement ramené au principe d'amour de soi, qui devient par là la clef de toute la morale humaine.

Une seconde preuve que le devoir, dans un individu ne naît pas primitivement et absolument du droit d'un autre, c'est que le devoir subsiste chez lui, dans beaucoup de cas, après l'exstinction du droit de cet autre. C'est ce qui arrive dans le cas de l'ingratitude, dont on pourrait se venger en retirant à l'avenir ses bons offices au coupable, sans qu'il fût en droit de se plaindre; tandis qu'on doit lui pardonner, si le bienfaiteur consulte son vrai bien, son intérêt bien entendu et celui de la société, lesquels repoussent également tout motif de désunion parmi les hommes. C'est aussi, quant au droit naturel, le motif nécessaire du pardon des offenses.

Enfin, si l'homme est assujetti à des devoirs envers lui-même, de quelle autre source ces devoirs pourraient-ils découler, si ce n'est de ses propres besoins? Nous sommes donc toujours ramenés à l'amour de soi.

Ce n'est pas qu'il n'y ait une infinité de cas où les devoirs ne peuvent se tirer immédiatement des besoins actuels de ceux qui y sont soumis, et même où les devoirs sont entièrement opposés à ces besoins. Mais, alors, ce sont des besoins pûrement accidentels, tandis que les devoirs qu'on leur compare sont d'une nature toute différente. Par exemple, c'est pour un coupable un devoir bien réel de subir la peine qu'il a meritée, fut-ce la mort. On ne dira pas, cependant, que ce devoir soit fondé sur le besoin actuel du coupable. Mais, en remontant plus haut, on trouve l'origine de ce devoir dans un besoin commun à tous, celui du repos public, et de l'ordre social, auquel nul ne peut porter atteinte sans se mettre en opposition avec son propre besoin, dont la satisfaction, dans l'ordre civil, a pour garantie la peine à laquelle chacun a consenti de se soumettre, en cas de contravention de sa part. Le devoir, dans ce cas, est donc la conséquence très-juste d'un asssentiment fondé sur un besoin naturel : donc ce devoir a sa racine dans le besoin de celui qui en est chargé, et, par conséquent, dans l'amour de soi.

La raison serait inhabile à fonder les lois morales sur des considérations métaphysiques, si elle ne les trouvait bâsées sur des intérêts naturels et sur des besoins communs. Comment, en effet, imaginer que les devoirs de l'homme soient fondés sur des idées abstraites sans rapport avec ses besoins, ni par conséquent avec ses intérêts ? qui pourrait, dans ce cas, l'obliger à les remplir ? La force elle-même serait impuissante à fonder des lois positives étrangères de tout point aux besoins de l'homme. Mais c'est parce que les lois, même dans leur imperfection, sont encore en partie fondées sur des intérêts naturels; c'est qu'elles sont la garantie de l'état social, hors duquel l'homme ne peut exister, qu'il les exécute même aux dépens des besoins accidentels qui pourrait l'en divertir. Aussi, ce n'est guère que l'extrême lassitude qui détermine les peuples à se soulever en masse contre les abus des gouvernements.

Les lois morales tiennent à la nature sensible de l'homme, sans quoi elles n'aurait aucune influence sur cette nature; ou même elles n'existeraient point pour l'homme, puisqu'il ne les auraient point conçues. Comment les métaphysiciens, qui aiment tant la profondeur, s'arrêtent-ils avant d'être arrivés à son dernier terme? s'il y a quelque chose de profond à constater les faits psychologiques et à déterminer des principes abstraits, il y a quelque chose de plus profond encore à remonter à leur origine et à mettre d'accord nos sentiments, nos idées et nos devoirs avec les circonstances naturelles d'où ils sortent. Une preuve que les idées de devoir ne s'établissent primitivement dans l'esprit qu'à la suite des rapports fournis par la position sociale où se trouve l'homme, c'est que ces idées sont loin d'être les mêmes chez tous les peuples, et dans tous les temps.

Tout ce qui tient au moral de l'homme est basé sur le besoin de l'homme, autrement ce serait une chimère sans rapport avec l'homme. Cependant les idées contraires prédominent encore dans beaucoup d'esprits, et même du premier ordre. M. Cousin termine l'un de ses *fragments philosophiques* (page 178.) par ces mots: „Est regardé comme être moral celui qui après avoir pesé une action et l'avoir trouvée juste, la fait uniquement parce qu'il croit qu'il faut la faire, et par cette seule raison qu'elle est juste."

Pour connaitre si une action est juste, et si l'on doit la faire, il faut en considérer les conséquences; or, ces conséquences ne s'estiment que d'après les intérêts de l'homme et de la société: comment donc l'agent, qui est homme, et qui fait partie intégrante de la société, restera-t-il impassible à ces intérêts? et comment, s'il y est effectivement étranger, pourra-t-il les prendre en considération? Le phénomène ne serait pas moins surprenant dans l'un que dans l'autre cas; s'il existe il vaut la peine d'être expliqué. Mais il a bien l'air d'une vision psychologique faisant tomber d'en haut des idées de devoir, qui sont nées des plus simples relations sociales et des besoins de la nature humaine.

L'homme n'agit point sans motif. La considération du juste en est un. Mais ce motif tient à l'homme, il est un de ses intérêts moraux, par la plus immédiate des conséquences de sa nature sociable. Quand ce mobile le fait agir, c'est qu'il sent le besoin, par instinct ou par raison, de conformer sa conduite au sentiment qu'il éprouve. S'il ne sentait pas ce besoin, il n'agirait pas. L'auteur des choses en destinant l'homme à vivre avec ses semblables, eût manqué son but, s'il ne l'eût doué de cet attachement naturel pour ce qui est bien; et, pour rendre cet attachement efficace, il fallait le fonder sur un sentiment d'intérêt personnel, sur l'amour de soi;

autrement, il n'eût été qu'une vaine spéculation. C'est de la plus admirable des combinaisons que sort la morale; c'est sur la bâse la plus indestructible qu'elle repose, c'est-à-dire sur les besoins indispensables de l'existence humaine.

Oui, la vertu a son principe dans l'intérêt de l'homme, et non dans un devoir *absolu* dicté par un raisonnement étranger au bien-être de l'homme. S'il en était ainsi, jamais le cœur humain n'eût été le sanctuaire de la vertu. Bien plus que cela, l'idée n'en fût pas même tombée dans l'esprit de l'homme; car cette idée n'est que la force de remplir tous les genres de devoirs dont l'accomplissement assure le bonheur des hommes, sous tous les rapports de l'existence sociale; et ces rapports ne sont pas des abstractions gratuites, mais des faits qui se résument dans l'idée de bien et dans celle de mal.

Tout cela veut-il dire qu'on doive exciter l'homme au bien et le détourner du mal par des raisons tirées directement d'un intérêt ostensible? non, sans doute, et cette morale serait trop basse et trop précaire. Mais cela veut dire que le mobile de toute action humaine est dans l'amour de soi; que toute législation positive qui se met, dans son but, en opposition avec ce principe, est fausse et corruptrice; que toute morale qui prend ses bâses hors de ce principe, est sans principe réel, bien qu'elle puisse être légitime quant à son but; que la nature ayant attaché dans l'homme la disposition à faire ce qui est juste aux besoins de son existence, il est utile de montrer à l'homme que les sacrifices qu'exige la vertu sont encore pour lui un élément de bonheur, lors même que les autres ne lui en tiennent point compte. C'est toujours de l'intérêt personnel! vont crier les absolutistes. Eh! oui, mais le plus noble qui puisse toucher le cœur de l'homme; tandis qu'une abnégation totale est aussi absurde que seraient chimériques des devoirs conçus hors des besoins de la nature humaine. Si l'homme était impassible, il n'agirait plus. Les saints n'ont paru si détachés d'eux-mêmes extérieurement, que parce qu'un intérêt moral caché, plus fort que tous les intérêts visibles, était le mobile de leur vie. Cet intérêt, à supposer qu'il ne fût pas celui des espérances à venir, était l'amour de la vertu, qui leur devenait plus chère à proportion des peines ou des supplices qu'ils enduraient pour elle.

Ainsi, l'homme ne peut agir dans aucun cas sans un motif tiré de lui-même: d'où il suit que pour vouloir épurer et consolider la morale par un désintéressement *absolu*, la métaphysique détruit le principe de toute morale. Et voilà à quoi aboutissent les abstractions, lorsqu'on en ignore la source et la valeur.

Cette origine des devoirs ou de l'obligation en général, trouvée dans les besoins naturels de l'homme, revient en un sens à celle que d'autres lui assignent dans la *raison*, qui étant notre faculté de reconnaître ce qui convient à notre conservation et à notre bonheur, règle nécessairement nos devoirs sur nos besoins; mais elle offre quelque chose de plus palpable, de plus radical, de plus obligatoire, parce qu'elle indique la source où la raison va puiser ses motifs de jugement, et montre ces motifs avec toute la rigueur possible, en les tirant de la constitution même de l'homme, indispensablement assujetti à sa propre nature.

Cette origine s'accorde aussi avec l'opinion de ceux qui prétendent que ,,la convenance et la disconvenance naturelles que nous reconnaissons dans certaines actions, est le vrai, le premier fondement de toute obligation;" car si l'on voulait trouver le principe de cette convenance et de cette disconvenance, il faudrait encore recourir à la nature de l'homme, et, par conséquent, à ses facultés, à ses besoins, à l'amour de soi. Mais, si l'on ajoute à ces termes, que ,,la vertu a une beauté intérieure qui la rend aimable par elle même, et qu'au contraire le vice est accompagné d'une laideur intrinsèque qui doit nous le faire haïr, et cela indépendamment du bien et du mal, des récompenses et des peines que la pratique de l'un ou de l'autre peut nous procurer;" nous observerons que ceux qui se servent d'un pareil langage, sont probablement séduits par les effets de l'instinct moral d'un être intimement disposé par son organisation à éprouver de tels sentiments, mais ne voyent pas la liaison nécessaire de cet instinct avec les besoins de notre nature, ni avec les opérations intellectuelles qui nous font reconnaitre la vérité et l'utilité de ces sentiments. Les idées de vice et de vertu sont, comme toutes les autres abstractions, fondées sur les relations naturelles des choses avec nous. Or, ces relations ne peuvent être qu'analogues à nos facultés, à nos besoins; et si la vertu nous parait aimable, si elle nous impose des devoirs, c'est parce que notre instinct moral nous attache à ce qui nous est utile, en même temps que notre raison nous le montre lié aux besoins de notre existence.

Quant à ceux qui, rejettant les deux fondements que nous venons de rapporter, ne reconnaissent de véritable obligation que celle qui émane de la volonté d'un supérieur, en disant que „ces fondements pris dans l'homme sont illusoires, puisqu'on ne peut s'obliger soi-même:" nous remarquerons que notre opinion ne diffère de la leur que dans les termes; que les besoins naturels de l'homme étant l'expression la plus manifeste de la volonté divine, nous puisons toujours à la même source, soit que nous remontions jusqu'à cette volonté, ou que nous nous arrêtions à ses effets; que notre nature est le supérieur immédiat dont nous relevons indispensablement, et par la volonté même de Dieu; qu'en matière de droit naturel, tout en reconnaissant la volonté divine comme principe et cause de tout, il faut néanmoins s'appuyer sur les faits qui proclament cette volonté; et que ces faits sont dans la constitution de l'homme. Hors delà tout est arbitraire.

Les moralistes distinguent deux espèces d'obligations. Toutes celles qui sont imposées par les lois naturelles sans le concours des institutions humaines, sont appelées *internes*, parce qu'elles ont leurs motifs immédiats au-dedans de nous-mêmes. On appelle *externes* celles qui viennent d'une cause médiate placée hors de nous, comme les lois positives, les conventions. Cette distinction, qui est la même que celle des devoirs du *for intérieur* et du *for extérieur*, n'a d'application dans un Cours de droit naturel qu'à l'égard des droits et des devoirs *dérivés* ou principes des lois civiles; matière où l'on voit qu'il peut arriver qu'on soit obligé par la loi, sans l'être par la nature, et réciproquement. Toutefois, observons que l'obligation externe ne peut être, en général, que la confirmation de l'obligation interne; qu'elle doit par conséquent tirer sa force principale de celle-ci; et qu'au surplus il résulte de leurs concours le plus haut degré de nécessité morale, ou l'obligation la plus parfaite.

Par l'origine que nous assignons aux droits et aux devoirs, nous déterminons en même temps l'époque à laquelle ils commencent pour l'homme. Ils naissent au moment où ils lui sont utiles, c'est-à-dire avec les besoins de la vie. Ainsi, les droits de l'homme commencent même avant qu'il arrive au jour. Il est vrai qu'il n'est en état d'exercer ses droits par lui-même, ni de remplir des devoirs avec connaissance, qu'après que ses facultés physiques et intellectuelles ont acquis un certain développement, et à mesure qu'elles se fortifient et se perfectionnent. Mais les droits et les devoirs des premiers temps de la vie correspondent réciproquement à des devoirs et à des droits chez des adultes capables de remplir les premiers, et d'exercer les seconds; de sorte que c'est un devoir de protéger l'existence physique et morale de l'enfant, et un droit d'employer les moyens nécessaires pour arriver à ce but. On conçoit au reste que ces droits et ces devoirs tirent leur origine et leur force non seulement des besoins de l'enfance, mais de ceux des parents et de la société tout entière.

Concluons donc: faire émaner les droits et les devoirs de toute autre source que les besoins naturels; attribuer aux actions un autre mobile, une autre règle que l'amour de soi; assigner un autre principe de lumière, que la raison: c'est ignorer la nature de l'homme, méconnaître la volonté de son créateur; ce serait tendre visiblement à l'arbitraire et à la servitude.

CHAPITRE IV.
Du Droit et de ses divisions générales.

L'homme, par le fait, se trouve placé dans trois états principaux, à chacun desquels répondent des relations différentes, quoiqu'elles dérivent toutes du même principe.

Dans le premier état, on voit l'homme exister individuellement avec les besoins attachés à sa nature, et les facultés qu'il a reçues pour sa conservation et son plus grand bonheur possible. L'égal de tout autre homme, son semblable et son frère, il peut légitimement tout ce qui ne nuit pas à lui-même ou à un autre; voilà son droit. Son devoir est de respecter dans les autres l'exercice du même droit, qu'ils tiennent comme lui d'une nature commune. D'où l'on voit que droit et devoir sont des idées corrélatives, dont en général l'une ne peut exister sans l'autre. Mais les individus, dont la réunion forme une société, ont entr'eux comme particuliers, une multitude de rapports d'intérêt, ou différents, ou même opposés, dont la complication et le choc continuel compromettraient autant la tranquillité publique que celle des individus. Ainsi, le bonheur de la société et celui de ses membres réclament des dispositions générales, uniformes et invariables qui assurent à chacun son état, sa propriété, son industrie, et lui fournissent le moyen de les défendre, quand on les attaque.

Le second état est celui de l'homme considéré comme membre de la cité, c'est-à-dire comme ayant des droits et des devoirs à exercer et à remplir comme citoyen et comme sujet. La réunion des hommes en société, en corps de nation, a naturellement pour but le plus grand bonheur commun, la conservation du tout par la direction de toutes les volontés, de tous les moyens individuels vers le même point, la protection de chacun par les forces réunies de tous. Mais cet effet ne s'obtient qu'autant qu'une force organique, constitutionnelle détermine avec précision les droits des citoyens, les devoirs des sujets, la distribution et l'exercice du pouvoir, les rapports entre les gouvernants et les gouvernés.

Le troisième état est celui où l'homme cesse d'être considéré comme particulier, ou comme citoyen; mais où l'on fait de plusieurs collections d'hommes, de plusieurs nations, autant de personnes morales, liées entr'elles par des relations semblables à celles qui existent entre les hommes pris individuellement. Elles ont, les unes à l'égard des autres, des droits à exercer et des devoirs à remplir; et quoique chacune d'elles soit personnellement intéressée à son bonheur, cependant elle ne peut y travailler efficacement qu'autant qu'elle n'empêche pas les autres d'y arriver par les moyens légitimes qu'elles ont en leur pouvoir. Si donc il y a, entre les nations, la même égalité et la même indépendance qu'il y a d'un homme à un autre, il y a aussi la même obligation qui pose les limites où les devoirs réciproques arrêtent l'exercice des droits.

Chercher, dans la nature humaine et dans celle des choses, les principes selon lesquels l'homme doit se conduire dans ces différents états, tel est l'objet de la *morale.* *)

D'après tout ce qui précède, on peut poser les définitions et les divisions suivantes :

La *morale,* prise dans le sens le plus étendu, est la science des droits et des devoirs naturels de l'homme, considéré dans toutes les situations auxquelles donnent lieu le sentiment des besoins et le développement des facultés qu'il a reçus de la nature ; deux choses dont le juste accord indique la destination ou fin morale de la vie humaine. Ces droits et ces devoirs s'apellent aussi *lois naturelles.*

Les *droits* de l'homme sont le pouvoir moral qu'il tient de la nature d'atteindre à tout ce qui est utile à sa conservation, à son bonheur ; ses *devoirs* sont l'obligation de marcher vers ce but, qui est sa destination : ils ont été compris sous le nom général de *droit naturel.*

Droit littéralement signifie ce qui va directement à un but, ce qui est conforme à une règle, et par extension ce qui sert à nous diriger dans celles de nos actions qui sont du ressort de quelque loi. Delà, l'application du mot Droit à toute législation.

Le

---

*) Morale, législation naturelle, jurisprudence naturelle, droit naturel, philosophie morale : expressions synonymes, lorsqu'on les prend dans la plus grande étendue de signification.

Le Droit, pris en ce dernier sens, est ou *naturel*, ou *positif*. Ce dernier embrasse tous les codes des lois positives qui servent à régir les sociétés. L'autre est le code des lois dont la nature elle-même a posé le germe dans le cœur de l'homme, auxquelles elle l'a assujetti en vertu d'une certaine constitution, et antérieurement à toute institution humaine. Ces lois, modifiées par toutes les circonstances de temps, de lieux, de climats, sont les principes naturels des lois positives; en sorte que ces dernières ne sont ou ne doivent être que les lois naturelles consacrées par l'usage et la tradition, ou par les monuments des hommes. Ainsi, pour concevoir la nécessité des lois positives, pour en apprécier la justesse et la bonté, il faut étudier les lois naturelles qui sont le type des premières, le terme de comparaison auquel celles-ci doivent être sans cesse ramenées.

Le droit naturel se divise:

1°. *En droit naturel proprement dit*, qui dirige l'homme considéré comme individu, et comme membre de la grande famille du genre humain, ou plus particulièrement de la société dont il fait partie. Il embrasse tous les rapports généraux que peuvent avoir entre eux les individus comme particuliers. C'est sur cette partie du droit naturel que sont fondées les lois civiles positives;

2°. *En droit politique*, ou *droit public interne*, qui constitue les sociétés humaines d'après le but naturel de l'association, et règle les droits et les devoirs de gouvernants et des gouvernés. C'est sur les principes de ce droit que doivent être établies les lois constitutionnelles de chaque nation;

3°. Enfin en *droit des gens*, ou *droit public externe*, auquel doivent se conformer les peuples dans leurs relations mutuelles. C'est sur ce dernier que doivent être basés les différents traités que les peuples font entr'eux, et leurs procédés réciproques dans les cas non prévus.

Telles sont les trois branches du *droit naturel*, fondées respectivement sur les trois grandes circonstances de l'existence sociale. Nous ne voulons nous occuper que de la première, c'est-à-dire *du droit naturel proprement dit*, dont nous discuterons seulement quelques points épars, sur lesquels on a de tout temps beaucoup disputé sans trop s'entendre.

CHAPITRE V.

Egalité naturelle. Liberté naturelle. Prétendu Droit d'esclavage. Suicide. Droit d'aliéner sa liberté. Polygamie. Conscience morale.

Si l'égalité devait s'entendre d'une mesure égale des facultés que les hommes apportent en naissant, il est clair qu'ils sont plus ou moins favorisés à cet égard, et par conséquent inégaux. En partant de là, on légitimerait le despotisme et la servitude comme conséquence nécessaire des lois de la nature. Mais, si par égalité l'on entend celle d'une nature commune qui imprime à tous une impulsion irrésistible vers le bonheur, avec les mêmes besoins généraux, et des facultés analogues pour y satisfaire, alors on pourra dire que les hommes sont égaux; et l'on voit tout-de-suite l'impossibilité d'admettre, en morale, une autre opinion, sans méconnaître le vœu de la nature et de son auteur. Cette ressemblance d'organisation constitue donc l'égalité en vertu de laquelle un homme reste invariablement l'égal de tout autre homme par rapport aux droits et aux devoirs essentiels à la conservation et au bien-être, quelque différence d'ailleurs que les divers états accessoires aient pu introduire entr'eux.

Si donc il y a inégalité de fait d'une part, de l'autre il y a aussi une égalité de fait; et comme cette dernière a des dispositions constantes, identiques, universelles, nécessaires à la conservation de l'homme, à sa perfection, au bonheur social, il s'en suit qu'elle doit être l'un de ses droits imprescriptibles; tandis que l'inégalité n'est qu'une circonstance accidentelle et variable de sa nature, ou de son existence relative. Ainsi, cet état d'égalité naturelle subsiste au milieu même de toutes les inégalités politiques, et des diverses situations que les différentes formes de gouvernement ont mises entre les membres d'une même société. Il est aisé de voir qu'en cela il n'y a pas de contradiction; il suffit d'observer le progrès naturel et nécessaire qui amène les inégalités de fait.

D'abord, il y a une inégalité de forces physiques et d'intelligence qui, même dans l'état supposé de pûre nature, donnerait au plus fort ou au plus adroit plus de ressources pour son bonheur individuel. L'exercice et l'habitude, en développant ces ressources, augmentent toujours l'inégalité. La culture et la direction des facultés intellectuelles et morales introduisent, dans la societé, des inegalités bien plus grandes encore : l'estime, la considération, les honneurs et toutes les distinctions par lesquelles l'intérêt commun exige qu'on récompense et qu'on encourage ceux qui peuvent y travailler efficacement. Enfin, le travail, l'activité, la bonne conduite des uns, la paresse, la négligence, les dissipations des autres, mettront entre les fortunes des particuliers une différence inévitable. Toutes inégalités de fait amenées de cette manière sont raisonnables et légitimes ; car elles dérivent du droit incontestable et commun que nous avons tous de faire de nos moyens naturels l'usage que nous croyons le plus convenable, et de jouir avec sûreté de ce que nous avons acquis par cet usage.

Cependant, le droit d'égalité devient d'autant plus nécessaire que les inégalités de fait augmentent d'avantage ; car il est urgent de maintenir, entre les hommes, l'équilibre qu'elles tendent sans cesse à détruire.

Au reste, il faut bien se garder d'étendre l'idée de l'égalité naturelle ou de fait au-delà de la fin commune à laquelle tous les hommes sont appelés par l'amour de soi. Passé ce terme, l'égalité cesse d'être de fait, et ne peut plus s'entendre que du droit; car elle sortirait du principe d'amour de soi qui réclame pour chacun l'usage légitime mais complet de tous ses moyens de conservation et de bien-être, sans que l'effet en soit limité autrement que par le respect dû au même droit dans les autres. Il est aisé de voir qu'une égalité de fait absolue non seulement est une absurdité, mais réduirait, si elle était possible, les sociétés humaines à un état perpétuel d'enfance; tandis que l'égalité de droit est le fondement du bonheur individuel, et de toute prospérité publique, en excitant les facultés de tous à se développer par le bien-être dont chacun est sûr de jouir.

De la liberté naturelle.

Nous avons déjà admis une liberté que nous avons appelée morale, et qui est la faculté dont jouit l'homme de reconnaître ce qui convient à son bonheur, et de s'y conformer. L'existence d'une pareille faculté entraine nécessairement le droit de l'employer, autrement elle serait illusoire; ce droit est ce qu'on appelle la liberté naturelle de l'homme.

L'idée de liberté est celle d'une puissance qui agit sans obstacle. Cette idée devient morale, en l'appliquant à un droit limité par l'amour de soi et par la raison.

La liberté naturelle, sans l'égalité, serait un pouvoir indéfini et sans règle; l'égalité, sans la liberté, ne signifie rien ici, ne constitue pas un être sensible et intelligent : elles sont donc inséparables dans l'homme, et naissent simultanément de ses besoins naturels. En les rapprochant ainsi dans la théorie, comme elles le sont par le fait, on évite bien des divagations et des sophismes, qu'on pourrait être tenté de prendre pour de la profondeur. En effet, des hommes de talent, emportés par le prestige des abstractions, se sont précipités souvent dans des abîmes de ténèbres, d'où quelquefois ils ont fait jaillir des traits de lumière; et aussitôt de crier au miracle, parce qu'ils ont vu quelque chose où les autres ne voyaient rien. Beaucoup de philosophes ont paru d'autant plus grands, qu'ils avaient mieux embrouillé une matière, sur laquelle toutefois ils ont rêvé plus noblement que ne le pouvaient faire le commun des hommes.

La liberté naturelle consiste en ce qu'un homme a droit de disposer de ses facultés physiques et intellectuelles de la manière qu'il juge la plus convenable à son bonheur, sans nuire cependant à l'exercice du même droit dans les autres. Ce droit d'un être sensible, intelligent, sociable, et perfectible, reçoit ses dimensions de l'amour de soi, qui est, comme on l'a dit, le sentiment raisonné de tout ce qui convient à l'homme sous tous les rapports de sa constitution. Aussi, si la raison nous montre l'exercice illimité de ce droit comme injuste envers les autres qui le partagent avec nous, l'amour de soi nous avertit en même temps qu'il deviendrait contraire à nos intérêts, toute homme pouvant nous opposer les mêmes obstacles qu'il éprouverait de notre part.

La liberté naturelle n'est donc point exempte de règles ; et la raison, l'amour de soi, la necessité des choses, lui apposent encore plus de restrictions que ne peuvent faire les lois civiles, dont le but est de nous en garantir l'exercice par des formes utiles à tous.

Cependant, le moins métaphysique, le plus sensé, le plus clair des moralistes, celui qui, par le positif de sa doctrine, sort de la ligne de ceux que nous avons voulu désigner plus haut, Bentham avance que toute loi positive est une usurpation sur la liberté naturelle. Il est vrai qu'il définit cette liberté, celle de faire tout ce qu'on veut; et, d'après cela, son assertion est juste. Mais en vérité il faut avoir bien peu réfléchi sur ce sujet, pour ne pas s'apercevoir qu'une telle liberté est la plus manifeste des contradictions. L'homme, appelé à la vie sociale par ses dispositions organiques, peut-il avoir reçu de la nature une liberté illimitée ? Ce serait dire à la fois qu'il est sociable et qu'il ne l'est pas; car, avec cette liberté, il n'y a pas d'association possible. Bentham a adopté, pour base de son système, *l'utilité*; tout, dans son ouvrage, porte sur ce principe réel et plausible: Pourquoi n'a-t-il pas vu que ce principe, si vrai et si fécond quand il est pris dans une extension raisonnable, est d'accord avec toutes les dispositions naturelles de l'homme, avec ses besoins, ses facultés, ses droits; que les lois humaines, lorsqu'elles sont utiles, ne peuvent être que l'expression des besoins de l'homme, et par conséquent que la sanction de sa liberté naturelle, dont le but est de satisfaire ces besoins? Par quelle fatatilé un si beau génie fait-il encore de l'homme, dont il a marqué en traits de lumière la route vers le bonheur, un être bizarre, doué d'une liberté absurde qui n'existe nulle part dans la nature? N'est-ce pas encore ici une des ces erreurs qu'enfante la dilacération de cette pauvre nature humaine, dont chaque philosophie arrache pour ainsi dire un lambeau, afin de le caricaturer tout à son aise? Et Bentham n'aura-t-il pas pris dans le sens absolu de l'abstraction le mot *liberté*, qui n'a de vrai sens en morale qu'autant qu'il est limité par toutes les circonstances nécessaires de la vie de l'homme? Quelle manie antiphilosophique d'étudier le cœur de l'homme dans des mots, comme si l'on n'avait pas des faits sous les yeux! C'est ainsi qu'on a metamorphosé la liberté morale en une faculté si inconcevable, si contradictoire, que les plus beaux génies, après de vaines disputes, ont fini par laisser la question au point où ils l'avaient trouvée. Le grand Frédéric, écartant les sophismes et les bévues de l'école, est, je crois, le seul qui ait eu de la liberté morale une idée vraie; (correspondance avec Dalembert) et je suis heureux de pouvoir m'appuyer de l'autorité d'un philosophe qui, connaissant les hommes et les choses, ne s'amusait point à la controverse des hypothèses ni des mots.

M. Dunoyer, dans un ouvrage *) aussi neuf que profondément pensé et fortement écrit, repousse la liberté comme un droit, et l'admet comme un fait; il la déduit du développement des facultés humaines.

Assurément M. Dunoyer donne au mot *liberté* un sens qui sort des limites du droit naturel: il entend parler de la liberté positive dont jouit l'homme dans les divers degrés de la civilisation, et non de la liberté naturelle ou du libre usage de ses facultés, dont il reconnait lui-même le droit, lorsqu'il dit pag. 247: „Ils (les rois de France) ne cessaient de vendre à des corps ou à des individus désignés ce qui (la permission d'exercer une profession quelconque) était le *droit naturel* de chacun et de la masse."

On ne peut nier que l'homme soit appelé par la nature à cultiver les dons qu'elle lui a faits: voilà sa liberté naturelle de droit. Mais il est clair en même temps, comme M. Dunoyer l'a prouvé jusqu'à l'évidence, que l'homme ne devient réellement libre qu'autant qu'il développe ses facultés, et qu'il le devient d'autant plus qu'il les développe à un plus haut

---

*) L'industrie et la morale considérées dans leurs rapports avec la liberté.

point: voila sa liberté positive ou de fait. Il est donc essentiel pour s'entendre de destinguer le fait du droit.

Quand l'assemblé constituante a dit: „Les hommes naissent et demeurent libres," elle entendait parler du droit et non du fait; et ses paroles étaient belles, elles exprimaient le sentiment de la dignité de l'homme; elles étaient vraies, elles proclamaient le voeu de la nature, qui n'a point donné à l'homme des facultés qui dussent rester inertes, et dont aucune force pût lui ôter légitimement l'usage.

S'il était toujours vrai, comme le dit M. Dunoyer, que le gouvernement fît partie intégrante de la société, que tous les éléments dont il se compose y fussent pris sans exception; sans doute il serait juste et sage d'attendre du temps les améliorations desirables, et inutile de réclamer les bienfaits de la liberté comme un droit. Mais il n'en est pas toujours ainsi; et sans parler de la puissance sacerdotale, qui souvent est en dehors des intérêts sociaux ou même en opposition avec eux, un gouvernement peut-être imposé et maintenu par un force étrangère, comme autrefois celui des Francs dans la Gaule. Or, il est rare que ceux qui gouvernent ainsi se lassent d'opprimer quand ils en ont pris l'habitude; et d'autant plus rare que le gouvernement se recrute d'ordinaire parmi les oppresseurs. Qu'est devenu le développement des facultés de l'homme sous la tyrannie de ces barbares? La civilisation est allée plusieurs siècles en decroissant. On eût perdu son temps, je le sais, à proclamer que la liberté est un droit; mais on le perdoit encore plus à ne rien dire, si l'on pouvait parler: car, si les efforts et la culture capables d'en rendre dignes les opprimés leur étaient interdits, en conserver ou en réveiller le sentiment dans les ames était encore quelque chose. Combien de gouvernements s'obstinent à rester stationnaires, ou à retourner même à la barbarie, tandis que les nations se débattent contre d'iniques entraves! Pourquoi ne provoqueraient-elles pas alors leur affranchissement en proclamant le droit de ce qu'elles réclament comme un besoin? Et Mr. Dunoyer lui-même n'est-il pas de cet avis, quand il termine, (page 267.) la note où il énumère les obstacles qu'apporterait l'administration au développement de l'industrie et du commence, par ces paroles très-significatives; „Tout ce qu'on peut dire, c'est qu'il n'est rien de plus irritant que de tels excès, si ce n'est pourtant la mollesse d'un public qui les souffrirait sans se plaindre."

Au reste, on ne voit pas ce que gagne Mr. Dunoyer à rejeter un droit qui est une conséquence de la constitution humaine. Rien ne l'empêchait en l'admettant de montrer, comme il l'a fait avec tant de force de raison, l'usage de ce droit constamment subordonné au développement de nos facultés industrielles et morales. Quoi qu'il en soit, la belle et grande vérité qu'il a rendu accessible à tous les esprits justes, finira, il faut l'espérer pour le bonheur de tous, par devenir la base de l'opinion publique, et la règle des gouvernements; et le livre où elle est si lumineusement exposée restera comme monument d'un des plus grands pas que la science ait jamais faits. *)

Du prétendu droit d'esclavage.

Le droit que donne la légitime défense de soi-même sur la vie d'un injuste agresseur s'étend-il sur sa liberté, et peut-on réduire à l'état d'esclave celui qu'on avait droit de tuer?

---

*) S'il est un écrit propre à confirmer par les faits d'une série de siècles consécutifs les raisonnements de Mr. Dunoyer, c'est *l'histoire de Paris* de Mr. Dulaure. Ces deux ouvrages réunis sont plus instructifs et d'une utilité plus positive en politique et en morale, que toutes les spéculations métaphysiques des philosophes anciens ou modernes qui prêchent une perfection imaginaire au milieu d'obstacles invincibles. Il faut ajouter à ces deux ouvrages le *traité de morale et de législation* de M. Comte, livre non moins important que les deux premiers. Dans un temps où il semble que la philosophie veuille aussi s'envelopper des nuages du romantisme, en même temps qu'elle recoud les lambeaux épars de l'obscure métaphysique, il est consolant de voir s'élever contre cette contagion des hommes d'un talent distingué, qui, le flambeau de l'expérience à la main, viennent enfin rendre la science utile au bonheur de leurs semblables.

Le droit de tuer un injuste agresseur ne s'étend point au-delà du danger; le danger passé, le droit cesse: ainsi limité, ce droit ne peut entrainer la perte de la liberté de celui contre qui il n'existe plus. L'amour de soi n'en exige pas d'avantage; et, s'il en était autrement, ce sentiment, qui est la source de toutes les vertus humaines, le lien commun de tous les hommes, produirait légitimement le meurtre et la vengeance. Mais, en supposant le droit indéfini de tuer un injuste aggresseur, on ne voit pas qu'il en résulte pour celui-ci le devoir de rester en esclavage; car l'esclavage par ses effets est un état pire que la mort, puisqu'il est l'abnégation absolue que ferait un être sensible et raisonnable de tout ce qui est nécessaire à son bien-être, en s'engageant à souffrir en détail tout ce qui lui est funeste, à lui et à ceux qui sortent de lui. Or, on sent qu'une pareille obligation est absurde, revolte la nature, et brise tous le liens de l'humanité; elle est une vengeance qui dépasse les bornes de tous les attentats. Celui qui jouirait de ce prétendu droit d'esclavage, obtiendrait en effet une réparation plus considérable que n'eût été la mort du vaincu, et par conséquent plus qu'il n'avait droit d'attendre. L'esclave rentrerait donc dans le légitime droit de défense, et ne serait plus tenu à rien envers son maître qu'autant qu'il y serait forcé.

On pourra objecter que le vaincu, placé entre la mort et l'esclavage, choisira probablement ce dernier parti; qu'ainsi il s'oblige sciemment à tous les effets qui en découlent. Cela peut être, et n'être pas; il y a des exemples pour et contre. Mais dans le cas de l'affirmative, on ne pourrait rien en induire en faveur de la doctrine que nous combattons. L'auteur des choses a voulu que l'idée de toutes les douleurs fut encore moins horrible que l'image d'une destruction prochaine; et pour se soustraire à celle qu'on aurait méritée, on peut promettre plus qu'il n'entre dans la force humaine de tenir, sans se rendre coupable d'un nouveau crime en manquant à sa parole. Le crime est à celui qui exige plus que la nature ne peut accorder. Telles sont les idées que la raison va puiser dans la nature même des choses. Etablir des principes contraires, c'est méconnaitre toutes les lois de la morale et de l'humanité.

Si l'on n'a pas le droit de tuer un injuste aggresseur après le danger, à plus forte raison dans la guerre, où souvent il est incertain de quel côté est la justice, n'a-t-on pas le droit de tuer le vaincu, quand il a posé les armes.

La guerre, disent les moralistes, ne donnant aucun droit qui ne soit nécessaire à sa fin, ne peut donner celui d'ôter la vie à des hommes dont on n'a plus rien à craindre, et qui ont cessé d'être ennemis. Donc encore dans ce cas, l'esclavage serait un abus de la force, et non un droit.

On voit, par ces diverses considérations, que

ces mots *esclavage* et *droit* sont contradictoires, et ne signifient rien, comme l'a très-bien développé Rousseau dans le *contrat social*.

Mais, si partant de la distinction des races humaines, on prétendait que la supériorité incontestable des Blancs leur donne un empire naturel sur les Nègres, par exemple; qu'ainsi l'auteur des choses a destiné ceux-ci à servir les premiers; qu'on voulût tirer de là l'existence d'un droit de domination pour les uns, et d'un devoir de servitude pour les autres : il faudrait encore prouver que ce droit et ce devoir sont fondés sur des besoins communs à tous, car il n'y a point de véritable obligation morale hors de cette origine. Or, c'est ce qu'il serait impossible d'établir en principe. D'où il suit qu'à moins de rejeter du genre humain les races inférieures, et de les classer parmi les bêtes, sur lesquelles l'homme s'arroge les droits qu'il juge utiles à son bien-être ou à ses plaisirs, on ne peut conclure de la supériorité d'organisation à des droits exclusivement avantageux aux uns, et à des devoirs absolument onéreux aux autres. En raisonnant d'après ce principe de superiorité et indépendamment de toute utilité commune, il n'y aurait guère plus de droits ni de devoirs entre certains races humaines, que nous n'en reconnaissons entre nous et les animaux qui servent à nos besoins.

Cette dernière remarque peut faire sentir la différence des droits tels que nous les reconnaissons en morale, et des droits qui s'entendent du pouvoir naturel dont jouit l'homme de convertir à son usage tout ce que la nature lui offre d'utile dans les trois règnes. Les premiers sont fondés et réglés sur les besoins communs de ceux qui les exercent, et de ceux qui les souffrent; les autres n'étant que l'emploi de la force, et le résultat de l'industrie, fondés l'une et l'autre sur l'empire de la nécessité, ne produisent aucune obligation morale de la part des êtres qui en sont l'objet, bien que cette nécessité soit une des lois de l'harmonie universelle.

On trouve, chez certaines animaux sociables, l'esclavage établie et consacré par la nature comme une loi de leur existence. Les termès offrent l'exemple d'expéditions guerrières qui ont pour but d'emmener en captivité un peuple entier d'animaux du même genre, et de le faire servir, lui et sa progéniture, aux besoins des vainqueurs, à la manière des Ilotes. On retrouve, parmi les abeilles, des mœurs semblables ou même pires, puisqu'une partie de la famille est vouée à une mort certaine, dès qu'elle devient inutile ; qu'une autre partie est irrévocablement destinée à certains offices subalternes; et qu'enfin les autres individus, bien que concourant, il est vrai, aux travaux de la république, dominent avec tous les attributs de la souveraineté, et sont aussi pourvus des avantages de la force.

Au reste, en arrêtant ses regards sur les lois de l'harmonie universelle, on voit que tout est gradué dans

dans la nature; et, l'on serait peut-être autorisé à croire que les droits reconnus comme inhérents à la constitution humaine, peuvent bien n'être pas pris dans la même rigueur pour tous les peuples du globe, considerés non seulement dans les rapports respectifs des individus d'une même race, mais peut-être aussi dans ceux d'une race à une autre. Cette pensée pourrait conduire à de tristes réflexions........ Hâtons-nous de quitter ces doctrines désolantes et repoussons, comme contraire au droit naturel, tout ce qui porte atteinte à la dignité de l'homme.

Du suïcide.

L'homme a-t-il, sur sa propre vie et sur sa liberté, un droit en vertu du quel il puisse disposer de l'une et de l'autre ?

Ici, comme dans toutes les questions qui touchent immédiatement au droit naturel, c'est dans le sentiment indestructible d'amour de soi, c'est d'après l'idée morale, invariable et vraie que nous croyons en avoir donnée, que la raison doit chercher ses motifs de jugement.

Premièrement, si l'on considère de sang froid l'instinct naturel qui porte invinciblement tout être animé à conserver sa vie, il est évident qu'il est incompatible avec un pareil droit. Comment, en effet, la nature eût-elle inspiré tant d'horreur de la mort, si elle eût voulu accorder le droit de se la donner ? Partout où la nature a voulu ériger des droits, elle a eu soin de préétablir des besoins, des inclinations analogues ; or, on ne trouve, en général, dans l'homme aucune trace de besoins ni d'inclinations qui le portent au suicide, et l'on y remarque des dispositions toutes contraires. Secondement, si l'on y fait attention, l'on verra sans peine que la nature n'accorde aucun droit si ce n'est pour l'avantage physique, ou pour l'avantage moral de l'individu; elle réprouve tout ce qui leur est funeste: donc il faut que le suicide rentre sous cette loi universelle et absolue, autrement il ne serait que l'acte d'une puissance, ou plutôt que l'abus d'une puissance, mais jamais un droit.

Mais on ne doit pas voir, dans l'homme, un être isolé, dont tout l'intérêt soit concentré dans une existence purement individuelle et exclusive. Loin de là, l'amour de soi, dans l'homme, est un sentiment étendu à tout ce que la sociabilité humaine offre de relations essentiellement effectueuses et nécessaires entre les individus, à tout ce qui est utile à la société. Ainsi l'homme ne vit point uniquement de sa propre vie; à son existence tient l'existence de ceux auxquels il est cher ou utile: d'où il suit qu'attenter soi-même à ses jours, c'est blesser l'intérêt de ses amis, de ses enfants, de ses proches, de la société tout entière, à laquelle on se doit pour ce qu'on en a reçu; c'est rompre des liens dont on ne peut disposer arbitrairement sans injustice. L'amour de soi ne peut donc ériger le suicide en droit, puisque le suïcide est une infraction plus ou moins directe de ce principe.

Cependant, il est de cas, dit-on, où la vie est un mal; par exemple, quand l'homme, écrasé par les coups du sort, ou brisé par la violence de la douleur, n'aperçoit dans l'avenir aucun moyen d'échapper à ses maux : dans ce cas, l'amour de soi semble lui faire un devoir de quitter la vie. Si l'on ajoute, à ces circonstances, l'absence de tout attachement, de tout lien sur la terre, un délaissement absolu, nulle raison de ménager son honneur, l'impuissance d'être utile aux autres en montrant du moins l'exemple du courage, de la constance d'ame; alors l'objection est la plus forte qu'on puisse faire, il devient difficile, peut-être impossible d'y répondre par le droit naturel, et c'est à la religion à lever les doutes à cet egard. Mais, heureusement ce cas est si rare, qu'il ne peut donner lieu qu'à un droit bien restreint; et ce droit, si c'en est un, reste encore combattu par l'instinct naturel de la conservation, puisqu'il est de fait que la nature répugne encore plus à sa destruction qu'aux atteintes les plus vives de la douleur.

Toutefois, l'homme n'est pas le seul être qui renonce volontairement à la vie; et comme on ne doit négliger aucun fait naturel propre à jeter de la lumière sur les questions qui tiennent à l'existence morale de l'homme; que ce n'est point en l'isolant qu'on parvient à le connaître, mais en l'attachant à la vie universelle par ses propres dispositions, et par tous ses rapports avec les autres êtres vivants : il n'est pas inutile de citer un animal qui se frappe de mort lorsqu'il n'apperçoit plus aucun moyen possible de salut. Entouré d'un cordon de braise ardente, le scorpion en parcourt plusieurs fois la circonférence ; et, après s'être assuré qu'il n'existe aucune issue par où il puisse s'échapper, il se retire au centre du cercle, et se suïcide avec ce dard empoisonné, dont la nature l'arma pour sa conservation. On sait aussi que des Orangs-Outangs et d'autres animaux se sont laissé mourir de faim, ou pour avoir été injustement maltraités par leurs maîtres, ou pour d'autres motifs qui annoncent toujours une sorte de résolution morale.

Nous ne prétendons tirer de ces faits, en les supposant même rigoureusement vrais, aucune induction directe pour l'homme, qui n'est ni un scorpion, ni un singe, et dont la constitution essentiellement sociable et perfectible l'attache à la vie par des liens d'un autre ordre. Mais au moins, ne devrait-on pas dire qu'il est le seul être qui se prive volontairement de la vie, parce qu'il est le seul libre ; qu'il commet le plus impie des attentats, parcequ'il se revolte contre l'ordre de son créateur, et autres allégations semblables, qui ne signifient rien, qui n'expliquent rien. Si la nature fait quelquefois concourir à leur destruction certains animaux, pourquoi l'homme ne serait-il pas soumis dans un degré quelconque à la même influence, dans des occasions semblables? Au physique, il sent comme eux, et il a de plus des peines morales bien autrement actives. D'ailleurs, pense-t-on qu'en se tuant, l'homme soit plus libre absolument parlant, que le scorpion? Il ne faut pas, je le répète ici, se faire illusion sur cette liberté, ni la croire telle que l'homme dispose arbitrairement de l'exercice de son intelligence et de sa volonté.

L'infamie déversée en certaines pays sur l'infortuné qui se donne la mort nous parait donc une injustice, quoiqu' assurément nous n'approuvions point le suicide, dont il suffit d'observer les causes ordinaires pour se convaincre qu'il est aussi contraire aux vœux de la nature qu'aux lumières de la raison.

Quant au droit d'aliéner sa propre liberté, la nature ne l'a pas moins refusé à l'homme. Ecoutons à ce sujet le célèbre auteur du contrat social: „Dire qu'un homme se donne gratuitement, c'est dire une chose absurde et inconcevable. Un tel acte est illégitime et nul, par cela seul que celui qui le fait n'est pas dans son bon sens. Dire la même chose de tout un peuple, c'est supposer un peuple de fous: la folie ne fait pas droit."

„Quand chacun pourrait s'aliéner lui-même, il ne peut aliéner ses enfants: ils naissent hommes et libres; leur liberté leur appartient; nul n'a droit d'en disposer qu'eux. Avant qu'ils soient en âge de raison, le père peut, en leur nom, stipuler des

conditions pour leur conservation et pour leur bien-être, mais non les donner irrévocablement; car un tel don est contraire aux fins de la nature, et passe les droits de la paternité. . . . .
. . . ."

„Renoncer à sa liberté, c'est renoncer à sa qualité d'homme, aux droits de l'humanité, même à ses devoirs. Il n'y a nul dédommagement possible pour quiconque renonce à tout. Une telle renonciation est incompatible avec la nature de l'homme; et c'est ôter toute moralité à ses actions que d'ôter toute liberté à sa volonté. Enfin, c'est une convention vaine et contradictoire de stipuler, d'une part, une autorité absolue, et, de l'autre, une obéissance sans bornes. N'est-il pas clair qu'on n'est engagé à rien envers celui dont on a droit de tout exiger? et cette seule condition, sans équivalent, sans échange, n'entraîne-t-elle pas la nullité de l'acte? Car, quel droit mon esclave aurait-il contre moi, puisque tout ce qu'il a m'appartient, et que son droit étant le mien, ce droit de moi contre moi-même est un mot qui n'a aucun sens."

De la Polygamie*).

La Polygamie est-elle conforme au droit naturel? La Polygamie est, ou successive, ou simultanée. Point de doute que la première soit permise.

---

*) Polygamie veut dire plusieurs noces ou mariages. Il s'entend vulgairement du mariage d'un homme

La polyandrie successive l'est également. Elles sont l'une et l'autre avantageuses à la société, souvent nécessaires à l'individu; et elles peuvent n'être pas contraires au bien des enfants d'une première femme ou d'un premier mari. Quand à la polygamie simultanée la question ne parait pas susceptible d'une solution générale affirmative ou négative. Essayons quelques considérations sur cette matière difficile.

Le premier but de la nature, dans l'union des sexes, est évidement la propagation de l'espèce. Le mariage, qui consacre cette union, a donc aussi ce premier but. Mais, il en a encore un autre non moins important, l'établissement de la famille de la manière la plus avantageuse aux individus qui la composent, et à la société, dont elle est le fondement. C'est toujours à ce double principe d'utilité privée et d'utilité publique qu'il faut remonter; et il n'y a pas en général de droit naturel indépendamment de l'un ou de l'autre de ces objets. C'est toujours dans la destination de l'homme, considéré dans tous les sens de sa nature, de ses besoins et de ses facultés, qu'il faut chercher les lois naturelles.

1°. Vue sous le rapport de la propagation, il

---

avec plusieurs femmes à la fois. *Polyginie* exprimerait ce sens au propre, comme polyandrie exprimerait le mariage d'une femme avec plusieurs hommes.

est clair que partout où le nombre des femmes est à-peu-près égal à celui des hommes, la polygamie est nuisible; car dix femmes vivant avec un seul homme produiront moins d'enfants, que si elles vivaient chacune avec un homme. En second lieu, elle est injuste, puisqu'un certain nombre d'hommes restent sans femmes, par la raison qu'un seul en a plusieurs; elle nuit aux femmes dont la plupart sont nécessairement délaissées; enfin elle est contraire au bien des enfants, entre lesquels il est aussi difficile que le père partage également sa tendresse et ses soins, qu'il lui est impossible d'aimer également les mères. Mais, bien plus que tout cela, la polygamie nécessite l'esclavage de la famille, l'esclavage de la famille fonde celui de l'état; et l'esclavage de l'état est le plus grand obstacle à toute civilisation, à tout bonheur public et privé. Ainsi, par toutes ces raisons réunies, la polygamie, dans l'hypothèse de l'égalité numérique des sexes, est contraire aux vœux de la nature, au bonheur individuel, au bien social, et par conséquent au droit naturel.

2°. Dans les régions où le nombre des femmes l'emporte de beaucoup sur celui des hommes, la polygamie n'est point contraire au droit naturel sous le rapport de la réproduction et de la distribution des sexes, puis qu'elle répartit en commun, entre les femmes, les hommes que celles-ci ne pourraient toutes avoir individuellement. Mais, quant au mal qui en résulte par les circonstances rapportées plus haut, et surtout par l'établissement de la servitude, il faudrait examiner, d'après les données locales de toute nature, si ce mal est suffisamment compensé par les avantages de la réproduction, et par la justice que les femmes soient toutes en commun pourvues d'époux. Car, si le premier but de l'union des sexes et du mariage est la multiplication de l'espèce, ce but, comme nous l'avons dit, doit rester d'accord avec les autres besoins naturels, tels que ceux qui résultent de la perfectibilité.

3°. Si le cas du plus grand nombre des femmes avait lieu parmi les peuples européens ou de même race, que leur constitution appelle à un haut point de perfection et de civilisation, on devrait encore préférer les avantages de la monogamie à cette répartition qui accorde à chaque femme une fraction d'époux; car il vaut mieux que quelques individus souffrent, que de priver la société tout entière du bonheur auquel elle a droit de prétendre. Telle est la loi de la nature, qui partout sacrifie les individus aux espèces. Mais, heureusement, la nature s'est mise ici d'accord avec elle-même, en établissant à-peu-près l'équilibre des sexes parmi des nations auxquelles la monogamie est indispensable pour atteindre le développement des facultés dont elle les a gratifiées avec tant de largesse; et si l'on voit la polygamie en usage chez quelques-unes de ces nations, comme dans l'Asie mineure, l'Arabie, l'Egypte, etc. etc., il faut en chercher le motif dans quelques circonstances accidentelles ou d'institution positive. La vieillesse précoce des femmes, sous certains climats, ne justifie pas, en droit naturel, l'usage de la polygamie, comme le pense Montesquieu; car, de ce que la femme de tel homme est vieille à vingt-cinq ans, il ne suit pas que cet homme ait le droit d'épouser celle que la nature destine à son voisin. Mais, s'il était rigoureusement vrai que le despotisme fût un besoin et un effet du climat, on pourrait en conclure que la polygamie est une institution nécessitée par la nature des choses, puisqu'elle est le premier fondement du despotisme. Elle serait donc ici de droit naturel.

4°. A l'égard des races secondaires ou inférieures, bornées par une organisation vicieuse ou moins parfaite à une civilisation moins étendue ou même presque nulle, la polygamie est peut-être assez peu préjudiciable pour ne pas faire regretter autant les avantages d'une monogamie qui irait d'ailleurs contre le droit d'un grand nombre de femmes, toutes également appelées à concourir à la propagation de l'éspèce, et beaucoup moins faites pour s'élever aux jouissances morales, que pour rester sous la loi immédiate d'une nature presque pûrement sensitive. Et les hommes aussi, partageant cette nature, perdent beaucoup moins à cet égard, que ne feraient des Européens dans le même cas, et sont probablement dédommagés par des compensations particulières à leur genre d'existence.

Telles sont peut-être les bâses générales sur lesquelles le droit pourrait être établi indépendamment du fait. En Europe, d'après ce qui précède, le droit et le fait sont d'accord pour la monoganie, les deux sexes étant à-peu-près égaux en nombre. Dans les contrées très-chaudes de la terre, toutes habitées par les races inférieures, dans lesquelles les femmes sont plus nombreuses, le droit et le fait seraient également d'accord pour la polygamie. Mais il est des pays froids où la polygamie et l'état numérique des sexes semblent contradictoires, de sorte que le fait et le droit y paraissent incompatibles. Cependant, comme il n'existe pas d'institution générale à laquelle on ne découvre quelque motif naturel, nous assignerons dans ce cas à la polygamie comme cause première, la nature brute, imparfaite, et peu susceptible de civilisation des peuples polaires, qui en ont l'usage, et chez lesquels d'ailleurs une sorte de communauté des femmes diminue l'injustice de la polygamie. Si cette considération n'établit pas le droit, elle pallie du moins une infraction dont elle rapproche les effets de ce qu'on remarque dans un grand nombre d'espèces polygames.

On dit qu'au Thibet et dans l'île de Zocotora, les femmes prennent plusieurs maris, et sont chefs de la famille : Si cette coutume est fondée sur des besoins réels, sur la nécessité des choses, toute ridicule qu'elle nous paraisse, elle n'en est pas moins légitime.

Il n'est pas dans notre but de pousser plus loins ces observations ; mais la distinction des races humaines n'est point ici un sophisme. L'histoire naturelle et l'histoire civile montrent l'état moral de chaque race constamment en rapport avec sa constitution physique, aussi-bien qu'avec les circonstances locales : d'où nous croyons pouvoir ajouter qu'en général pour être vrais et susceptibles de toutes les applications, les principes du droit naturel ne doivent point s'établir par des doctrines tranchantes, dogmatiques et absolues, mais s'élargir sur des bases capables d'embrasser toutes les circonstances de la nature humaine.

De la Conscience morale.

L'homme, en naissant, est soumis aux lois de la sensibilité. L'instinct seul, à cette époque de la vie, règle ses mouvements ; car, si le principe de l'intelligence est éveillé, il n'a encore aucune action réelle, qui d'ailleurs serait inutile à l'individu. Mais, à mesure que le corps croît et se développe, de nouveaux besoins se font sentir ; et l'intelligence s'y proportionne naturellement, comme les sentiments s'y coordonnent : en général, dans l'homme tout est d'accord. Ces besoins qui sont ceux d'un être sociable et perfectible, lui prescrivent, par l'amour de soi, les lois suivant lesquelles il doit agir. L'instinct l'attache d'abord à ces lois ; la raison les lui fait apercevoir peu-à-peu, les lui montre enfin comme nécessaires : et la conscience est cette lumière ou science intérieure qui se forme progressivement en nous, soit par la persuasion et l'autorité des autres, soit par l'expérience et la connaissance raisonnée des rapports de la vie sociale.

Le propre de ces rapports est d'établir dans l'esprit la distinction du juste et du l'injuste, du licite et de l'illicite, de l'honnête et du deshonnête, du bien et du mal; idées qui ne diffèrent que par des nuances, et qui partent toutes du même principe, le bien de l'individu modifié selon les besoins de l'ordre social. En effet, l'homme étant destiné par la nature à vivre dans des relations continuelles et indispensables avec les individus de son espèce, le genre de bonheur auquel il tend ne peut être exclusif, puisqu'il détruirait les liens qui réunissent les hommes en société. Le bonheur de l'homme civil est donc l'objet d'un droit commun, et n'est possible et légitime qu'autant qu'il est partagé. Ainsi, l'idée qui s'en établit nécessairement en nous par le fait même de la vie sociale, se compose de toutes les conditions qui favorisent, suivant les temps et les lieux, non le bien-être des individus pris isolément, mais celui de tous. Les lumières de la conscience, établies sur ce principe, doivent donc réprouver tout ce qui lui serait contraire; et c'est précisément cette réprobation qui constitue le remords, c'est-à-dire l'anxiété, le tourment de l'ésprit qui aperçoit, entre ses jugements habituels et ses actions, une contradiction qui le revolte.

La conscience est donc la règle immédiate du jugement que nous portons sur nos actions; et c'est elle que nous devons consulter, soit avant d'agir pour savoir si l'action est défendue ou permise, soit après avoir agi pour reconnaître si l'action est conforme ou opposée à la loi.

Puisque la conscience n'est que le jugement que nous portons de nos actions, et que tout jugement se forme nécessairement d'après les idées et les connaissances qu'on a sur la chose qu'on doit juger, il s'en suit que la conscience est susceptible de la même rectitude, des mêmes erreurs, des mêmes incertitudes qu'on rencontre dans toute autre jugement. Delà les moralistes ont distingué différentes sortes de consciences, et déduit plusieurs maximes qui dépassent les bornes de cet essai.

Nous nous bornons à observer que la conscience, dont souvent la métaphysique, dans ses rêves, a fait un être occulte, une lumière inspirée, n'est pas plus difficile à concevoir ni à expliquer que tout autre acte de l'intelligence; qu'ici, comme dans tout ce qui regarde les phénomènes de la vie morale de l'homme, c'est en remontant au fait de sa constitution, c'est en suivant les progrès successifs de sa vie, qu'on obtient des connaissances positives et avouées par la raison. En morale, pas plus qu'en idéologie et en grammaire, pas plus que dans les sciences physiques, il n'y a, hors des faits, ni vérité, ni certitude, ni évidence.

CHAPITRE VI.
Réflexions critiques.

Une preuve frappante de l'assertion qui termine le chapitre précédent, c'est le *contrat social*. Aucun livre n'est en général écrit d'un style plus fort, aucun n'offre des idées partielles plus lumineuses, des pensées mieux frappées; et, cependant, on éprouve, en le lisant avec attention, que l'auteur est fréquemment à côté du vrai. C'est que l'ouvrage repose sur une absurdité fondamentale, *l'insociabilité* de l'homme. Ce principe faux domine partout l'écrivain, toujours ramené par son génie à de brillantes vérités partielles, mais repoussé sans cesse, par une sorte de fatalité, loin du fait primitif d'où eût jailli la vérité de s'ensemble. Si Jean-Jacques avec son esprit scrutateur s'est presque toujours fourvoyé en philosophant, pour avoir seulement méconnu un fait, que doit-on attendre de ces auteurs qui prennent les effets pour les causes, et veulent rendre compte des phénomènes de la vie morale, sans remonter à la source d'où ils partent? Cette source, ils croyent la voir dans des abstractions, parce qu'ils ne conçoivent pas que les opérations de l'intelligence et les actes de la volonté puissent avoir une origine sensible. Cette erreur tout idéologique est fille légitime de la psychologie, qui depuis deux mille ans fascine les yeux des rêveurs attachés au culte du mysticisme.

En idéologie, l'omission du phénomène de la voix et de son influence sur la pensée, a arrêté le génie même; et, pour n'avoir fait attention qu'aux phénomènes d'une partie de la sensibilité, la science est restée vague dans tout ce qui exigeait l'action de son ensemble pour être compris et expliqué.

En grammaire, que de fatras et d'absurdités entassées dans la seule question de ce qu'on appelle le *participe passé!* Et cela, pour avoir négligé de constater la nature et la fonction de ce mot, qui, à l'exception de quelques cas rares où l'analogie a conduit à en faire un usage détourné, n'est et ne peut être qu'un adjectif passif toujours en convenance avec un sujet exprimé, ou sous-entendu. Et c'est vingt ans après la publication des ouvrages de Mr. Lemare, dont le génie a éclairé toutes les parties de la science gramaticale, c'est aujourd'hui qu'on fait et qu'on enseigne des grammaires d'où, à bien des egards, le sens commun parait être banni!

L'un des morceaux les plus brillants de notre littérature est sans contredit le fameux discours de J. J. Rousseau, couronné par l'académie de Dijon. Cependant, que d'idées fausses, dont l'expression sublime n'est plus que de la déclamation, quand on remonte aux principes méconnus par l'auteur!

Est-il un livre plus étincelant de verités de détail, plus éloquent que l'Emile, et en même temps plus faux, plus impraticable dans son ensemble?

Ne serait-ce point que l'auteur, toujours entêté
du

du même dogme, en répand la teinte sur toutes ses productions philosophiques? Ce dogme est la croyance arrêtée d'une nature insociable dans l'homme. En partant de là et d'une imagination ombrageuse, d'un esprit méditatif, et d'une sensibilité exaltée, on explique aisément les productions philosophiques de Jean-Jacques dans ce qu'elles ont de sophistique et d'outré.

La critique des ouvrages de philosophie exige avant tout une connaissance réelle de l'homme organique. Otez ce premier point, avec tout l'esprit et toutes les lumières possibles, on est incapable de juger sainement. Il faut une mesure fixe et positive pour évaluer les choses; et cette mesure en philosophie, c'est la nature de l'homme reconnue par ses besoins, ses facultés, par toute son organisation, d'où émane tout développement intellectuel et moral. Cette mesure fait l'effet du plomb qui montre la verticale; mais comme pour faire usage du plomb il faut une vision juste, de même, pour appliquer la mesure philosophique, il faut un jugement sain.

Dans un article du *journal des savants* (Juillet 1825) signé V. Cousin, on lit la question suivante, extraite du Philèbe de Platon:

„Le souverain bien réside-t-il dans le plaisir et le bonheur, ou la raison, avec le cortège des sciences qu'elle nous révèle et des vertus qu'elle nous impose, constitue-t-elle l'essence du bien? ou encore, est-ce dans une sphère plus haute, au-dessus de la raison comme au-dessus du plaisir, qu'il faut aller le chercher?"

Après neuf pages d'analyse où les mots *plaisir* et *raison* reçoivent une étendue illimitée, la solution est celle-ci:

„Ainsi, en résumé, ni le bonheur ni la raison, considérés isolemment même à leur dégré le plus élevé, ne constituent le souverain bien. Pour y atteindre, il faut mêler le bonheur avec la raison, en choisissant ce qu'il y a de plus pûr dans l'un et dans l'autre, de manière à en composer un mélange dont les caractères soient la vérité, la mesure et la beauté, c'est-à-dire dont la raison reste toujours l'élément fondamental.

La question et la solution ci-dessus, pour être énoncées d'une manière peu intelligible, ne nous en paraissent pas plus philosophiques.

1°. Que signifie l'épithète *souverain*? 2°. pourquoi ajouter au mot *plaisir* celui de *bonheur*? Bonheur, en morale, exprimant le contentement qui résulte de la possession d'un bien légitime, demander si le souverain bien réside dans le bonheur, c'est tout au moins une manière de s'exprimer fort peu claire. 3°. La question, d'un côté porte sur le mot *plaisir*, et de l'autre sur le mot *raison*? Ce morcèlement semble n'être là que pour donner lieu à l'argumentation; aussi elle se poursuit durant neuf pages, ou le mot *plaisir* reçoit une étendue incompatible avec la nature sociable de l'homme, et où le mot *raison* se présente comme une faculté détachée de tout intérêt humain. N'est-ce pas sur cette double erreur que s'appuient les antagonistes de la morale fondée sur le bien-être, lorsqu'ils lui substituent une morale établie sur des abstractions, ou sur des faits psychologiques? Ce qu'ils appèlent de la profondeur ou de la sublimité, n'est-ce pas un écart de l'imagination, qui s'emporte hors des limites du vrai, faute d'avoir en effet assez approfondi la nature de l'homme, le mobile et le but de ses actions, de ses plaisirs, de ses affections et de ses vertus? 4°. Que signifient les derniers termes de la question, et que veut-on dire par cette „sphère plus haute, également au-dessus du plaisir et de la raison?" Ceci est tout-à-fait inintelligible en morale humaine.

5°. La solution n'est pas plus claire; elle est exprimée dans un langage qui nous semble peu fait pour la vraie philosophie. Toutefois, les termes exceptés, et surtout le mot *bonheur* qu'on a substitué à *plaisir*, cette solution sera vraie, si l'on entend par *plaisir* toutes les jouissances de l'homme en tant qu'être sociable et perfectible; et, par *raison*, son intelligence decouvrant, dans la même hypothèse, tout ce qui lui est agréable et utile, soit au moral soit au physique.

Mais fallait-il tant d'efforts pour arriver là? la question, telle qu'on la présente, vaut-elle la peine d'être discutée, aux yeux de quiconque aura compris l'existence de l'homme, pour qui le *souverain bien* en général, s'il existe, résulte nécessairement de la satisfaction de ses besoins par l'usage légitime de toutes ses facultés, dans la position sociale où il se trouve? Ce n'est que dans ce sens que le mot *souverain bien* peut s'entendre; car s'il exprime un genre de bonheur auquel la masse des hommes ne puisse atteindre, un bonheur réservé à quelques individus, il n'appartient plus à la philosophie comme idée générale: ou c'est un bien particulier réservé à quelques esprits supérieurs, à quelques êtres privilégiés, ou c'est une chimère qu'il faut reléguer aux utopies avec la république de Platon.

Ce grand mot de souverain bien ne doit donc point en imposer dans l'acception qu'on lui donne. S'il peut être l'apanage de quelques-uns, il est nul pour tous les autres, et dès-lors indigne d'être discuté comme un point essentiel de morale. C'est le résultat d'une perfection individuelle, peut-être imaginaire, et jamais le but possible des recherches du grand nombre. Aussi, quelque brillantes que soient les conceptions des philosophes en montrant un but presque inaccessible, elles sont bien peu utiles au genre humain, puisque l'application n'en peut être faite que dans des exceptions aussi rares que difficiles.

Et quel bien cette philosophie ampoulée a-t-elle produit sur la terre? faire de la profondeur avec des mots mal déterminés; bâtir des systèmes sur des hypothèses; renoncer aux choses pour courir après des fantomes : tels sont les services qu'elle a rendus à l'humanité. Non, cette philosophie ne peut ni épurer les mœurs ni rendre plus douce la vie humaine; et si l'état social s'est changé en mieux, l'expérience prouve que cette amélioration est due à la connaissance des besoins, et au respect des droits communs à tous, plutôt qu'à des subtilités métaphysiques»

Sans doute la morale, comme les autres sciences, doit généraliser et s'élever à l'universel; mais c'est en partant de la destination toute sociale de l'homme, et non en sophistiquant sa nature par des distinctions qui en détruisent le but et l'ensemble. La philosophie morale pour être utile doit reposer sur des faits, sur des intérêts réels et communs, et non sur des accidents, moins encore sur des suppositions gratuites; car de cette manière la morale n'est qu'une spéculation à part des faits, et qu'ont bientôt oubliée ceux qui l'apprirent aux écoles, lorsqu'ils passent dans le monde, où ils n'en voyent plus aucune trace dans les choses. C'est bien pis encore lorsque leur destinées les appèlent aux affaires publiques, où tout est de fait; c'est une sphère toute nouvelle, étrangère de tout point à celle des études, dont on ne se souvient alors qu'avec le mépris dû aux choses vaines : d'où il résulte trop souvent qu'on est sans principes et sans lumières sur les véritables intérêts de la société, attendu qu'on a étudié la morale dans des visions, et qu'on n'estime les vertus que comme d'assez belles chimères.

Les tentatives qu'on fait pour remettre en honneur les doctrines surannées de la philosophie sont vraiment bien déplorables. Pendant qu'on dispute sur des mots, qu'on se repaît l'imagination d'idées vagues, et qu'on se remplit la tête d'arguties, de controverses et de sophismes : les vrais principes de la morale sont méconnus, les intérêts de l'homme oubliés, ou débattus dans des systèmes futiles; et, au milieu d'un conflit d'opinions sans base, le pouvoir exploite à son gré la sottise et l'ignorance des peuples; il leur abandonne la pature des chimères en dédommagement des biens réels dont il les dépouille; à la place des vertus sociales qui naissent du bonheur public et de la liberté, il leur lègue la corruption et l'avilissement, cortège inévitable de la misère et de la servitude.

Il n'est point de bonnes mœurs sans bonheur public, et le bonheur public n'eut jamais sa source dans les vaines spéculations des métaphisiciens. Est-ce à eux qu'on doit l'extinction des abus, des crimes, de l'abjecte dissolution, qui désolèrent si long-temps les états de l'Europe? Non, mais à des idées saines sur des intérêts matériellement sentis; idées qu'on voit naître des progrès lents de l'industrie et de l'aisance des peuples. Toute doctrine morale qui n'a point en vue le bien-être de tous, fondé sur celui de chacun, n'est qu'un roman mystique ou extravagant; et c'est une calamité réelle que des hommes recommandables par leurs vertus et leurs talents, des hommes faits pour répandre parmi la jeunesse les vraies lumières de la civilisation, les idées d'ordre et le goût d'études philosophiques positives et utiles, se laissent aller à je ne sais quelle manie d'exhumer des doctrines ensevelies sous la rouille des siècles, et de les ressusciter au détriment de celles qui ont contribué à l'amélioration des choses et des hommes. Et n'est-il pas bien à regretter que Mr. Cousin se livre à ce genre de travail, lui que des connaissances si étendues, une raison si élevée, des sentiments si nobles appèlent à devenir le guide de la jeunesse studieuse de son pays? N'aspire-t-il à réformer l'enseignement de la philosophie, que pour la laisser dans le même vague, et toujours étrangère au bien de l'humanité?

Cette philosophie ressemble à la poésie romantique, qui peint une nature spiritualisée par la métaphysique, et torturée par le mysticisme. Il est bien difficile de comprendre cette nature; et peut-être ceux qui veulent la peindre dans leurs vers, seraient-ils fort embarrassés de dire catégoriquement ce qu'ils en conçoivent. Je pense qu'au fond il n'y a guère dans leur productions que des échafaudages de métaphores qu'ils ont converties en une sorte de sentiments raffinés, indéfinissables, qui échappent à la sensibilité ordinaire, et deviennent comme la volupté mystique de leur esprit.

Adorer l'âme du monde dans une pierre; chérir un brin d'herbe comme une partie du grand tout;

exhaler en idée son amour sur les habitans des extrémités du globe, et laisser périr de douleur ou de besoin son frère à côté de soi : voilà le sublime du sentiment religieux quintessencié ! Ce n'est pas là ce que Jesus prêchait aux hommes, quand il les invitait à la charité, au pardon des offenses, au soulagement réciproque de leurs peines ; et quoique son royaume fût d'un autre monde, ses préceptes tendaient à les rendre plus heureux dans celui-ci.

Le sentiment religieux *romantisé* n'est plus que le sentiment religieux égaré dans l'abus des abstractions, détourné de son vrai but, et devenu stérile pour le bien de l'humanité ; c'est une lubie de la métaphysique, c'est-à-dire dela plus vaine de toute les théories. Encore une fois, on ne fait pas plus de la morale avec de la poésie, des abstractions et des hypothèses, qu'on ne fait de la moralité avec de la misère et des injustices ; mais on fait l'une et l'autre avec des idées tirées des besoins légitimes de l'homme et avec des intérêts matériels bien ordonnés. Le malheur agissant sur les hommes en masse, les a toujours corrompus, malgré les efforts de la religion même ; et si le romantique religieux cause des extases ravissantes à quelques enthousiastes, qui d'ailleurs ne manquent de rien, cela ne mène assurément pas à grand' chose pour le reste des hommes, obligés de pourvoir à la nourriture de leur corps, avant de songer aux jouissances de l'esprit.

Puisque je suis arrivé sur ce terrain, qu'il me soit permis d'examiner en peu de mots la question de savoir si la religion, dans sa pûreté même est toujours une garantie infaillible des bonnes mœurs; si, par exemple, en la supposant inaltérable, elle pourrait, au milieu de la corruption des gouvernements et des abus du pouvoir, faire respecter les lois naturelles, du moins entre les particuliers.

Les vices et les vertus sont les fruits immédiats des dispositions de l'ame; mais ces dispositions ne sont pas indépendantes des circonstances matérielles où l'homme se trouve placé: Or, ces circonstances ne sont ni du ressort, ni au pouvoir de la religion, puisqu'elles tiennent à des choses positives, à des institutions humaines; tandis que la religion n'emploie que des moyens spirituels.

De quelque manière qu'on gouverne les hommes, si l'on n'a point pour but l'intérêt de tous, si la polytique est autre chose que la morale elle-même appliquée au gouvernement, il y aura dans la société des inégalités extrêmes, soit dans le moral, soit dans la fortune des individus; et ces inégalités extrêmes sont une source intarissable de dépravation. La religion, en la supposant aussi pûre qu'elle est sortie des mains de la divinité, n'arrêterait point le débordement des vices inhérents à la nature humaine, soumise à certaines circonstances qui la dominent. Et une preuve de fait irrécusable, c'est que les peuples mal gouvernés sont aussi les plus dépravés, quoiqu'ils soient pour l'ordinaire les plus assujettis à l'action directe des moyens religieux.

L'effet des mauvais gouvernements est d'attribuer

irrévocablement le pouvoir et les richesses aux uns, le dénûment et l'abjection aux autres ; de les mettre tous dans la nécessité matérielle de se tromper mutuellement ; d'éveiller tous les vices par l'exemple de tous les abus, et de les rendre nécessaires par l'impossibilité de satisfaire légitimement des besoins naturels chez les uns, et des besoins factices chez les autres : et voilà précisément ce que, dans l'état de choses en question, la religion ne peut empêcher.

La religion est philantropique, et n'a rien d'exclusif ; le bonheur des uns n'est légitime à ses yeux, qu'avec la condition du bonheur de tous. Mais quel rôle pense-t-on qu'elle puisse jouer au milieu d'un conflit d'injustices et de misères ? Aucun qui soit profitable, car elle ne serait entendue de personne : repoussée par ceux auxquels elle prêcherait la modération et l'équité ; méconnue des autres, dont l'indigence a souillé le cœur, et qui n'ont que le sentiment de leurs privations et de leurs peines ; elle appèlerait vainement à la vertu les premiers, et ne serait à l'égard des seconds qu'une déception cruelle par laquelle on chercherait à tromper leurs maux sans les guérir.

Quand la religion, affligée de nos déportements, nous fait ressouvenir avec douceur des devoirs de la vertu, sans doute il n'est pas d'homme si pervers qu'il ne soit ému d'abord jusqu'à prendre la résolution de s'amender. Mais que devient cette résolution lorsque, rentré dans son intérieur, il se retrouve avec un cœur ulcéré par l'injustice, dégradé par l'indigence, flétri par le désespoir; ou bien avec une ame efféminée par les plaisir, corrompue par l'opulence, livrée à de perfides adulations; en un mot, lorsqu'il est enveloppé de toutes les circonstances capables de faire éclore les vices et de les alimenter? La religion qui voudrait lutter seule contre le torrent des infirmités morales enfantées par un mauvais gouvernement, ferait donc d'impuissants efforts.

Mais il y a plus, la religion, détournée de son but par les gouvernements pervers, serait réduite à devenir l'auxiliaire de l'injustice et de l'oppression. Aussi, à la place de la vraie religion, qui élève l'ame à tous les sentiments dont peut s'honorer l'espèce humaine, souvent on a vu s'établir des croyances superstitieuses qui, consacrant ici-bas tout les genres de misère, montrent dans la vie future des biens et des maux infinis, dont la promesse et la menace, ajustées à de coupables intérêts, sont bien capables de faire prendre aux hommes le change sur leur véritable destination. Le nom de Dieu, par la plus impie des profanations, ne fut souvent dans certaines bouches que le prétexte sacré de l'oppression; et la religion, dépouillée de sa simplicité primitive, devenue un pouvoir humain concentré, n'a servi que trop souvent des passions malfaisantes, des intérêts polytiques aussi pernicieux qu'illégitimes.

Ainsi, ceux qui veulent faire régner la morale uniquement par la religion, ou sont dans l'erreur, ou cherchent à tromper. La religion, sans le secours d'institutions sociales fondées sur l'exercice et l'égalité des droits, et en général sur les besoins essentiels de la constitution de l'homme, ne produira jamais que de l'hypocrisie dans les uns et de la bassesse dans les autres; car, alors, elle est réduite à faire taire d'une part les justes plaintes opprimés, et cache de l'autre les torts des oppresseurs sous le masque de certaines qualités qu'on appèle de vertus; vertus illusoires et perfides: illusoires, parce qu'elles sont impuissantes à détruire les malheurs d'une société mal administrée; perfides, parce qu'elles prolongent ces malheurs, en déguisant la cause qui les engendre.

La religion, dans notre hypothèse, n'est donc pas une institution qui attaque radicalement les vices des hommes, ni les abus sociaux: elle ne serait qu'un palliatif propre à cacher, sous une apparence d'ordre, une corruption intime et l'oubli de toutes les vertus.

La morale n'est faite que pour les peuples heureux et éclairés; c'est là seulement qu'elle peut trouver une application réelle, constante et générale; partout ailleurs elle n'est qu'un vain mot, sous quelque forme qu'on la montre aux hommes, de quelque auguste nom qu'on cherche à l'étayer. Beaucoup de gens savent tout cela; mais que leur importent la morale, le bien public et la religion même, pourvu qu'ils soient riches et puissants !

1536

Original en couleur
NF Z 43-120-8

www.ingramcontent.com/pod-product-compliance
Lightning Source LLC
Chambersburg PA
CBHW052042230426
43671CB00011B/1750